티핑 포인트의 설계자들

티핑 포인트의 설계자들

빅 트렌드의 법칙과 소셜 엔지니어링의 비밀

말콤 글래드웰 지음 · 김태훈 옮김

REVENGE OF THE TIPPING POINT

비즈니스북스

티핑 포인트의 설계자들

1판 1쇄 발행   2025년 2월 25일
1판 2쇄 발행   2025년 2월 27일

지은이 | 말콤 글래드웰
옮긴이 | 김태훈
발행인 | 홍영태
편집인 | 김미란
발행처 | (주)비즈니스북스
등   록 | 제2000-000225호(2000년 2월 28일)
주   소 | 03991 서울시 마포구 월드컵북로6길 3 이노베이스빌딩 7층
전   화 | (02)338-9449
팩   스 | (02)338-6543
대표메일 | bb@businessbooks.co.kr
홈페이지 | http://www.businessbooks.co.kr
블로그 | http://blog.naver.com/biz_books
페이스북 | thebizbooks
인스타그램 | bizbooks_kr
ISBN 979-11-6254-411-2   03320

비즈니스북스는 독자 여러분의 소중한 아이디어와 원고 투고를 기다리고 있습니다.
원고가 있으신 분은 ms1@businessbooks.co.kr로 간단한 개요와 취지, 연락처 등을 보내 주세요.

에디, 데이지, 케이트에게
이 책을 바칩니다.

나의 첫 책을
백지에 다시 쓴 이유

25년 전, 나는 첫 책을 출간했다. 제목은 《티핑 포인트》였다.

당시 나는 맨해튼 첼시에 위치한 작은 아파트에 살고 있었는데, 출근하기 전 책상에 앉아 멀리 허드슨강을 흘긋 바라보며 글을 쓰곤 했다. 한 번도 책을 써본 적이 없었기에 어떻게 해야 하는지 제대로 알지 못했다. 나는 모든 초보 저자가 갖는 흔한 자기 회의와 희열감이 뒤섞인 상태로 글을 써내려갔다.

책은 이렇게 시작되었다.

《티핑 포인트》는 한 아이디어를 다룬 책이며, 그 아이디어는 매우 단순하다. 패션 트렌드의 출현, 범죄의 증가와 감소, 혹은 잘 알려져 있지 않던 책이 베스트셀러가 되거나 10대 흡연의 증가나 입소문 현상을 비롯한, 영문을 알 수 없는 많은 변화를 이해하는 가장 좋은 방법은 이 현상들을 유행성 전염병으로 생각하라는 것이다. 아이디어와 제품과 메시지와 행동이 마치 바이러스처럼 전파된다.

2000년 봄에 책이 출간되었다. 홍보 여행의 첫 일정은 로스앤젤레스에 있는 작은 독립 서점에서 열린 낭독회였다. 참석자는 두 명이었는데, 한 명은 모르는 사람이었고 다른 한 명은 친구 엄마였다. 정작 내 친구는 오지 않았다(나는 그녀를 용서했다). 나는 속으로 '뭐, 끝난 거 같네'라고 생각했다. 하지만 그렇지 않았다! 《티핑 포인트》는 그 주제인 전염병처럼 퍼져 나갔다. 처음에는 점진적으로, 그러다가 급속도로. 문고판이 나올 무렵에는 시대정신으로 접어들었다. 《티핑 포인트》는 여러 해 동안 〈뉴욕 타임스〉 베스트셀러 목록에 올랐다. 빌 클린턴은 《티핑 포인트》를 "다들 이야기하는 그 책"이라 일컬었다. '티핑 포인트'(임계점)라는 말은 일상어가 되었다. 나는 내 묘비에 그 말이 새겨질 거라 농담하곤 했다.

《티핑 포인트》가 그토록 많은 공감을 얻은 이유를 아냐고? 사실 잘 모른다. 다만 추측이라도 해보자면, 희망찬 시대의 분위기에 걸맞은 희망찬 책이었기 때문일 것이다. 당시는 새로운 밀레니엄이 도래한 때였다. 범죄와 사회문제가 급감했다. 냉전은 끝났다. 나는 책에서 긍정적인 변화를 촉진하는 방법을 제시했다. 그것은 부제가 말하는 대로

'작은 것들로 큰 차이를 만드는 방법'을 찾는 것이었다.

25년은 긴 시간이다. 당신이 25년 전과 비교해 얼마나 달라졌는지 생각해보라. 우리의 의견은 변한다. 우리의 취향도 변한다. 우리는 어떤 것을 더 중시하고, 다른 것을 덜 중시한다. 그 긴 시간 동안 나는 가끔 《티핑 포인트》에 썼던 내용을 돌이켜 보았다. 그러다 보면 어떻게 그런 글을 쓰게 되었는지 의아했다. 한 챕터 전부를 아동용 TV 프로인 '세서미 스트리트'Sesame Street와 '블루스 클루스'Blue's Clues에 할애한다고? 어떻게 그런 생각을 하게 된 거지? 그때는 아이도 없었는데.

이후로 나는 《블링크》, 《아웃라이어》, 《다윗과 골리앗》, 《타인의 해석》, 《어떤 선택의 재검토》를 썼다. 팟캐스트 '리비저니스트 히스토리'Revisionist History도 시작했다. 사랑하는 여자와 가정을 꾸려 두 명의 아이를 두었다. 아버지를 여의었고, 다시 달리기를 시작했으며, 머리를 잘랐다. 첼시 아파트를 팔고 교외로 이사했다. 친구와 같이 '푸시킨 인더스트리스'Pushkin Industries라는 오디오 회사를 차렸다. 고양이를 입양해서 '비기 스몰스'Biggie Smalls라는 이름을 지어주었다.

오래전 자신의 사진을 들여다보는 기분을 아는가? 나는 그럴 때마다 사진 속에 있는 사람을 잘 알아보지 못한다. 그래서 출간 25주년을 맞아 《티핑 포인트》를 다시 들여다보면, 그렇게 아주 오래전에 썼던 글을 매우 다른 눈으로 다시 살펴보면 재미있겠다고 생각했다. 《티핑 포인트 25주년 개정판》에서 한 작가는 자신이 젊은 시절에 처음 이룬 성공의 현장으로 돌아가게 될 것이었다.

하지만 사회적 전염의 세계로 다시 빠져들다 보니 《티핑 포인트》에서 다룬 같은 문제로 돌아가고 싶지 않다는 걸 깨달았다. 그때의 세상은 내게 너무나 다르게 보였다. 나는 《티핑 포인트》에서 우리의 세계를 구성하는 행동과 믿음의 급격한 변화를 이해하는 데 도움이 되는 일련의 원칙을 소개했다. 나는 그 생각들이 여전히 유용하다고 생각한다. 하지만 지금은 다른 의문들을 품고 있다. 또한 사회적 전염에 대해 여전히 이해하지 못한 것도 많다.

이 프로젝트를 준비하면서 《티핑 포인트》를 다시 읽었을 때, 나도 모르게 몇 페이지마다 "이건 왜 이렇게 썼지? 어떻게 그걸 빠트렸을까?"라고 자문했다. 내 마음속 깊은 곳에서는 임계점과 그 수많은 수수께끼를 가장 잘 설명하고 이해하는 방법에 대한 고민을 한 번도 멈춘 적이 없었던 것이다.

그래서 나는 백지를 앞에 두고 다시 시작했다. 이 책이 바로 그 결과물이다. 생각과 행동이 우리의 세계를 지나가는 기이한 통로에 대한 새로운 이론, 새로운 이야기, 새로운 주장이 여기에 담겨 있다.

티핑 포인트가
우리의 뒤통수를 칠 때

"～에도 연루된…."

그들은 왜 사과 같지도 않은 사과를 했을까

위원장 마지막 질문을 하겠습니다. ○○ 씨부터 시작하죠. 국민

들에게 사과하시겠습니까?

일군의 정치인이 한 기업이 일으킨 '전염' 문제를 논의하기 위해 청문회를 소집했다. 기업 측에서 세 명의 증인이 소환되었다. 코로나19 팬데믹이 절정에 이른 시기였기에 청문회는 온라인으로 진행됐다. 모두가 자기 집 책상과 주방 테이블 앞에 앉아 있다. 청문회가 시작된 지 1시간째다. 나는 이들의 신원과 관련된 세부 사항은 잠시 생략할 것이

다. 오직 **발언**에만, 참석자들이 쓴 단어와 그 이면의 의도에만 전적으로 초점을 맞추고 싶기 때문이다.

　　증인1 국민들께서 겪은 모든 고통과 가족분들에게 일어난 비극
　　　　　적인 일에 대해 기꺼이 사과드립니다. 다만 앞서 모두冒頭
　　　　　발언에서 사과드렸다고 생각했습니다. 그게 저의 의도였
　　　　　습니다.

　　증인 1은 70대 여성이다. 짧은 백발에 검은색 옷을 입고 있다. 처음에 그녀는 마이크 버튼을 어떻게 조작하는지 몰라 애를 먹는 듯했다. 여전히 당황한 모습이다. 이런 일에 익숙지 않은 사람, 즉 그녀는 특권을 누리는 세계에 속해 있다. 자신의 행동에 대해 누군가의 질책을 받는 상황은 분명 그녀가 평생 한 번도 겪어보지 못한 일인 듯했다. 그녀의 멋스러운 안경이 코끝에서 미끄러질 듯 보인다.

　　증인1 저도 매우 화가 납니다. ＿＿ 에서 일하는 사람들이 법을
　　　　　어긴 것에 화가 납니다. 2007년부터 그랬고, 지금 2020년
　　　　　에도 그렇습니다. 그긴, 그건, 세 생각에는….
　　위원장 화가 나셨다는 건 압니다만 그건 우리가 원하는 사과가 아
　　　　　닙니다. 당신은 국민들이 겪은 고통에 대해 사과했습니다.
　　　　　하지만 당신이 ＿＿ 사태에서 했던 역할에 대해서는 결
　　　　　코 사과하지 않았습니다. 그래서 다시 묻겠습니다. ＿＿사

태에서 당신이 했던 역할에 대해 사과하시겠습니까?

증인1 그 문제로 고민을 많이 했습니다. 오랫동안 스스로에게 그 질문을 던졌습니다. 제가 파악하고자 했던 건, 지금이 아니라 그때 알고 있던 사실들을 감안할 때 과연 제가 할 수 있는 다른 행동이 있었을까, 하는 것입니다. 솔직히 말씀드리면, 그런 일을 찾지 못했습니다. 그때 제가 믿었고 이해했던 것, 경영진이 이사회에 제출한 보고서 그리고 다른 동료 이사들로부터 알게 된 것을 고려했을 때, 제가 다르게 할 수 있는 일은 없었습니다. 너무 심란합니다. 그리고 그건….

위원장은 증인 2에게 눈길을 돌린다. 그는 검은 옷을 입은 여성의 사촌으로, 정장에 넥타이를 매고 잘 꾸민 청년이다.

위원장 ○○ 씨, 당신이 했던 역할에 대해 사과하시겠습니까?
증인2 제 사촌과 대부분 같은 답변을 드리겠습니다.

자신들이 전염을 촉발시켰다고 인정하리라 기대한 사람이 있었을까? 아마 없었을 것이다. 한 무리의 변호사들이 사전에 자기방어에 대해 조언한 것이 분명했다. 그러나 책임을 부인하는 그들의 당당한 태도는 또 다른 가능성을 시사한다. 그들이 아직 자신의 잘못을 인정하지 못했거나, 그들이 시작한 일이 그들도 이해하지 못한 방식으로 건

잡을 수 없이 악화되었다는 것이다.

1시간 후, 결정적인 순간이 찾아온다. 조사위원회의 다른 위원(그를 정치인이라 부르자)이 증인 3에게 질문한다.

정치인 ○○ 씨, ＿＿ 기업의 임원 중에 회사가 한 일 때문에 하
　　　　루라도 감옥에 들어갔던 사람이 있습니까?

증인 3 제가 알기로는 없습니다.

증인 중 누구도 자신의 책임을 인정하지 않는다. 그런데 명백한 또 하나의 사실은 다른 사람들도 그들에게 책임을 묻지 않는다는 것이다.

정치인 위원장님, 이 기업이 저지른 일에 분노를 느끼기는 쉽습
　　　　니다. 하지만 이런 기업이 무책임하게 범법을 저지르고도
　　　　처벌받지 않도록 해준 정부는 어떻습니까?

정치인은 청년, 증인 2에게 눈길을 돌린다. 그의 가족이 운영하는 기업은 얼마 전 정부와 일련의 범죄 혐의에 대해 합의했다. 한때 이사 자리에 앉았던 그는 대기업을 물려받을 후세다.

정치인1 ○○ 씨, 법무부와 맺은 합의의 일환으로 ＿＿ 사태를 일
　　　　으킨 잘못이나 법적, 도덕적 책임을 인정해야 했습니까?

증인 2 아닙니다. 저희는 인정하지 않았습니다.

정치인 1 법무부에서 실시한 조사의 일환으로 이 사건에서 당신
    이 한 역할에 대해 심문받았습니까?

증인 2 받지 않았습니다.

정치인 1 ____ 사태로 국민들에게 악몽 같은 경험을 초래한 책임
    을 인정합니까?

증인 2 글쎄요. 아직 공개되지 않은 전체 기록을 보면 저희 가족
    과 이사회가 합법적이고 윤리적으로 행동했다는 사실이
    드러날 겁니다. 그럼에도 저는 큰 도덕적 책임을 인정합니
    다. 좋은 의도와 최선의 노력에도 불구하고 저희 제품이
    남용과 중독에 연루되었기 때문입니다. 또한….

'연루되었' has been associated 단다.

정치인 2 "남용에 연루되었다"고 수동태를 쓰시네요. 어찌 되었
    든 당신과 당신의 가족은 어떤 일이 벌어지고 있는지 정
    확하게 알지 못했다는 거군요.

3시간 39분 동안 진행된 청문회에서 나온 발언을 모두 들어보면 이
한 단어가 머릿속에 남는다. 바로 '수동태'다.

티핑 포인트의 이면

25년 전 《티핑 포인트》를 쓸 때, 나는 사회적 전염에 있어서 작은 일들이 큰 차이를 만들 수 있다는 생각에 매료되었다. 나는 '소수의 법칙', '상황의 힘', '고착성 요소' 등 사회적 전염의 내적 작동 방식을 설명하는 규칙들을 제시했다. 그리고 범죄율 감소, 아동 독서 교육, 흡연 억제 같은 긍정적인 변화를 촉진하는 데 이 전염의 법칙을 활용할 수 있다고 주장했다. 나는 이렇게 썼다. "당신을 둘러싼 세상을 보라. 움직일 수 없고 바꿀 수 없는 곳처럼 보인다. 그렇지 않다. (정확한 지점을) 약간만 밀면 넘길 수 있다."

《티핑 포인트의 설계자들》에서 나는 오래전에 탐구한 이 가능성의 이면을 살펴보려고 한다. 약간만 밀어서 세상을 움직일 수 있다면 어디를, 언제 밀어야 하는지 아는 사람은 진정한 힘을 갖는다. 그러면 그들은 누구일까? 그들의 의도는 무엇일까? 그들은 어떤 기술을 쓸까? 사법계에서는 범죄 행위의 원인과 과정, 즉 '이유, 범인, 결과'를 조사하기 위해 '감식'forensic 을 한다. 이 책을 일종의 사회적 전염을 감식하기 위한 시도라고 보면 될 것이다.

지금부터 나는 아주 이상한 세입자들이 있는 마이애미의 한 수상한 오피스 빌딩으로, 심각한 문제가 일어난 임원 워크숍이 열린 보스턴 메리어트 호텔로, 포플러 그로브Poplar Grove 라는 완벽해 보이는 소도시로, 팰로앨토의 막다른 골목으로 여러분을 데려갈 것이다. 그리고 거기서 당신이 들어보았거나 들어보지 못한 어떤 이야기 속으로 깊게 파고들 것이다. 우리는 발도르프Waldorf 학교의 이상한 점을 조사하고, 오랫동안 간과된 폴 매든Paul Madden 이라는 마약 퇴치 전사를 만나고, 세상을 바꾼 1970년대의 텔레비전 미니시리즈에 대해 배우고, 하버드 여자 럭비팀에게 눈살을 찌푸릴 것이다. 이 모두는 사람들이 (일부러 또는 무심코, 선의로 또는 악의로) 전염의 경로와 형태를 바꾼 선택을 한 사례들이다. 모든 사례에서 그들의 개입은 우리가 답해야 하는 질문과 풀어야 하는 문제를 제기한다. 그것은 바로 티핑 포인트의 **복수**(이 책의 원제는 '티핑 포인트의 복수'Revenge of the Tipping Point 다.—옮긴이)다. 이는 우리가 더 나은 세상을 만들기 위해 사용한 도구가 도리어 우리를 해치는 데 사용될 수도 있음을 보여준다.

책의 마지막 부분에서는 이 모든 사례에서 얻은 교훈을 토대로 증인 1, 증인 2, 증인 3의 **진짜** 이야기를 들려주려고 한다.

> 정치인 1 노스캐롤라이나에 사는 한 여성의 편지가 여기 있습니다…. 그녀는 스무 살이었던 자녀를 잃었고, 아직도 그 아픔을 이기지 못하고 있습니다. 그녀는 이렇게 말합니다. "너무나 고통스럽습니다. 살아갈 의지를 찾아서 매일을 견뎌내기가 힘듭니다…." ○○ 씨, 우리가 받고 있는 이런 사연들을 들려주고 싶었습니다. 거기에 대한 당신의 개인적인 심경을 말씀해주세요.

증인 2가 발언을 시작한다. 하지만 아무 소리도 들리지 않는다.

정치인 1 안 들립니다. 마이크가 꺼져 있어요.

증인이 컴퓨터를 서툴게 만진다.

증인 2 죄송합니다….

마이크를 다시 켜지 않았다고 이날 그가 처음으로 진정한 사과를 한다. 그는 발언을 이어간다.

증인 2 ____ 제품은 사람들을 돕기 위해 만들어졌습니다. 그리고 실제로 수백만 명에게 도움을 주었다고 믿습니다. 그런 제품이 위원님이 들려주신 일에도 연루된 것에 대해 깊은 연민과 슬픔, 후회를 느낍니다. 너무나 죄송스러운 마음입니다. 우리 가족 모두가 같은 마음일 겁니다.

'~에도 연루되었'has also been associated 단다.
이제 전염에 대해 진지한 대화를 나눌 때가 되었다. 우리는 전염을 초래한 우리 자신의 역할을 인성해야 한다. 우리가 전염을 조장하려고 시도하는 모든 은근하고 때로는 숨겨진 방식에 대해 이젠 솔직해져야 한다. 우리를 둘러싼 열병과 전염에 대응할 지침이 필요하다.

차례

제1부 | 세 가지 수수께끼

제1장 캐스퍼와 C-도그

제3부 | 오버스토리

REVENGE OF THE TIPPING POINT

세 가지 수수께끼

제1장

캐스퍼와 C-도그

"마치 들불 같았어요. 모두가 그 게임에 뛰어들었습니다."

양키 모자를 쓴 남자

1983년 11월 29일 이른 오후, 멜로즈 구에 있는 뱅크오브아메리카 지점에서 FBI LA 지부로 전화가 걸려왔다. 전화를 받은 사람은 린다 웹스터Linda Webster 라는 요원이었다. '2-11'로 불리는 은행 강도 신고 담당자인 그녀는 방금 강도를 당했다는 말을 들었다. 용의사는 뉴욕 양키스 야구모자를 쓴 젊은 백인 남성이었다. 그는 호리호리했고 정중했으며 남부 억양을 썼다. 옷도 잘 차려입은 데다가 말끝마다 '부탁합니다'와 '감사합니다'를 붙였다고 했다.

웹스터는 지역 은행 강도 담당 부서를 이끄는 동료 윌리엄 레더Wil-

제1부 세 가지 수수께끼

025

liam Rehder 쪽으로 고개를 돌렸다.

"빌(윌리엄을 친근하게 이르는 말—옮긴이), 양키래."

양키 강도는 그해 7월부터 LA에서 활동하고 있었다. 그는 연달아 은행을 습격했고 그때마다 가죽 여행가방에 수천 달러를 담아 빠져나갔다. 레더는 길수록 짜증이 났다. 대체 누구지? 쫓을 만한 단서라고는 특유의 야구모자뿐이었다. 그래서 '양키 강도'라는 별명이 생겼다.

30분이 지났다. 웹스터는 또 다른 '2-11'을 접수했다. 이번에는 서쪽으로 16구역 떨어진 페어팩스 구에 있는 시티내셔널 은행에서 들어온 신고였다. 빼앗긴 금액은 2,349달러였다. 신고자는 웹스터에게 자세한 인상착의를 알려주었다. 그녀는 레더를 바라보았다.

"빌, 또 양키야."

45분 후, 양키는 센츄리 시티에 있는 시큐리티퍼시픽내셔널 은행을 습격했다. 그러고는 바로 한 블럭을 걸어가 퍼스트인터스테이트 은행에서 2,505달러를 털어갔다.

"빌, 양키야. 두 번 연달아 했대."

1시간도 채 지나지 않아 다시 전화기가 울렸다. 양키는 방금 월셔 블러바드에 있는 임페리얼 은행을 습격했다. 센츄리 시티에서 월셔 블러바드에 있는 임페리얼 은행까지 차를 몰고 가면 FBI 지부 바로 앞을 지나게 된다.

레더는 웹스터에게 "가면서 우리한테 손을 흔들었을지도 몰라."라고 말했다.

그들은 이제 주목할 수밖에 없었다. 역사가 만들어지고 있었으니까.

그들은 기다렸다. 양키가 또다시 일을 저지를 수 있을까? 5시 30분, 전화기가 울렸다. 호리호리하고 남부 억양을 쓰며 양키 모자를 쓴 신원 미상의 백인 남성이 방금 퍼스트인터스테이트 은행에서 2,413달러를 털어갔다는 신고였다. 지역은 405번 고속도로를 타고 북쪽으로 15분 거리에 있는 엔시노였다.

"빌, 양키야."

한 명이 4시간 동안 은행 여섯 곳을 털어간 것이다.

레더는 훗날 회고록에 이렇게 썼다.

"그건 세계 신기록이었고, 그 기록은 아직 깨지지 않았다."

LA는 어쩌다 은행 강도의 수도가 되었나

미국 문화에서 은행 강도만큼 높은 지위를 얻은 범죄자는 없었다. 남북전쟁 이후 미국은 제임스 영거James-Younger 갱단 같은 무리의 범죄 행각에 사로잡혔다. 그들은 은행 강도와 열차 강도로 거친 서부를 공포에 빠트렸다. 대공황 시기에 보니와 클라이드, 존 딜린저, "프리티 보이" 플로이드 같은 은행 강도늘은 가히 유병인이었다. 그러나 제2차 세계대전 후에는 그런 범죄가 줄어드는 것처럼 보였다.

1965년에 미국 전역에 걸쳐 총 847개의 은행이 털렸다. 나라의 크기를 감안하면 많지 않은 수였다. 은행 강도가 소멸되고 있다는 추측이 나왔다. 은행 강도보다 높은 체포율 및 유죄판결률을 기록한 주요 범죄는 거의 없었다. 은행들은 자신을 보호하는 법을 익혔다고 생각했다. 1968년에 발표된 대표적인 은행 강도 관련 논문의 제목은 "잃을 것이 없다"Nothing to Lose였다. 은행 강도가 이젠 너무나 비합리적인 짓이어서 다른 선택지가 전혀 없는 사람들이나 저지르는 범죄라는 의미였다. 은행 강도는 20세기판 소도둑처럼 보였다. 누가 아직도 그런 짓을 할까?

그러다가 전염이 일어났다. 1969년부터 1970년까지 1년 동안 은행 강도 건수는 거의 두 배로 늘었다. 뒤이어 1971년에 다시 늘어났고, 1972년에 또다시 늘었다. 1974년에 3,517개의 은행이 털렸다. 1976년에는 그 수치가 4,565개였다. 1980년대 초에는 은행 강도 건수가 1960년대 말보다 다섯 배나 늘었다. 전례 없는 범죄의 유행이었다. 그리고 그것은 시작에 불과했다. 1991년, FBI는 미국 어딘가에 있는 은행으로부터 9,388회의 '2-11' 신고를 접수했다.

이 놀라운 급증세의 중심지는 LA라는 도시였다.

당시 미국의 모든 은행 강도 중 **4분의 1**은 LA에서 벌어졌다. 해당 FBI 지부가 많게는 2,600건의 은행 강도를 처리한 해도 있었다. 너무나 많은 강도가 너무나 많은 은행을 털었다. 그래서 레더와 FBI는 그들을 식별하기 위해 별명을 지어줄 수밖에 없었다. 수술용 거즈로 얼굴을 가린 강도는 미라로 불렸고 한 손에만 장갑을 낀 강도는 (당연히) 마이클 잭슨이었다. 가짜 콧수염을 붙인 2인조 강도는 마르크스 형제가 되었다. 키가 작고 뚱뚱한 강도는 미스 피기Miss Piggy가 되었다. 얼굴이 예쁜 여자 강도는 미스 아메리카였고 칼을 휘두른 강도는 베니 하나_{Benihana} (미국의 유명 철판요리 프랜차이즈—옮긴이)가 되었다. 별명은 끝없이 이어졌다. 조니 캐시와 로버트 드니로의 이름이 붙은 강도도 있었다. 어떤 강도단은 3인조였다. 한 명은 바이커, 다른 한 명은 경찰, 또 다른 한 명은 건설노동자 차림을 했다. 그들이 뭐라고 불렸을지 굳이 묻지 않아도 알 만한 사람은 다 알 것이다. 그때는 1980년대였다. 그들은 빌리지 피플_{Village People} (다양한 직업군을 나타내는 무대 의상을 입고 활동했던 6인조 댄스 그룹—옮긴이)로 알려졌다.

LA의 은행 강도 급증 현상을 기록한 재야 사학자, 피터 홀라한_{Peter Houlahan} 은 당시를 이렇게 회고한다. "마치 들불 같았어요. 모두가 그 게임에 뛰어들었습니다."

급증세가 10년 차로 접어들었을 때, 놀랍게도 상황은 훨씬 악화됐다. 그 계기는 웨스트 힐스 강도단이라 불리는 2인조 강도의 출현이었다. LA 강도 1세대는 양키 강도와 비슷한 방식을 썼다. 그들은 은행원에게 걸어가 총을 가졌다고 말한 다음, 손에 잡히는 대로 현금을 쓸어 담아서 도망쳤다. 사람들은 그들을 약간 멸시주고 '쪽지 강도'_{note passers} 라 불렀다. 하지만 웨스트 힐스 강도단은 제시 제임스, 보니와 클라이드가 만든 거창한 전통으로 되돌아갔다. 그들은 가발과 가면을 쓰고 무기를 휘드르머 난폭하게 들이닥쳤다. 그러고는 창구 너머로 침입하여 은행 전체를 모조리 털었다. 가능하다면 금고까지 비웠다. 그다음 꼼꼼하게 계획된 탈출을 실행했다. 그들은 산페르난도 밸리에 군용 무기와 2만 7,000발의 탄약을 채워둔 벙커를 갖고 있었다. 그들의 리더가 곧 닥칠 것이라 믿었던 아마겟돈에 대비하기 위한 것이었다. 1990년대 LA의 기준으로 봐도 웨스트 힐스 강도단은 약간 미쳐 있었다.

그들은 첫 범행 때 타자나에 있는 웰스파고 은행의 금고로 침입하여 43만 7,000달러를 털어갔다. 현재 가치로는 100만 달러가 넘는 돈이다. 뒤이어 웰스파고 은행은 치명적인 실수를 저질렀다. 두 명의 강도가 정확히 얼마를 털어갔는지 언론에 말한 것이다. 불에 기름을 끼얹은 격이었다. 43만 7,000달러를 털었다고? 정말?

이 소식에 처음 주목한 사람 중 하나는 로버트 셸든 브라운Robert Sheldon Brown이라는 진취적인 스물세 살 청년이었다. 그의 별명은 캐스퍼였다. 캐스퍼는 계산을 해보았다. 그는 나중에 이렇게 설명했다. "강도짓에, 도둑질에, 이것저것 안 해본 게 없어요. 하지만 버는 돈으로 따지면 은행 강도보다 훨씬 못했어요. 은행을 털면 거리에서 하는 도둑질로 6~7주가 걸릴 돈을 2분 만에 벌 수 있었어요." 결국 캐스퍼를 심판대에 세운 검사 중 한 명인 존 와일리John Wiley는 그를 "특출난 범죄자"로 기억했다.

> 캐스퍼는 엄청난 근육질인 데다가 정말 똑똑했어요. 그는 은행을 털려면 안으로 직접 들어가야 하는 게 문제임을 간파했어요. 그래서 그 일을 할 다른 사람을 구했죠. '어떻게 다른 사람에게 대신 은행을 털게 만들 수 있지?'라는 생각이 들 겁니다. 그게 그의 특별한 재능이었어요. 대신 은행을 털 사람을 끌어들이는 재능말이에요. 그는 믿기 힘들 만큼 많은 사람을 끌어들였어요. 할리우드 용어로 일종의 '프로듀서'였죠.

캐스퍼에게는 C-도그로 알려진 돈젤 톰슨Donzell Thompson이라는 공범이 있었다. 그들은 털기 좋은 은행을 골랐다. 그다음 갱 용어로 'G-라이드'라 부르는 도주용 차를 구했다. 1990년대 초 LA에서는 자동차 강탈이 놀라운 속도로 증가했는데, 언론은 이를 무차별 범죄가 거리를 휩쓸고 있다는 또 다른 개별적인 징조로 간주했다. 그러나 그중 상당수는 사실 캐스퍼와 C-도그가 벌인 짓이었다. 그들은 돈을 주고 사람을 시켜서 G-라이드를 확보했다. 캐스퍼처럼 많은 은행을 털려면 차도 많이 필요했다. 뒤이어 그는 팀원을 골랐다. 다시 와일리 검사의 말을 들어보자.

> 그의 하수인 중 다수가 청소년들이었습니다. 아마 그중 일부에게는 돈도 주지 않았을 겁니다. 그냥 강도짓을 하도록 협박했어요. 캐스퍼는 덩치가 크고 위협적인 사람이었거든요. 게다가 아주 악명 높은 크립스Crips 갱에 속한 롤링 식스티스Rolling Sixties의 멤버였습니다.

와일리는 열세 살이나 열네 살 정도로 "아주 어렸던" 특정한 하수인을 회고했다.

> 캐스퍼가 그 아이를 학교에서 불러내 "언제 이 은행 털 수 있어?"라고 물었던 적이 있습니다. 그 아이는 "점심시간요."라고 말했습니다. 그래서 그들은 점심시간에 그 아이를 차에 태웠습니다.

캐스퍼와 C-도그는 어떻게 하면 되는지 설명했습니다. 안에 들어가서 모두를 겁준 다음, 돈을 들고 나오라고 말이죠.

캐스퍼는 하수인들에게 '가미카제식 습격'이라는 수법을 가르쳤다. 그들은 권총과 돌격용 소총을 휘두르며 들이닥쳐서 천정을 쏜 다음, "엎드려 개XX들아!"라고 욕을 해댔다. 그리고는 눈에 띄는 대로 현금을 베개 커버에 쑤셔넣고, 지갑을 빼앗고, 떠나기 전에 약간의 추가 수입을 원한다면 여성의 손가락에서 반지를 빼냈다.

캐스퍼는 적어도 두 번의 범행에서 어린 하수인들을 안전하게 실어나르기 위해 통학 버스를 '빌렸다.' 어떤 때에는 우편 배달 차량을 빌리기도 했다. 캐스퍼에게는 상상력이 있었다. 그는 현장에서 다소 멀리 떨어진 안전한 곳에 차를 세워두고 관리자처럼 작업 과정을 지켜보았다. 그다음 자신이 엄선한 팀이 거리를 질주할 때 그 뒤를 따라갔다.

와일리는 "하수인들은 돈을 갖고 튀면 두 명의 두목이 어떻게든 찾아다닐 것이며 그런 짓을 해봤자 인생이 나아지지 않으리라는 걸 잘 알았어요."라고 말했다.

G-라이드는 버려졌다. 전체 팀원은 대개 모텔에 정해둔 캐스퍼의 은신처로 모였다. 그는 거기서 그들에게 푼돈을 쥐여주고 보냈다. 그들은 아이들이었다. 잡힐 가능성이 높았다. 그래도 캐스퍼는 신경 쓰지 않았다. 와일리의 말에 따르면 그는 이런 태도를 취했다.

일이 잘 안 풀렸군. 애들이 잡혔어. 새 애들을 구해야 해. 그래도 뭐, 항상 하던 일이잖아.

캐스퍼는 단 4년 만에 175건의 범행을 '연출'했다. 양키 강도가 이전에 기록한 72건을 압도하는 이 기록은 지금도 은행 강도 부문의 세계 신기록으로 남아 있다. 캐스퍼와 C-도그는 심지어 양키 강도의 하루 6회 범행 기록까지 넘보았다. 그들은 1991년 8월에 하루 동안 다섯 건의 범행을 연출했다. 그날 라 시에네가 대로에 있는 퍼스트인터스테이트 은행에 뒤이어 이글 록, 패서디나, 몬테레이 파크, 몬테벨로에 있는 은행들이 털렸다. 기억해야 할 점은 양키 강도는 혼자였다는 것이다. 캐스퍼는 그보다 훨씬 어려운 일, 여러 강도 팀을 조직하고 감독하는 일을 했다.

은행을 터는 일이 얼마나 쉬운지 캐스퍼가 세상에 보여주자 다른 갱들도 여기에 뛰어들었다. 에이트 트레이 갱스터 크립스Eight Trey Gangster Crips는 팀원을 모으기 시작했다. 내스티 보이스Nasty Boys 라 불리는 2인조는 1년이 채 못 되어 거의 30개 은행을 털었니. 단 둘이서 말이다. 내스티 보이스는 말 그대로 정말 살벌nasty 했다. 그들은 모든 인질을 금고로 몰아넣고 처형하겠다고 크게 떠든 다음, 그저 재미로 인질의 머리 바로 옆에다 총을 쏘아댔다.

와일리는 당시 상황에 대해 이렇게 말했다.

돌이켜보면 1992년은 은행 강도가 절정에 이른 해였습니다. 1년에 2,641건이나 발생했어요. 영업일이면 평균적으로 45분마다 한 건의 은행 강도가 발생했습니다. 최악인 날에는 하루에 28개나 되는 은행이 털렸어요. FBI는 완전히 미쳐버릴 지경까지 내몰렸죠. 완전히 탈진한 상태였어요.

은행을 터는 데는 몇 분밖에 걸리지 않는다. 하지만 현장을 조사하려면 몇 시간이 걸린다. 사건이 쌓여가면서 FBI는 갈수록 뒤처졌다.

하루에 27건의 은행 강도가 발생하고, 한 팀이 다섯 건을 수사해야 한다면 물리적으로 어떻게 감당해야 할지 생각해보세요. 강도들은 도시 전체를 최대한 빨리 돌아다니며 강도짓을 벌입니다. LA의 꽉 막히는 도로에서 그들의 뒤를 따라다니는 것만 해도 힘듭니다. 또 은행에 도착하면 얼마나 많은 사람이 범행을 목격했겠습니까? 은행에 얼마나 많은 사람이 있었겠습니까? 20명이나 돼요. 그러면 20명의 증인에게서 다 진술을 받아야 해요. 아주 큰 일이에요.

조사를 시작하는 것말고도 문제는 따로 있었다.

현장에 5분이나 10분 정도 있으면 다른 곳에서 또 은행 강도 비상이 걸려요. FBI는 녹초가 되어가고 있었습니다.

LA는 전 세계적으로 은행 강도의 수도였다. 와일리는 "정점에 달했다고 생각할 만한 이유가 없었습니다."라고 말을 이었다. 그는 1970년 대부터 1990년대까지 LA에서 발생한 은행 강도 건수를 보여주는 차트를 들었다. "추세선을 보면 달나라까지 갈 것 같았어요."

　FBI는 50명의 요원을 해당 사건에 투입했다. 그들은 여러 달에 걸쳐 캐스퍼와 C-도그의 겁먹은 하수인들로부터 얻을 수 있는 정보를 수집했다. 또한 이 두 명이 자산을 숨기기 위해 활용한 여러 겹의 위장막을 걷어냈고, LA 전역에 걸쳐 이곳에서 저곳으로 그들을 추적했다. 대배심이 캐스퍼와 C-도그를 기소하는 데까지는 무한정의 시간이 걸렸다. 그들이 무슨 짓을 했는가? 아무 짓도 하지 않았다. 그들은 어떤 은행도 털지 않았다. 그냥 약간 떨어진 곳에 차를 세워두고 앉아 있었을 뿐이다. FBI가 가진 것이라고는 점심시간과 쉬는 시간 사이에 학교를 빠져나간 겁먹은 십 대들의 증언밖에 없었다.

　그러다가 마침내 검사들은 충분한 증거를 확보했다고 생각했다. 그들은 캐스퍼의 할머니 집에 있던 C-도그를 찾아냈고, 택시에서 내리던 캐스퍼를 체포했다. 두 명이 철장에 갇히자, LA를 덮친 은행 강도 열풍이 마침내 잦아들었다. 약 1년 만에 은행 강도 건수는 30퍼센트나 감소했다. 감소세는 이후로도 지속되었다. 은행 강도 건수는 달나라까지 가지 않았다. 열풍은 시나갔다.

　캐스퍼와 C-도그는 2023년 여름에 연방 교도소에서 출소했다. 그들은 할리우드에 자신들의 이야기를 팔았고, 영화 제작자들과 미팅을 가졌다. 그들의 이야기를 들은 영화 제작자들은 믿기 어려워했다. 여기서 그런 일이 벌어졌다고?

맞다. 정말로 그랬다.

양키부터 캐스퍼까지, 은행털이 '사업'의 발전

나는 이 책을 일련의 수수께끼와 함께 시작하려고 한다. 처음에는 언뜻 설명하기 힘들어 보이는 세 개의 연관된 이야기다. 세 번째 수수께끼는 포플러 그로브라는 소도시에 대한 것이다. 두 번째 수수께끼는 필립 에스포메스Philip Esformes 라는 사람에 대한 이야기다. 그리고 첫 번째 수수께끼가 바로 양키 강도, 캐스퍼와 C-도그의 업적에 대한 것이다.

1990년대 초의 LA 은행 강도 사태는 전염병적 현상이었다. 그래서 전염병과 관련된 모든 규칙에 들어맞았다. 이 사태는 치통처럼 각 은행 강도의 내면에서 생성된 것이 아니라 전염된 것이었다. 1960년대 말에 미국 전역에서 낮은 수준의 증상이 드러났다. 1980년대에 양키 강도가 LA에서 그 병에 걸렸다. 이후 웨스트 힐스 강도도 같은 바이러스에 감염되었다. 이 바이러스는 그들의 손에서 더욱 어둡고 폭력적인 돌연변이가 되었다. 그들은 신종 바이러스를 캐스퍼와 C-도그에게로 옮겼다. 그리고 이 두 사람은 전염 과정을 바꾸어놓았다. 그들은 20세기 말에 자본들이 그랬던 것처럼 노동을 외주로 돌려 사업 규모를 크게 키웠다. 거기서부터 도시 전역에 걸쳐 뚜렷한 감염이 이루어졌다. 이 전염병은 에이트 트레이 갱단과 내스티 보이스를 거쳐 계속 퍼져나가면서 수백 명의 청년을 집어삼켰다. LA에서 은행 강도 붐이 절정에 이른 무렵에는 협박 쪽지를 건네며 소액이나 털던 양키 강도의 시대가 멀고 먼 과거처럼 느껴졌다.

사회적 전염은 특출난 소수, 심대한 사회적 역할을 하는 사람들의 노력으로 가속된다. LA의 전염 사태도 바로 그렇게 전개되었다. 그것은 결코 수만 명이 참가하는 대도시 마라톤처럼 대중이 참여하는 이벤트가 아니었다. 그것은 연달아 강도짓을 하는 소수의 사람들이 주도한 아수라장이었다. 양키 강도는 마침내 FBI에게 체포되기 전까지 아홉 달 동안 64개 은행을 털었다. 그는 10년 동안 수감된 후 석방되었고, 이후 여덟 개 은행을 더 털었다. 내스티 보이스는 27개 은행을 털었다. 캐스퍼와 C-도그는 175건의 은행 강도를 주도했다. 양키 강도, 캐스퍼, 내스티 보이스에게만 초점을 맞춰도 1980년대와 1990년대 초에 LA에서 발생한 사태를 거의 완전하게 파악할 수 있다. 그것은 소수의 특출한 행동으로 증가하고 정점을 찍은 전염병적 현상이었다. 와일리는 "전염병에 빗대어 말하자면 캐스퍼는 '슈퍼전파자'superspreader였습니다."라고 말했다.

1980년대와 1990년대 초의 환경이 은행 강도가 폭증하기에 알맞았을까? 그랬다. 1970년대와 1990년대 말 사이에 미국의 은행 지점 수는 세 배로 늘었다. 캐스퍼와 C-도그는 노다지를 캐고 있었던 것이다.

이처럼 1980년대 말과 1990년대 초에 은행 강도 열풍이 LA를 휩쓴 것은 완벽히 이해할 수 있는 일이다. 단 하나만 빼고.

거기에는 수수께끼가 있다.

같은 범죄, 다른 장소, 다른 결과

1950년 3월 9일 아침, 윌리 서튼Willie Sutton은 잠자리에서 일어나 얼굴에 두꺼운 화장을 했다. 전날 저녁에는 거의 금발이 되도록 머리카락을 훨씬 언히게 염색했다. 이제 그는 머리색에 맞춰서 피부색도 올리브색으로 바꾸려 했다. 마스카라를 발라서 눈썹도 진하게 만들었다. 또한 코가 넓적해지도록 콧구멍에 코르크를 밀어넣었다. 그다음 체형이 달라지도록 재단하고 패드를 넣은 회색 정장을 입었다. 더 이상 자신처럼 보이지 않는 것에 만족한 윌리 서튼은 스태튼 아일랜드에 있는 집을 떠나 퀸스의 써니사이드로 향했다. 목적지는 뉴욕시 44번가와 퀸스 대로에 있는 매뉴팩처러스 트러스트 컴퍼니Manufacturers Trust Company 지점이었다.

서튼은 이전 3주 동안 매일 아침 이 지점의 맞은편에 서서 직원들의 루틴을 파악했다. 그는 자신이 확인한 것에 만족했다. 거리 맞은편에는 고가 지하철역, 버스 정류장, 택시 승차장이 있었다. 거리는 늘 인파로 북적였다. 그 점도 서튼의 마음에 들었다. 은행 경비는 행동이 굼뜬 웨스턴이라는 사람이었다. 인근에 사는 그는 매일 아침 8시 30분에 신문을 열심히 읽으며 출근했다. 이후 8시 30분과 9시 사이에 다른 직원들을 들여보냈다. 마지막으로 출근하는 사람은 어김없이 9시 1분에 도착하는 지점장, 호프먼이었다. 매뉴팩처러스 트러스트는 대다수 은행 지점보다 훨씬 늦은 시간인 10시에 문을 열었다. 서튼에게는 이 역시 흡족한 부분이었다. 그는 첫 번째 직원이 출근하는 시간과 첫 번째 고객이 입장하는 시간 사이를 '자신의 시간'으로 여겼다. 이 경우 '그의 시간'은 1시간 30분이었다.

8시 20분, 서튼은 버스 정류장에서 버스를 기다리는 군중에 섞여들었다. 몇 분 후, 웨스턴이 신문을 읽는 데 열중하며 모서리를 돌았다. 그는 열쇠를 꺼내 문을 열었다. 그때 서튼이 그의 뒤로 슬쩍 다가섰다. 웨스턴은 깜짝 놀라 돌아섰다. 서튼은 그를 똑바로 바라보며 조용한 목소리로 "안으로 들어가요. 이야기 좀 합시다."라고 말했다.

서튼은 총을 좋아하지 않았다. 그에게 총은 소도구였다. 그의 진정한 무기는 다른 사람들을 사로잡는 조용한 카리스마였다. 그는 웨스턴에게 앞으로 어떤 일이 일어날지 설명했다. 먼저 공범 중 한 명이 들어올 것이었다. 그다음 나머지 직원들이 여느 때처럼 출근할 것이었다. 서튼의 공범은 직원들이 한 명씩 들어올 때마다 그들의 팔꿈치를 붙잡고 미리 줄지어 놓아둔 의자로 데려갈 것이었다.

서튼은 나중에 자신의 범행을 기록한 회고록을 썼다. 그는 그 무렵 충분한 유명세를 얻었다. 그래서 역사의 진편에 응답해야 한다고 생각하는 정치인들처럼 회고록을 두 권이나 냈다.

일단 은행을 장악하고 나면 누가 들어오는지는 그다지 중요치 않다. 한 번은 펜실베이니아에서 한창 은행을 털고 있는 와중에 페인트공 세 명이 작업을 하러 불쑥 들어온 적도 있었다. 나는 그들에게 그냥 작업용 커버를 깔고 일을 시작하라며 이렇게 말했다. "이 은행은 농땡이를 치는 사람들에게 돈을 줄 형편이 못 돼요.

은행 강도에 대비한 보험은 들었지만 농땡이에 대비한 보험은 들지 않았거든요." 나는 은행을 터는 동안 그들과 잡담을 나누었다. 우리 은행 강도들이 당신들처럼 강한 노조가 있었다면 지금쯤 은퇴할 수 있었을 거라며 말이다. 우리는 모두 즐거운 시간을 보냈다. 내가 돈을 갖고 은행을 나갈 무렵에는 한쪽 벽이 깔끔하게 칠해져 있었다.

서튼은 지독히 매력적인 사람이었다. 그날 아침, 매뉴팩처러스 트러스트 컴퍼니 직원들은 그 유명한 윌리 서튼이 지금 자신들의 은행을 털고 있다는 걸 알았을까? 분명히 알았을 것이다. 그들은 한 명씩 회의실로 줄지어 들어갔다. 그는 직원들에게 이렇게 말했다. "여러분, 걱정하지 말아요. 저는 돈만 가져갈 겁니다. 게다가 그건 여러분의 돈도 아니에요." 지점장인 호프먼은 4분 늦은 9시 5분에 출근했다. 서튼은 그를 의자에 앉히고 이렇게 말했다.

"만약 날 방해하면 여기 당신 직원들 중 몇 명이 죽는다는 걸 알아두세요. 그런 일은 없을 거라고 혹시라도 착각하지 않길 바랍니다. 당신이 자신의 안전은 신경 쓰지 않는다고 해도 여기 당신 직원들의 생사는 당신의 책임이에요. 그들에게 무슨 일이라도 생기면 그 책임은 내가 아니라 당신에게 있는 겁니다."

물론 이 말은 허풍이었지만 매번 통했다. 그는 금고에서 돈을 쓸어 담은 다음, 느긋하게 걸어나가 밖에서 기다리는 도주용 차를 탔다. 그리고 뉴욕시의 붐비는 도로 속으로 사라졌다.

월리 서튼은 뉴욕판 캐스퍼였다. 다만 이런 표현은 월리 서튼에게 매우 부당하다고 볼 수 있는데, 캐스퍼가 연쇄 은행 강도를 지휘하고 있을 무렵 캐스퍼를 잘 아는 사람은 아무도 없었기 때문이다. 그의 재판조차 뉴스에서 크게 다루어지지 않았다. 그러나 월리 서튼은 달랐다. 서튼은 유명했다. 그는 신인 여배우들과 사귀었고, 변장의 대가였으며, 한 번이 아니라 두 번이나 대담하게 탈옥했다. 그는 "은행을 터는 이유가 뭔가요?"라는 질문을 받은 적이 있었다. 그는 "거기에 돈이 있으니까요."라고 대답했다. 나중에 그는 그런 말을 한 적이 없다고 부인했다. 하지만 그건 중요치 않다. 지금도 이 말은 '서튼의 법칙'Sutton's Law으로 알려져 있으며 의대생들에게 가장 가능성 높은 진단부터 먼저 고려하는 일의 중요성을 가르치는 데 활용된다. 할리우드는 그의 일대기에 대한 영화를 만들었다. 한 작가는 그의 이야기를 전기 소설로 펴냈다. 그는 오늘날 기준으로 2,000만 달러 이상을 훔쳤다고 전해진다. 그에 비하면 캐스퍼는 월리 서튼과 같은 과세 구간에 속하지도 않았다(물론 그들이 세금을 냈다는 가정하에 하는 이야기다).

요점은 이거다. 당신은 누군가가 '은행 강도 열풍'을 일으킨다면 월리 서튼이 그 주인공이 되리라 생각할 것이다. 쉽게 혹하는 뉴욕시의 범죄자들은 '수완가 월리'가 총 한 방 쏘지 않고 은행 안으로 유유히 들어가 거액의 돈을 들고 튀는 모습을 보고 '나도 할 수 있어!'라고 생각할 것이기 때문이다. 전염병학 분야에는 '최초 감염자'index case라는 용어가 있다. 이는 전염병을 일으킨 사람을 가리킨다(뒤에서 근래에 가장 흥미로운 최초 감염자의 사례 중 하나에 대해 이야기할 것이다). 월리 서튼은 최초 감염자가 되어야 마땅했다. 그렇지 않은가? 은행 강도라는 추잡한 일을 예술로 승화시켰으니 말이다.

그러나 뉴욕시에서 은행 강도 열풍은 일어나지 않았다. 윌리 서튼이 회고록에 연이어 쓴 대로, 그의 전성기인 1940년대와 1950년대에도 그리고 그 후로도 그런 일은 없었다. 그는 건강이 나쁘다는 핑계로 1969년에 출소했다(이후 11년을 더 살았다). 이후 교도소 개혁 전문가로 변신하여 전국 강연을 다녔으며, 은행들에게 은행 강도 예방 대책을 자문했다. 심지어 최초로 사진이 내장된 신용카드를 소개하는 TV 광고에도 출연했다. 그는 회고록에서 이렇게 썼다. "'페이스 카드'라고 하는 신용카드였다. 내가 나와서 '저는 윌리 서튼입니다'라고 말하자 사람들은 내가 하는 말을 믿었다." 그렇다고 해서 사람들이 윌리 서튼처럼 되고 싶었다는 뜻일까? 당연히 아니다. 캐스퍼가 설치던 시기에 뉴욕시의 은행 강도 건수는 LA의 은행 강도 건수보다 훨씬 적었다.

전염은 본질적으로 경계를 따지지 않는 현상이다. 코로나19가 2019년 말에 중국에서 처음 발생했을 때 전염병 학자들은 그것이 전 세계로 퍼질 것이라 우려했다. 그들의 판단은 정확했다. 그러나 은행 강도 열풍의 경우, 그 바이러스는 LA를 집어삼켰지만 다른 도시들은 모두 건너뛰었다. 왜 그럴까?

이것이 세 개의 수수께끼 중 첫 번째 수수께끼다. 그 답은 존 웬버그John Wennberg 라는 의사가 밝혀내며 유명해진 사실과 관련이 있다.

지역에 따라 의사들의 성향이 다른 이유

웬버그는 의대를 갓 졸업한 1967년에 버몬트에서 지역의료 프로그램Regional Medical Program이라는 사업에 참여했다. 당시는 '위대한 사회'Great Society(린든 존슨 대통령이 1960년대에 추구한 빈곤 퇴치 및 경제 번영 정책—옮긴이)의 시대였다. 미국 정부는 사회안전망을 확대하기 위해 집중적인 노력을 기울였고, 지역의료 프로그램은 연방 예산으로 전국의 의료 상황을 개선하려는 노력의 일환이었다. 웬버그는 버몬트 지역에서 제공되는 의료의 질을 파악하는 일을 맡았다. 그 목적은 모든 주민이 동일한 수준의 의료 서비스를 받을 수 있도록 만드는 것이었다.

웬버그는 존스홉킨스 대학에서 의학계 최고 지성들에게 의학을 배운 젊은 이상주의자였다. 나중에 그가 한 말에 따르면, 버몬트에 처음 갔을 때만 해도 그는 "과학이 진보하고 있으며 그 진보가 합리적인 응용을 통해 효과적인 치료로 이어지는 전반적인 패러다임"을 여전히 믿고 있었다.

버몬트주에는 251개의 도시가 있었다. 웬버그는 주민들이 치료받는 곳을 기준으로 지역을 나누었고, 그렇게 13개의 의료구가 확정되었다. 뒤이어 그는 각 구에서 치료를 빌는 데 들어가는 비용을 계산했다.

웬버그는 소득 수준이 낮은 오지에서 의료비가 적게 들 것이라고 가정했다. 같은 논리로 버몬트주 최대 도시이자 버몬트 대학교와 챔플레인 칼리지가 있고, 수준 높은 최신 병원들이 있으며, 명문 의대 출신 의사들이 있는 벌링턴 같은 도시는 의료비 지출이 약간 더 많으리라

예상했다.

하지만 웬버그의 예상은 완전히 빗나갔다. 의료구마다 의료비에 차이가 있는 것은 맞았다. 그런데 그 차이가 엄청나게 컸다. 게다가 명백한 논리를 따르지도 않았다. 웬버그의 말에 따르면 "이치나 논리"에 맞지 않았다. 가령 치질 수술의 경우, 일부 의료구에서는 다른 의료구에서 치료받을 때보다 비용이 다섯 배나 많이 들었다. 전립선 수술이나 자궁 수술, 맹장 수술은 세 배의 차이가 났다.

웬버그는 이렇게 말했다. "확인 결과 모든 지역에서 차이가 났습니다. 가령 우리 가족은 스토와 워터베리 사이에서 살았어요. 우리 아이들은 약 16킬로미터 떨어진 워터베리 학군의 학교에 다녔습니다. 우리 집이 북쪽으로 약 100미터 위에 있었다면 스토 학군으로 바뀌었을 겁니다. 스토에서는 70퍼센트의 아이들이 15살이 되기 전에 편도선 수술을 받았어요. 반면 워터베리는 그 비율이 20퍼센트에 불과했어요."

이해할 수 없는 일이었다. 스토와 워터베리는 둘 다 낡은 19세기 건물로 가득한 목가적인 소도시였다. 한 곳이 다른 곳보다 더 세속적이거나 다른 의료 사상에 사로잡혀 있다고 진지하게 생각하는 사람은 없었다. 스토와 워터베리가 아주 다른 유형의 사람들을 끌어들이는 것도 아니었다. 두 곳 주민들은 기본적으로 같았다. 다만 워터베리 아이들의 편도선은 멀쩡한 경향이 있는 반면, 스토 아이들의 편도선은 그렇지 않았다.

웬버그는 깊은 혼란에 빠졌다. 이건 버몬트주의 소도시들이 지닌 이상한 풍습일까? 그는 뉴잉글랜드 지역의 다른 주들로 분석 범위를 확

	버몬트주 미들베리	뉴햄프셔주 랜돌프
사회경제적 특성		
백인	98%	97%
해당 지역 출생자	59	61
20년 이상 거주자	47	47
빈곤선 이하 수입	20	23
의료보험 가입	84	84
단골 병원 존재	97	99
만성질환 수준		
만연도	23%	23%
지난 2주간 활동 제한	5	4
전년도 2주 이상 와병	4	5
의료 서비스 접근성		
지난 1년간 의사 면담	73%	73%
진료 후 의료 서비스 활용도		
1,000명당 퇴원	132	220
1,000명당 수술	49	80
가입자당 메디케어 파트 B 지출	92	142

대해보기로 결정했다. 위의 표는 버몬트주의 미들베리와 뉴햄프셔주
의 랜돌프를 비교한 표다. 첫 10줄을 보라. 두 도시의 수치가 거의 똑
같다. 이제 마지막 세 줄을 보라. 세상에. 랜돌프 의사들은 마치 카페인
과다 흡입 상태로 미친 듯이 일한 것 같다. 그들은 치료비를 마구 써댔

고, 눈에 띄는 대로 모든 환자를 입원시키고 수술했다. 반면 미들베리는 어떨까? 그곳은 완전히 딴판이었다.

웬버그는 자신이 발견한 사실을 '소지역 편차'small-area variation 라 불렀다. 그는 미국 전역에서 그 증거들을 찾아냈다. 버몬트주의 소도시들에서 관찰된 특이한 양상은 (웬버그가 놀라운 발견을 한 이후 반세기가 지난 후에도) 무너질 기미가 보이지 않는 철칙으로 바뀌었다. 많은 경우, 의사가 환자를 치료하는 방식은 출신 학교나 성적 또는 성격보다 거주지와 더 관련이 깊었다.

왜 거주지가 그토록 중요할까? 소지역 편차를 가장 쉽게 설명하는 방식은 의사들이 그냥 환자가 바라는 일을 할 뿐이라는 것이다. 비교적 단순한 의료 활동을 예로 들어보자. 환자가 죽기 전 2년 동안 의사를 만나는 횟수는 몇 회나 될까? 전국 평균은 약 54회다. 반면 미니애폴리스의 경우 평균이 36회로 훨씬 낮다. 그런데 LA는 몇 회나 되는지 아는가? 105회다! LA에서 죽음을 앞둔 환자가 의사를 만나는 횟수는 미니애폴리스보다 세 배나 높다.

이는 커다란 차이다. 그 이유가 죽어가는 미니애폴리스 사람들은 인내심 강한 스칸디나비아 사람들처럼 행동하는 반면, LA 노인들은 까다롭고 요구하는 게 많기 때문일까? 그런 것 같지는 않다. 웬버그와 다른 연구자들은 소지역 편차가 환자들이 의사에게 바라는 것에 기인하지 않음을 확인했다. 그 요인은 '의사들이 환자에게 하고자 바라는 것'이었다.

그렇다면, 왜 의사들은 지역에 따라 다르게 행동할까? 단지 돈 때문일까? 어쩌면 LA에는 적극적인 치료를 보상하는 보험에 가입한 사람이 더 많을지도 모른다. 하지만 그것도 적절한 설명으로 보이지 않는다.*

이런 차이가 단지 무작위적인 것이라면 어떨까? 결국 의사도 사람이며 사람은 제각각 다른 믿음을 가진다. 어쩌면 적극적인 의사들이 우연히 LA에 많이 있는 반면, 미니애폴리스에는 적은 것인지도 모른다.

하지만 그렇지 않다!

'무작위적'이라는 얘기는 적극적인 의사들이 전국에 흩어져 있으며, 해마다 증감하는 패턴을 보이리라는 뜻이다. 또한 모든 병원에는 의료 행위에 관한 여러 생각을 대표하는 다른 성격의 의사들이 섞여 있을 것이라는 뜻이다. 즉, 편도선을 무조건 잘라내는 스미스라는 의사가 있는가 하면 절대 잘라내지 않는 존스라는 의사도 있을 것이고, 그 사이에 해당하는 맥도널드라는 의사도 있는 것이다. 하지만 웬버그가 오래전에 파악한 현실은 그렇지 않았다. 그가 확인한 것은 의료 부문의 '클러스터'cluster 였다. 그에 따라 같은 의료구에 속한 의사들은 비슷한 성향을 갖게 되었다. 마치 모두가 전염성을 지닌 같은 생각에 전염된 것처럼 말이다.

다트머스 대학교 경제학자로서 웬버그의 연구를 이어받은 조너선 스키너Jonathan Skinner 는 이렇게 말한다. "이는 유유상종 현상과 관련된

• 이를 전문 용어로 '지불자 구성'payer mix 이라 부른다. 100퍼센트의 주민이 행위별 수가제 보험에 가입한 지역의 경우, 모든 의료 행위에 대한 대가가 지불된다. 해당 지역의 의료 행위는 100퍼센트의 주민이 병원과 의사에게 지불되는 금액이 한정된 '관리의료'managed care 식 보험에 가입한 지역의 의료 행위와 아주 다른 패턴을 지닐 것이다.

수수께끼입니다. 의사들은 저마다 의견이 다릅니다. (…) 사람들은 어떤 치료 방법이 효과가 있는지에 대해 각자의 의견을 가집니다. (…) 하지만 신기하게도 어떤 지역의 일부 사람들은 전반적으로 하나의 방식을 따르곤 합니다. 제가 궁금한 것은 대체 무엇이 그들을 그렇게 행동하게 만드는가, 하는 것입니다. 물이 달라서 그런 걸까요?"

발도르프 학생들은 왜 백신을 맞지 않았나

소지역 편차는 뒤이어 의학계 연구자들이 거의 집착하는 문제가 되었다. 관련 서적이 여럿 나왔다. 학자들은 오랫동안 해당 현상을 연구했다. 흥미로운 점은 설명할 수 없는 동일한 편차의 패턴이 의료계 바깥에서도 나타난다는 것이다. 사례를 하나 들어보겠다.

캘리포니아주는 주내에 있는 전체 중학교 1학년 학생들이 권장 백신을 얼마나 많이 접종했는지 공식적으로 집계한다. 조사 대상에는 수두 백신, 홍역 백신, 유행성이하선염 백신, 풍진 백신, 소아마비 백신 등이 있다. 그 목록(아주 길다)은 얼핏 아주 단순해 보인다. 캘리포니아 지역의 공립학교 학생 중 대다수는 모든 백신을 맞았다. 그러면 사립학교 학생들은 어떨까? 사립학교는 수가 더 적고 유별나다. 거기에는 더 많은 편차가 있을까? 한 번 살펴보자.*

다음은 샌프란시스코 동부에 있는 콘트라 코스타 카운티의 사립 초등학교들을 무작위로 선정하여 확인한 백신 접종률이다.

- 세인트 존 더 밥티스트: 100퍼센트
- 엘 소브란테 크리스천 스쿨: 100퍼센트
- 콘트라 코스타 주이시 데이 스쿨: 100퍼센트

이런 목록은 계속 이어진다. 콘트라 코스타 카운티에는 사립 초등학교가 많다. 그곳 학부모들은 자녀들을 전염병으로부터 보호하려는 의지가 아주 강해 보인다.

- 세인트 페르페투아: 100퍼센트
- 세인트 캐서린 오브 시에나: 100퍼센트

잠깐만. 수치가 많이 다른 학교가 하나 있다.

- 이스트 베이 발도르프: 42퍼센트

42퍼센트? 이건 일관된 패턴에서 우연히 벗어난 특이 사례가 아닐까?

알파벳 순서에 따라 콘트라 코스타 카운티의 바로 아래에 있는 엘도라도 카운티의 사립학교들을 보자.

● 이 통계는 2012-2013학년 기준이다. 2015년에 캘리포니아는 아동 백신 접종에 대한 '비의학적' 예외를 금지하는 법을 통과시켰다. 다시 말해서 발도르프 같은 사립학교 학부모들이 (정부가 개입하지 않을 때) 자녀들의 백신 접종을 어떻게 하는지 파악하려면 2015년 이전 데이터를 확인해야 한다.

- GHS 아카데미: 94퍼센트
- 홀리 트리니티 스쿨: 100퍼센트

그러다가 갑자기 이런 수치가 나온다.

- 시더 스프링스 발도르프: 36퍼센트

이제 LA 지역의 수치를 알아보자. 대다수 중학교의 경우, 주 전역의 다른 중학교들처럼 백신 접종률이 90퍼센트대 내지 100퍼센트다. 하지만 이번에도 예외가 있다. 이 학교는 LA시 서쪽에 자리 잡은 퍼시픽 팰리세이즈라는 부자 동네에 있다.

- 웨스트사이드 발도르프: 22퍼센트

발도르프 학교Waldorf schools 라는 이름을 들어본 적이 없는가? 이 학교들은 오스트리아 교육자인 루돌프 스타이너Rudolf Steiner 가 20세기 초에 시작한 교육 운동의 결과물이다. 발도르프 학교는 작고, 비싸며, 학생들의 창의성과 상상력을 개발하는 '전체론적' 학습에 초점을 맞춘다. 전 세계에 수천 개 발도르프 학교(주로 유치원과 초등학교)가 있고, 캘리포니아에도 20여 개가 있다. 발도르프 학교가 있는 모든 캘리포니아 지역에서 백신 접종률이 가장 낮은 학교는 거의 예외 없이 발도르

프 학교다.[•]

아래는 소노마 카운티의 자료다.

- 세인트 빈센트 드 폴 초등학교: 100퍼센트
- 린콘 밸리 크리스천: 100퍼센트
- 소노마 컨트리 데이 스쿨: 94퍼센트
- 세인트 유진 커시드럴 스쿨: 97퍼센트
- 세인트 로즈: 100퍼센트
- 서머필드 발도르프 스쿨: 24퍼센트[••]

캘리포니아에서는 2010년대 중반에 두 건의 홍역 집단 감염 사태가 발생했다. 그중 한 건은 디즈니랜드에서 시작된 것이었다. 이 사태로 캘리포니아가 백신 회의론 문제에 시달린다는 말들이 많이 나왔다. 그러나 그것은 틀린 말이었다. 백신 접종률이 100퍼센트인 초등학교들의 목록을 다시 살펴보라. 캘리포니아에서 백신 회의론 문제를 가진 사람들은 사실 (특정 사립 초등학교에 자녀를 보내는 학부모들 같은) 소수에 불과했다. 아마 존 웬버그는 이 패턴을 즉시 알아보았을 것이다. 백

[•] 발도르프 학교만큼 미접종률이 높은 다른 학교도 있지만 드물다.
[••] 궁금하다면, 캘리포니아 지역에 있는 다른 발도르프 학교의 백신접종률은 다음과 같다.
 - 발도르프 스쿨 오브 오렌지 카운티: 44퍼센트
 - 새크라멘토 발도르프 : 46퍼센트
 - 발도르프 스쿨 오브 샌디에고: 20퍼센트
 - 샌프란시스코 발도르프 스쿨: 53퍼센트
 - 산타크루즈 발도르프: 60퍼센트
 - 시에라 발도르프: 58퍼센트

신 회의론은 소지역 편차 문제다.

이것이 사회적 전염의 첫 번째 교훈이다. 우리는 전염성을 지닌 사건을 바라볼 때 그 경로에 대해 본질적으로 걷잡을 수 없고 통제할 수 없는 측면이 있다고 가정한다. 하지만 LA 은행 강도 열풍이나 워터베리와 스토에서 드러나는 의료 관행 패턴의 차이, 발도르프 학부모들의 생각에는 걷잡을 수 없고 통제할 수 없는 측면이 없다. 이 사례들에서 사람들을 한데 묶는 전염성 강한 믿음은 지역사회의 경계에서 멈추는 절제력을 지닌다. 거기에는 분명 표면 아래 어딘가에 묻힌 일련의 규칙이 있다.

이는 우리를 두 번째 수수께끼로 데려간다.

제2장

마이애미의 문제

"대마초를 한 대 피운 다음 8시부터 12시까지
많게는 100만 달러를 세탁한대요."

사기 범죄자의 눈물

존경하는 판사님, 저는 소라아게 빙가신 사람으로 이 자리에 서 있습니다. (…) 제가 사랑하고 아끼는 것들을 모두 잃었습니다. (…) 결혼 생활을 망쳤고, 세 명의 예쁜 아이들에게 상처를 주었습니다. 늙은 부모님에게도 씻을 수 없는 아픔을 안겼습니다. 모든 것이 제 잘못입니다.

2019년 9월 12일, 연방 법원 배심원단은 필립 에스포메스에게 미국 역사상 최대 규모의 의료보험 사기에 대해 유죄 판결을 내렸다. 이

제 피고인 에스포메스는 판사에게 자비를 베풀어달라고 호소하는 중이다.

> 2016년 7월 22일에 수감된 후로 체중이 20킬로그램 넘게 빠졌습니다. 제 몸은 이제 가죽만 남있습니다. 두 팔은 피가 통하지 않고, 무릎은 부었습니다. 피부병도 생겼습니다. 37개월 넘게 햇빛을 쬐지 못했습니다.

에스포메스가 운영하는 요양원 체인에 대한 정부 조사는 수년이 걸렸다. 재판은 거의 8주 동안 진행되었다. 배심원단은 뇌물, 허위 청구, 리베이트, 돈세탁, 256개의 별도 은행 계좌, 비양심적인 의사들을 고발하는 내용을 들었다. 에스포메스의 측근들은 도청기를 차고 몇 시간 분량의 첩보가 담긴 테이프를 모았다. 거기에는 그가 거대한 요양원 체인을 불법적으로 운영하면서 지시하는 말들이 담겨 있었다.

> 테이프의 내용을 들어보면 저는 처벌에 대한 두려움 없이 기꺼이 편법을 저지르고, 주위의 모든 은혜에 감사할 줄 모르고, 자신에게는 규칙이 적용되지 않는 것처럼 행동하는 사람입니다. 제가 저지른 모든 일에 대한 책임을 인정합니다.

뒤이어 그는 울었다.

마이애미에는 있고 시카고에는 없는 것

언젠가 누군가는 에스포메스 사건을 토대로 뛰어난 영화를 만들 것이다. 거기에는 할리우드가 늘 원하는 모든 것이 담겨 있다. 우선 그을린 피부에 영화배우처럼 잘생겨서 폴 뉴먼 판박이 같은 에스포메스 본인부터가 그렇다. 그는 160만 달러짜리 페라리 아페르타를 몰았고, 36만 달러짜리 스위스 시계를 찼으며, 개인 전용기를 타고 동서부를 오갔다. 배심원단은 그가 고급 호텔에서 수많은 미녀를 만났고, 화가 나면 고함을 질러댔으며, 이른 새벽부터 전화를 걸어댔고, 현금을 '페투치니'fettuccine (넓적한 파스타 면—옮긴이)라 부르기를 고집했다는 이야기를 들었다. 그는 "강박적" 성향에 "아마도 조울증"이 있는 사람, "밤낮을 가리지 않고 하루 종일 전화를 해대고, 차로 모셔다주어야 하고, 주위 사람을 미치게 만들고, 그들을 끝까지 밀어붙이고, 자신에게 일어나는 모든 일을 불평하는" 사람으로 묘사되었다.

이것은 그의 변호사 중 한 명이 한 말이었다.

필립 에스포메스는 안식일을 지켰다. 그러다가 자정이 되어 종교적 금기가 해제되면, 요양원에 가서 일이 만족스럽게 이루어지는지 재점검했다. 그에게는 두 명의 아들이 있었다. 그는 자질이 부족한 장남을 대학 농구 스타로 만들겠다고 결심했다. 유튜브에서 검색을 해보면 그의 왜소한 아들이 여러 전문 코치와 트레이너가 지켜보는 가운데 열심히 훈련하는 영상을 찾을 수 있다.

에스포메스의 변호사인 로이 블랙Roy Black 은 "그는 자녀들을 믿을 수 없는 수준으로 몰아붙였습니다. 정식 스포츠 팀 같았어요."라고 말했다. 그는 이렇게 말을 이었다.

> 그는 거기에 강박적으로 매달렸습니다. 자녀들과 같이 원정도 다녔습니다. 그럴 때면 유대 교회 근처에 있는 호텔을 찾았어요. 토요일에 걸어가서 예배를 보려고요. 또 아주 사소한 부분까지 자녀들의 생활에 간섭했어요. 그는 그런 사람이었거든요. 말하자면….

블랙은 잠시 적절한 단어를 찾아 말을 멈추었다. "헬리콥터 부모(헬리콥터처럼 머리 위에서 자녀를 감시하고 통제하는 부모—옮긴이)라는 표현으로는 많이 부족해요. 그 사람은 완전히 공군 전체를 동원하는 수준이었어요."

블랙은 오랜 변호사 생활 동안 온갖 마약상, 돈세탁 업자, 사기꾼 들을 변호했다. 그럼에도 필립 에스포메스를 변호한 경험만큼은 별로 좋아하지 않는 듯했다. 블랙은 그 이유에 대해 이렇게 말했다.

> 자기가 변호를 주도하려 했어요. 물론 우리는 그렇게 하도록 허용하지 않았죠. 지나치게 격정적이었거든요. 한 번에 몇 시간 동안 그와 이야기를 나눈 후 연방 교도소를 나오면, 온몸이 땀에 젖어 있었어요. 집에 가서 샤워를 해야 할 정도였죠. 안정제 같은 게 필요했어요.

법정에는 필립의 아버지로서 전설적인 인물인 모리스 에스포메스Morris Esformes가 앉아 있었다. 명민하고, 잘생기고, 위트 넘치는 그는 동창들에 따르면 유대교 대학에서 "가장 멋진 녀석"이었다. 그는 정통파 유대교 랍비로서 시카고에 대규모 요양원 체인을 건설했고, 1억 달러가 넘는 돈을 자선사업에 기부했다. 그는 차의 경적 소리를 〈대부〉의 주제곡으로 바꾸었다. 그는 두 명의 기자와 인터뷰를 하는 자리에 보라색과 금색이 섞인 LA 레이커스 유니폼과 그에 맞춘 유대인 모자를 쓰고 나타난 적이 있었다. 그는 기자들에게 그들이 자신의 사업체를 취재하다가 해를 입는 일이 있어도, 이스라엘의 랍비 위원회가 "영적 대가"를 면제해주기로 이미 합의했다고 말했다.

에스포메스의 변호사 중 한 명은 "필립에게 있어 가장 큰 동기부여는 아버지에게 자신의 능력을 입증해 보이고 싶은 마음이었다고 생각합니다. 아버지의 그늘에서 살았지만 자기도 성공할 수 있다는 걸 보여주고 싶었던 거죠."라고 솔직한 생각을 털어놓았다. 아마도 소송에서 필립 에스포메스의 심리에 대해 증인힐 사람으로 프로이트를 소환할 수도 있었을 것이다.

재판에서는 집단 성교와 라스베이거스 여행에 대한 이야기들도 나왔다. 빅토리아 시크릿 모델 지망생이 잠깐 주인공으로 등장하기도 했다. 필립이 아들을 기용해달라고 펜실베이니아 대학교 농구팀 감독에게 현금이 든 가방을 뇌물로 주었다는 기이한 서브플롯도 있었다. 두 명의 유명한 증인인 델가도 형제도 출석했다. 그중 한 명은 몸무게가 약 245킬로그램이었다. 그는 여자친구가 아이를 낳은 후 편하다는 이유로 아내가 소유한 아파트에 살림을 차렸다. 9,757페이지에 달하는 재판 속기록을 읽다 보면 이런 수많은 이야기들 중에 아래와 같은 하나의 이야기가 반복적으로 등장한다. 이런 상황이 얼마나 많이 나오는지 마치 계속 되풀이되는 느낌마저 들 정도다.

질문 언제 그게 시작되었습니까?

검사는 수많은 정부 측 증인 중 한 명에게 ATC라고 불리는 기업이 연루된 의료 사기에 대해 묻고 있다.

답변 제가 공급자 번호를 받은 2002년입니다.
질문 ATC가 메디케어에 청구한 금액은 얼마입니까?
답변 2억 500만 달러입니다.
질문 당신이 매달 여러 공급자에게 지불한 리베이트 총액은 얼마였죠?
답변 한 달에 30만 달러에서 40만 달러 사이였습니다.

잠시 후 변호사가 리베이트 문제로 다시 돌아간다.

질문 매달 당신이 지불할 리베이트를 금액별로 어떻게 나누었는지 배심원단에게 설명해주시겠습니까?
답변 앞서 말씀드린 대로 제가 하던 돈세탁을 통해 지폐는 이미 모아둔 상태였습니다. 100달러, 50달러, 20달러, 10달러, 5달러 지폐 뭉치를 봉투에 넣어 전달했습니다.

그렇다. 매달 40만 달러를 리베이트로 나눠주려면 봉투가 많이 필요하다. 그건 그렇고, 이 사건을 충분히 오래 살펴보면 필립 에스포메스가 아주 나쁜 사람은 아니라는 결론에 이를지도 모른다.

그는 토요일 밤에도 요양원에 와서 시설을 점검했습니다. 밤낮없이 돌아다니며 순시를 했습니다.

이것은 필립의 변호사인 하워드 스레브닉Howard Srebnick 이 최후 변론에서 한 말이다. 그의 최후 변론은 때로 시적인 수준에 이르렀다.

그는 (농구 스타) 드웨인 웨이드Dwayne Wade를 요양원에 데려와 환자들과 만나게 해주었습니다. (…) 요양원에 오년 사람들을 안아주고, 환자들과 춤을 추고, 직원들에게 애정을 드러냈죠. 그 애정이 너무나 컸기 때문에 직원들이 기꺼이 법정에 와서 에스포메스 씨에 대한 선처를 부탁했던 것입니다.

필립 에스포메스에게 대체 무슨 일이 생긴 것일까? 그토록 다정한 사람이 어떻게 자신의 인생을 그렇게 무모하게 내던졌을까?

선고 공판에서는 에스포메스 가족과 오랫동안 알고 지낸 랍비, 솔롬

립스카르Sholom Lipskar에게서 가장 강력한 증언이 나왔다. 립스카르는 에스포메스가 구치소에 수감되어 있는 동안 50번이나 그를 면회했다. 그는 누구보다 에스포메스의 심리 상태를 잘 알았다.

그는 판사에게 "그의 영혼은 갈가리 찢겼습니다. 그의 마음은 무너 졌습니다. 그의 성격은 변했습니다."라고 말했다. 그리고 이렇게 말을 이었다.

> 과거 판사님이 세상에는 나쁜 짓을 하는 나쁜 사람이 있고, 실 수를 하는 선한 사람이 있다고 말씀하신 것으로 알고 있습니다. (…) 필립은 후자에 속하는 사람입니다. 그는 훌륭한 혈통을 지닌 뛰어난 가문의 일원으로 삶을 시작했습니다. 저는 그의 조부모를 압니다. 그들은 우리 교회에서 기도했습니다. 그의 할아버지는 휠체어를 타고 와서 온 마음으로 기도했습니다. (…) 나중에 필립 은 시카고에서 사업을 성공시켰고, 모든 요양원을 잘 돌봤습니 다. 그러다가 마이애미로 왔습니다. 그곳에서는 사람이 망가지 기가 쉽습니다. 돈뿐 아니라 다른 것까지 얻고 싶은 마음이 드는 환경이니까요.

마이애미. 립스카르는 에스포메스가 고향을 떠나 플로리다주 남부 로 갔을 때부터 문제가 시작되었다고 생각했다.

이게 선고 공판에서 나온 증언임을 기억하도록 하자. 선고 공판은 중범죄자가 친구들을 출석시켜서 자기 대신 좋은 말을 하게 만드는 자리다. 이런 자리에서는 "그건 사실 이 사람의 잘못이 아닙니다." 같은 말이 일반적으로 구사하는 변론이다. 어린 시절 친구와 같이 교장실로 불려갔을 때를 생각해보면 쉽다.

하지만 동시에 립스카르의 주장은 섬찟할 정도로 익숙하게 들린다. 은행 강도와 발도르프 학교 사례가 주는 교훈은 행동 패턴이 장소와 연계된다는 것이다. 그리고 그 방식은 때로 우리를 놀라게 만든다. 립스카르의 주장은 소지역 편차에 대한 것이었다.

> 필립은 길을 잃었습니다. 그의 가족에게 물어보세요. (…) 필립 스스로도 "길을 잃었습니다. 잘못된 길로 들어섰어요. 바닥까지 추락했습니다."라고 말할 겁니다.

시카고 시절의 필립은 명문가 출신의 훌륭한 사업가였다. 그러다가 마이애미로 가면서 길을 잃어버렸다.[*] 마치 워터베리에서 스토로 옮겨 긴 깃치범 말이다.

- 분명히 말하자면 에스포메스 가문이 절대적으로 훌륭하지는 않았다. 그들은 일리노이 주 정부와 규제 문제로 두어 번 비교적 사소한 마찰을 겪었다. 하지만 이는 마이애미에서 일어난 일에 비하면 아무것도 아니었다.

발도르프 학교와 버팔로주 심장 전문의들에게 생긴 일

잠시 발도르프 학교 이야기로 돌아가 보자. 발도르프가 너무나 특이한 이유에 대한 가장 명백한 설명은 이미 백신에 적대적인 부모들을 끌어들인다는 것이다. 그러나 인류학자인 엘리사 소보Elisa Sobo 는 발도르프의 문화를 조사한 후 그렇지 않다는 사실을 확인했다. 그녀의 말에 따르면 "누구도 백신 접종을 하지 않는 오아시스 같은 곳이라는 이유만으로 학부모들이 자녀를 그 학교에 보내는 건 아니었다."

물론 분명히 그런 학부모도 일부 존재했다. 그러나 패턴이 드러난 것은 다른 방향이었다. 소보는 "그곳에서 학부모들이 습득하는 행동이나 태도, 믿음이 그 요인으로 보인다."고 말했다. 그녀는 발도르프 학교에 복수의 자녀를 보내는 학부모들에게서 흥미로운 점을 발견했다. "가령 세 살 난 첫 아이를 발도르프 유치원에 보낸 후 가족이 늘어나고 계속 그 동네에 머물기로 결정한 경우, 둘째 자녀가 백신을 맞는 비율이 줄었고 셋째 자녀가 백신을 맞는 비율은 더 줄었다." 발도르프 학교는 구성원들에게 마법을 부린다. 거기에 오래 머물수록 마법은 더욱 강해진다.

그렇다면 그들의 마법은 어떻게 작용할까? 발도르프 학교를 다닌 사람들의 말을 들어보자. 이 발언은 시카고에 있는 한 발도르프 학교에서 제작한 홍보 영상에서 가져온 것이다(나는 이 영상을 무작위로 골랐다. 유튜브에는 이와 비슷한 홍보 영상이 수없이 많다). 해당 영상을 보면 여러 젊고 매력적인 전문직 종사자들이 발도르프에서 배운 것들에 대해 이야기한다. 가령 다음은 졸업생 사라의 말이다.

> 발도르프는 세상에 대한 강한 호기심을 심어줘요. 그건 일종의
> 발도르프 효과라고 말할 수 있어요. 모든 걸 뭉뚱그려서 규격화
> 하지 않고 배움에 대한 강한 열망과 호기심을 갖도록 만들어요.

다음은 또 다른 졸업생인 오로라의 말이다.

> 발도르프는 배우는 법뿐만 아니라 배우고 싶은 마음을 갖는 법도
> 가르쳐요. 찾아야 할 답과 필요한 정보를 찾으려는 욕구와 거기
> 에 필요한 능력을 심어주죠.

발도르프가 학생들에게 세상에 대한 호기심을 심어주는 방식에는
놀라운 요소가 있다. 그러나 이런 교육 사상이 구성원들을 다소 이상
한 방향으로 엇나가노록 허용한다는 사실노 알 수 있나.

보통의 부모들은 의사의 조언에 따라 자녀에게 백신을 접종한다. 나
는 백신이 어떻게 작용하는지 그리고 백신을 접종했을 때 아동의 면역
계에 어떤 일이 일어나는지 정확하게 알려줄 수 없다. 그래도 나는 이
주제를 나보다 더 잘 아는 사람이 많다는 걸 알며, 그들의 판단을 신뢰
한다. 반면 발도르프 공동체에는 전문가의 판단을 무조건 따르지 않도
록 부추기는 측면이 있다. 이 측면은 스스로 이런 어려운 주제를 분석
할 수 있다는 자신감을 심어준다. 앞서 언급한 홍보 영상에서 에릭이

라는 영화 제작자는 이렇게 말한다.

> 어떤 문제를 접하든 주저 없이 바로 파고들 수 있었습니다. (…)
> 발도르프는 그렇게 할 수 있다는 자신감을 심어줍니다.

홍보 영상의 앞부분에도 나온 사라가 마지막 발언을 한다. 그녀는 발도르프를 다니면 "약간의 슈퍼히어로 콤플렉스를 얻는다."고 말한다. 그러고는 윙크를 하며 이렇게 말을 맺는다. "그게 자녀를 발도르프에 보낼 때 생기는 유일한 위험이에요."

발도르프 학부모는 다른 발도르프 학부모하고만 어울리는 게 아님을 명심하라. 그들은 아동에 대한 백신 접종이 바람직하다고 굳게 믿는 동료, 친구, 친척, 이웃 들이 가득한 세상에서 산다. 발도르프 학부모들 역시 이런 상반된 의견을 항상 듣는다는 얘기다. 그들이 자녀를 병원에 데려가면 소아과 의사는 제정신이냐는 눈길을 보낼 것이다. 그런데도 그들 중 대다수는 이런 외부의 압력을 신경 쓰지 않는다.

자신을 발도르프 엄마라고 부르는 한 블로거는 "아이들이 아팠냐고? 맞다."라고 썼다. 그녀는 자녀들에게 권장 백신을 맞히지 않기로 결정한 후 일어난 일들에 대해 이렇게 이야기했다.

> 어느 크리스마스 날에는 수두 때문에 자가격리를 했다. (덕분에
> 연말 모임을 다 빠질 수 있어서 좋았다!) 막내는 병이 잘 발현되어 지
> 금도 얼굴에 흉터가 조금 있다.

첫째 아이는 증세가 아주 약해서 그냥 지나간 것처럼 보였다. 몇 년 후, 학교의 다른 아이들이 수두에 걸렸을 때 첫째에게 대상포진이 생겼다. 사실 그렇게 병이 완전히 발현되는 게 바람직하다. 그 시기만 지나면 그걸로 끝이기 때문이다.

통증 척도를 1에서 10까지로 볼 때 대상포진은 대개 9나 10에 해당한다. 자녀를 그런 대상포진으로부터 보호하는 쉬운 방법이 있다. 수두 백신을 맞히는 것이다.

발도르프 엄마는 계속 이야기를 이어간다. 그녀는 백일해 백신 접종도 하지 않기로 결정했다. 그래서 어떻게 되었을까? 자녀들이 백일해에 걸렸다.

아이들이 걸린 최악의 병은 백일해였다. 해변에서 같이 오후를 보낸 다른 아이에게서 옮은 것이었다. 우리는 그때 캘리포니아에 있었는데, 지금까지 살면서 가장 힘들고 서둘한 경험 중 하나였다. 막내는 그 어느 때보다 심하게 앓았다. DPT를 2회 접종한 첫째 아이는 그만큼 심하지는 않았지만 그래도 병에 걸렸다. 이렇게 힘들 줄 알았다면 아이들에게 백신을 맞혔을까? 아마 그랬을 것이다. 하지만 지나고 보니 우리 아이들이 백일해로부터 가장 잘 보호되었다는 확신이 더 강해진다.

흉터를 남기는 수두, 발진을 일으키는 대상포진, 몸을 허약하게 만

드는 백일해를 힘들게 견디는 동안 그녀를 버티게 해준 한 가지 요소
가 있었다.

> 우리 아이들에게는 발도르프라는 우군도 있었다. 매일 하는 여러
> 미술과 창작, 실내 놀이와 야외 놀이, 스트레스 없이 활력을 불어
> 넣는 교육이 아이들의 발달을 뒷받침했다. 나는 백신 접종을 하
> 지 않기로 결정했지만 아이들에게 내가 할 수 있는 최선의 지원
> 을 해주었다.

발도르프의 마법은 어디서 기인한 것이든 간에 실로 강력하다.

또 다른 사례를 들어보겠다. 이번에는 소지역 편차에 대한 연구 결
과에서 직접 가져온 것이다. 심장 전문의가 심장병 환자에게 쓰는 도
구 중 심장 카테터라 불리는 것이 있다. 카테터는 길이 약 91센티미터,
넓이 약 2밀리미터의 플라스틱 튜브로, 이것을 동맥이나 정맥을 통해
조심스럽게 심장까지 넣어서 심장이나 혈관에 생긴 문제를 진단한다.
모든 유용한 의료 도구가 그렇듯이 카테터 활용 빈도도 도시마다 크
게 다르다. 가령 미국의 경우, 1998년부터 2012년까지 콜로라도주 볼
더가 카테터를 가장 많이 활용했다. 볼더에서 심장마비를 일으키면 카
테터 시술을 받을 확률이 75.3퍼센트다. 반면 최하위인 뉴욕주 버팔로
에서는 그 확률이 23.6퍼센트에 불과하다. 아마 이제는 소지역 편차
의 사례가 더 이상 충격적이지 않을 것이다. 그래도 이 차이는 실로 엄
청나다는 점을 지적할 필요가 있다. 해당 기간에 볼더와 버팔로에서는

아주 다른 방식으로 심장마비에 대한 치료가 이루어졌다.●

　이런 양상이 벌어진 이유에 대한 명백한 설명이 있다. 버팔로 대학교 심장학과 학과장인 비제이 아이어Vijay Iyer는 "제 사무실 창문에서 호수 바로 건너편인 캐나다의 포트 이리가 보여요."라고 말한다. 그는 버팔로가 훨씬 큰 '북쪽의 이웃'으로부터 영향받을 수밖에 없다고 주장한다. 그의 말에 따르면 당시 버팔로의 카테터 시술률은 뉴욕시보다 토론토시와 훨씬 비슷했다. 그는 요골 동맥 삽입술을 또 다른 예로 들었다. 오랫동안 심장 전문의들은 허벅지에 있는 대퇴 동맥을 카테터 삽입 지점으로 삼았다. 그러다가 1980년대 후반에 루시앙 캄포Lucien Campeau라는 캐나다 심장 전문의가 다른 삽입 지점을 활용하기 시작했다. 바로 손목에 있는 요골 동맥이었다. 요골 동맥 삽입술은 더 어렵지만 결과적으로 부작용이 훨씬 적었고 환자에게도 훨씬 수월했다. 또한 사망률을 줄여주었고, 퇴원 시기도 앞당겨주었다. 버팔로는 이 혁신 기술을 다른 미국 도시보다 훨씬 빠르게 받아들였다. 아이어의 말을 들어보자. "토론토에서 두 명의 의사가 그 기술을 갖고 왔어요. 다른 의사도 가치 있는 기술이라고 생각해서 몬트리올에서 배워왔죠. 저는 2004년과 2005년에 (버팔로에서) 수련했습니다. 당시 미국에서 요골 동맥 삽입술이 시행되는 비율은 10퍼센트 수준이었을 거예요. 하지만

●　그렇다고 해서 버팔로보다 볼더에서 심장마비를 겪는 것이 반드시 더 낫다는 말은 아님을 밝혀둔다. 사실 카테터 시술은 아주 비싸고, 나름의 위험을 동반한다. 볼더보다 버팔로에서 심장마비로 죽을 가능성이 더 높다는 증거는 거의 없다. 미국의 의료 시스템은 낭비가 심하고 비용이 많이 들기로 악명 높다. 그래서 모든 심장마비 환자를 버팔로로 이송하여 치료하고, 그렇게 아낀 돈을 고혈압 환자의 식생활 개선 및 운동 장려에 쓰는 편이 낫다고 주장할 수도 있다.

여기서는 70퍼센트나 되었어요."

캐나다의 의료 시스템은 많은 측면에서 미국의 의료 시스템과 크게 다르다. 캐나다에는 국민의료보험제도가 있으며 복잡한 민간 보험사 네트워크가 없다. 2022년 기준으로 미국은 GDP의 17.3퍼센트를 의료비로 지출했다. 반면 캐나다는 그 비중이 약 3분의 1이나 낮은 12.2퍼센트에 불과하다. 캐나다는 값비싼 치료를 할 가치가 있는지 따지는 일을 훨씬 더 중시한다(이는 캐나다 의사들이 요골 동맥 삽입술을 빠르게 받아들인 또 다른 이유다. 요골 동맥 삽입술은 대퇴 동맥 삽입술보다 저렴하다). 다시 말해서 버팔로가 특이한 양상을 보인 이유는 그런 캐나다의 특성이 나이아가라강을 건너 버팔로 지역 병원에 영향을 미칠 수밖에 없기 때문이었다. 의료 문제에 있어서 버팔로는 캐나다의 11번째 주라고 봐도 무방하다. 반면 볼더는 어떤가? 볼더는 캐나다 국경에서 수백 킬로미터 떨어져 있다. 그러니 다를 수밖에 없다.

정말 흥미로운 대목은 바로 이제부터다. 경제학자인 데이비드 몰리터David Molitor는 몇 년 전에 이런 의문을 품었다. "심장 전문의가 볼더에서 버팔로로 옮겨가면 어떤 일이 생길까?"

몰리터가 확인한 답은 볼더식 성향이 버팔로식 성향으로 바뀐다는 것이다. 물론 그 변신이 100퍼센트는 아니다(그렇다면 정말 섬뜩할 것이다). 그래도 장소를 바꾼 심장 전문의는 새로운 도시의 의료 관행 쪽으로 약 3분의 2만큼 옮겨간다.

몰리터는 이렇게 말한다. "모든 변화가 즉시 이루어집니다. 이는 그 변화의 성격을 말해줍니다. 첫 1년 안에 아주 빠르게 일어나는 변화라는 거죠. 그게 순전히 새로운 동료들로부터 새로운 정보를 습득하고, 자신의 신념을 수정하는 일종의 학습이라고 생각할 수도 있습니다. 하지만 학습 패턴은 점진적인 형태를 띱니다. 즉각적으로 영향을 받을 수는 있어도 이후 장기적으로 새로운 지역의 성향을 더 닮아가면서 계속 변해가는 모습을 보이죠."

하지만 실제 양상은 그렇지 않았다. 버팔로로 옮겨가는 순간 **바로** 모든 것이 변했다. 이게 얼마나 이상한 일인지 생각해보라. 당신이 심장 전문의로서 15년 동안 볼더의 대형 의대 병원에서 심장마비 환자를 치료했다고 가정하자. 당신의 실력이 너무 뛰어나 버팔로에서 솔깃한 영입 제안이 왔다. 그들은 당신이 버팔로 방식을 특별히 재교육받아야 한다는 조건을 걸지 않았다. 새 동료들은 당신을 자리에 앉혀 놓고 앞으로 하지 말아야 할 일을 알려준 다음, "여기서는 이런 방식으로 합니다."라고 말하지 않는다. 그들은 있는 그대로의 당신이 마음에 들어서 영입한 것이다. 그래서 당신은 새 직장에 출근한다. 새 진료실은 옛 진료실과 많이 비슷하다. 당신이 활용하는 기술과 약도 볼더 시설의 것과 동일하다. 환자들 역시 과거와 같은 문제와 증상을 갖고 있다. 모든 것이 근본적으로 같다! 다만 이제는 더 이상 창밖으로 로키산맥이 보이지 않는다. 대신 캐나다가 보인다. 그리고 짠! 당신은 하룻밤 사이에 전형적인 버팔로 지역 심장 전문의와 아주 비슷하게 변한다. 몰리터는 "그건 사실 효과적인 방식을 학습하는 데 따른 것이 아닙니다. 그보다 환경의 영향이 더 크게 작용합니다."라고 말한다.

앞서 립스카르는 필립 에스포메스가 마이애미로 옮겨갔을 때 뭔가 문제가 생겼다고 말했다. 이것이 바로 그가 하려던 말의 요지다. 그의 말은 사실상 에스포메스가 버팔로의 병원으로 직장을 옮긴 심장 전문의나 발도르프 학교에 자녀를 보낸 학부모와 같다는 것이다. 공동체는 독자적인 이야기를 지니며, 그 이야기는 전염성이 강하다.

사실 '이야기'story 라는 단어는 별로 적절치 않다. 그보다 '오버스토리'上層, overstory 라는 단어가 더 낫다. 오버스토리는 숲을 이룬 나무들의 윗부분을 말한다. 오버스토리의 크기와 밀도 그리고 높이는 훨씬 낮은 땅에 있는 모든 종의 행동과 발달에 영향을 미친다. 나는 발도르프 학교를 여느 학교와 다르게 만들거나, 볼더와 버팔로를 다르게 만드는 소지역 편차의 본질이 이야기보다는 오버스토리에 더 가깝다고 생각한다. 그것은 모든 주민에게 주입되는 명시적인 것이 아니다. 오버스토리는 높은 곳에 있는 것들로 구성되며, 많은 경우 우리의 **의식 바깥**에 존재한다. 그래서 우리는 오버스토리의 존재를 잊어버리는 경향이 있다. 우리 눈앞에서, 우리 주위에서 진행되는 삶에 너무나 매몰되어 있기 때문이다. 그러나 오버스토리는 알고 보면 정말로, **정말로** 강력하다.

그렇다면 두 번째 수수께끼를 풀어보자. 필립 에스포메스에게 마법을 부린 마이애미의 오버스토리는 무엇이었을까? 그것은 어디서 나왔을까?

메디케어가 사기꾼들의 노다지판이 된 까닭

미국 정부가 노인을 대상으로 운영하는 의료보험제도인 메디케어는 6,700만 명을 커버하며 연간 9,000억 달러를 쓴다. 1965년에 메디케어가 도입되고 얼마 되지 않았을 때, 나쁜 의도를 가진 사람들은 그토록 규모가 크고 많은 돈을 쓰는 제도가 천금 같은 기회를 안긴다는 사실을 깨달았다.

무엇보다 메디케어 공급자가 되는 일은 그렇게 어렵지 않다. 온라인으로 전국공급자식별번호National Provider Identifiere, NPI를 신청하면 된다. 메디케어 공급자로 등록하고 정부에 급여비를 청구하는 데 이 10자리 숫자가 활용된다.

앨런 메디나Allan Medina는 "메디케어는 신뢰에 기반한 제도입니다."라고 말한다. 메디나는 에스포메스 사건의 주임 검사다. 그는 법무부에서 고위직으로 10년 조금 넘게 근무하며 메디케어 사기 사건을 다루었다. 그래서 메디케어 제도가 어떻게 악용되는지 누구보다 속속들이 안다. 그는 "공급자로 등록할 때 신청서를 작성하고 뒷면에 '규정을 따르겠습니다'라고 서약합니다. 약속을 하는 거죠. 거기서 신뢰가 시작됩니다."라고 말한다.

누군가는 새로운 공급업체의 '명의 소유자'로 등록되어야 한다. 어떤 사람이 소유자일까? 6,700만 명을 커버하는 제도가 모든 소유자의 신원을 확인하기는 어렵다. 공급업체는 주소, 즉 물리적 사업 공간도 갖고 있어야 한다. 그래야 점검이 가능하다. 하지만 점검으로 확인할 수 있는 것에는 한계가 있다. 메디나는 "어느 날짜에 점검이 나온다는 걸 알면 특정한 방식으로 보이도록 준비할 수 있습니다. 급하게 꾸며내는 거죠."라고 말한다.

그의 설명은 계속된다. "의료보험 사기를 치려면 기본적으로 세 가지 요소가 필요합니다. 먼저 환자가 필요합니다. 그렇죠? 그다음에는 의료 전문가들이 필요합니다. 간호사가 필요하고, 메디케어가 신뢰하고 검증할 수 있는 지시서에 서명할 의사도 필요합니다. 하지만 의사와 환자만으로는 안 됩니다. 세 번째 단계가 필요하니까요. 파일이 있어야 합니다. 가짜 기록이요."

의료보험 사기의 세계는 근본적으로 가짜 환자, 의사, 파일 조합으로 이루어진 일련의 끝없는 창의적 변주다. 의사들이 사기에 가담하는 경우도 있고, 사기범들이 의사의 NPI만 인터넷에서 훔치는 경우도 있다. 또한 정식으로 의료 서비스를 제공하지만 비용을 훨씬 부풀려서 청구하는 경우도 있고, 아예 의료 서비스 자체를 제공하지 않는 경우도 있다. 가령 사기범들은 재활 의원을 차린 다음 가짜 환자를 모집하고, 그들을 리베이트를 대가로 재활 처방을 내릴 의사에게 보낸다. 그런 뒤 아무것도 하지 않았는데도 엄격한 재활 절차를 거쳤다고 말하는 기록을 꾸며낸다.

메디케어 본부에서 누군가가 의심하면 어떻게 될까? NPI 신청서에 이름과 주소가 기재되어 있지 않은가? 그래도 신청서에 다른 사람의 이름을 기재한 데다가, 그 사람이 지금 마침 국외에 있다면 문제될 것이 없다. 메디케어는 한탕용 업체에 비용을 지급한다. 사기범은 즉시 돈을 인출하여 은행이 의심하지 않도록 꼼꼼하게 세탁한다. 마약상들이 이 작업의 좋은 파트너다. 그들은 해외로 빼돌리고 싶은 현금을 많이 갖고 있다. 사기범은 의사나 병원에게 리베이트로 줄 현금이 필요하다. 그래서 마약상에게 '합법적' 사업체의 지분을 주고 그 대가로 뇌물로 쓸 현금을 확보한다.

게다가 원격의료라는 신흥 분야도 있다. 현행 원격의료 규정에 따르면 환자를 실제로 대면하지 않아도 치료 대금을 받을 수 있다. 이게 말이 되는가? 코로나 사태 동안 원격의료 규제가 느슨해지기 시작했다. 그러자 의료보험 사기업계는 신나게 환호성을 질렀다. 의료보험 사기 건수는 갈수록 늘어나고, 그 유형은 갈수록 복잡하고 창의적으로 변해가고 있다. 어느 해든 연간 사기 총액이 1,000억 달러 수준으로 추정되는 지경이다. 그리고 이 엄청난 범죄 열풍이 시작된 곳은 언제나 그랬듯이 마이애미다.

메디나는 마이애미 비치에서 자랐다. 의료보험 사기를 적발하는 사람이 마이애미에서 자란 것은 활강 스키 선수가 알프스 산골에서 자란 것과 같다. 즉, 평지에서 자란 사람들보다 더 유리하다. 그는 이렇게 말한다. "뒤늦게 당시 상황이 어땠는지 깨달았습니다. 그 시절에는 약국이 여기서기 생겼어요. 사기범들은 매우 내담했습니다. 그들은 일나전에 돌아가신 제 할머니가 버스를 기다릴 때 접근하곤 했어요. 가짜 환자를 모집한 거죠."

연방정부는 의료보험 사기를 본격적으로 단속해야겠다고 마음먹고 특별 지역 '단속반'을 만들었다. FBI, 검찰, 보건복지부 감사실 인력이 망라된 조직이었다. 첫 지부가 생긴 곳이 어디일까? 마이애미였다. 2003년 기준으로 가입자당 내구성 의료 장비 항목에 지출된 금액을 보여주는 다음의 표가 그 이유를 간단하게 설명한다. '내구성 의료 장비'는 목발, 부목, 보조기, 휠체어, 보행기 같은 것을 말한다. 사기범들은 현재 더 돈이 되고 이색적인 수법으로 진화했지만 그 모든 것의 시작은 휠체어와 보행기였다.

플로리다주의 수치를 살펴보자.

$211.07	브래덴튼	$241.93	올랜도
$233.56	클리어워터	$190.36	오몬드 비치
$198.24	포트 로더데일	$321.42	파나마시티
$190.90	포트 마이어스	$260.36	펜서콜라
$283.25	게인스빌	$189.87	새러소타
$228.26	허드슨	$228.42	세인트 피터스버그
$249.44	잭슨빌	$294.91	탤러해시
$287.20	레이클랜드	$222.25	탬파
$238.54	오칼라		

파나마시티가 환자당 321.42달러로 가장 수치가 높다. 가장 수치가 낮은 곳은 189.87달러를 기록한 새러소타다. 이는 큰 차이다. 당신이 의료 사기 조사관이라면 "왜 파나마시티는 휠체어 같은 장비에 대해 새러소타보다 70퍼센트나 더 많이 청구하지?"라고 의문을 품을 것이다. 그밖에 다른 모든 곳은 상당히 정상적으로 보인다. 포트 로더데일, 잭슨빌, 클리어워터, 올랜도 그리고 다른 대부분의 도시는 모두 연간 200달러 선이다.

하지만 잠시 기다려보라. 아직 마이애미의 수치를 제시하지 않았다. 준비되었는가? 그 수치는 1,234.73달러다.

1980년이 모든 것을 바꿔놓았다

마이애미의 오버스토리는 어디서 기인한 걸까? 100명의 마이애미 출신에게 물어보면 100가지 다른 답이 나올 것이다. 그래도 가장 설득력 있는 설명은 소위 "1980년 이론"이다. 이 이론은 니콜라스 그리핀Nicholas Griffin 이 쓴 《위험한 나날들의 해》The Year of Dangerous Days 라는 흥미로운 책에서 나왔다.

그리핀의 주장은 대략 이런 내용이다. 1970년대까지 마이애미는 작고, 생기 없고, 못사는 남부 도시였다. 원래는 겨울 휴양지로 출발했지만 해외여행이 많은 여행객을 앗아가 버렸다. 올랜도는 플로리다주에서 최대 관광지가 되었다. 마이애미는 위험했다. 마이애미 비치는 낡은 호텔이 늘어선 거리였다. 마이애미의 경제계 리더들은 지역 경기를 되살리고자 고민했다. 그들의 모델은 언제나 전통적인 관점에서 성공을 이룬 미국 도시들이었다. 그들은 애틀랜타 같은 지역 경제 중심지가 되거나, 샬럿 같은 은행 산업 노는 색슨빌 같은 내륙항을 삿고 싶어 했다.

그러나 그리핀의 주장에 따르면, 1980년에 일어난 세 가지 변화가 마이애미를 크게 다른 곳으로 바꿔놓았다. 첫 번째는 마약 사금의 유입이었다. 플로리다 남부의 마약 산업은 원래 가내수공업이었다. 즉, 소규모 범죄단체가 카리브해에서 배에 대마초를 싣고 플로리다 키스로 들여왔다. 그러다가 남미산 코카인으로 주력 품목이 갑자기, 급격하게 바뀌었다. 1970년대 말, 마이애미가 있는 데이드 카운티의 지하

경제 규모는 110억 달러로 추정됐다. 부동산 거래의 20퍼센트는 전액 현찰로 이루어졌다. 매수자가 운동용 가방에 현금을 가득 넣고 나타나 잔금을 치렀다는 뜻이다. 또한 1980년대에는 3년 연속으로 마이애미의 차량 구매액이 플로리다주 양대 도시인 잭슨빌과 탬파보다 거의 10배나 높았다. 한 국세청 직원이 추정한 바에 따르면, 1980년에만 12명이 **각각** 마이애미 은행에 2억 5,000만 달러에서 5억 달러 사이의 돈을 예금했다.

그리핀은 "내 생각에 분명한 사실은 그해에 해외 자금 또는 정확하게는 마약 자금으로 미국의 제도가 너무나 빠르게 무너졌다는 것이다."라고 말했다. 코카인 밀매 사업은 마이애미의 은행들을 국제 마약 카르텔의 공범으로 만들었다.

이런 부패는 뒤이어 형사 사법 체계로 스며들기 시작했다. 그리핀은 "강력반이 코카인 때문에 완전히 부패했다."라고 말했다. 마약 밀매업자들과 거래한 은행은 시 당국자에게 뇌물을 제공했다. 마약 단속반은 마약상을 덮쳐서 마약을 훔치기 시작했다. 그리핀은 뒤이어 "살인사건 발생률이 300퍼센트나 급증하던 때에 이 모든 일이 일어났다."고 말했다. 마이애미는 통제할 수 없는 지경에 빠졌다. 1979년 겨울, 한 흑인 청년이 경찰과 추격전을 벌인 끝에 구타당하는 사건이 발생했다. 그는 며칠 후 병원에서 사망했다. 일군의 경찰관이 재판을 받았지만 무죄로 풀려났다. 이에 흑인들의 분노가 폭발했고, 미국 역사상 최악의 인종 폭동 중 하나가 촉발되었다. 백인들은 수천 명씩 마이애미를 떠나 포트 로더데일이나 보카레이턴 혹은 다른 북쪽 도시로 탈출했다.

그해 봄, 구체적으로는 1980년 4월에 카스트로가 쿠바 국경을 개방하기로 결정했다. 그리핀은 이를 그해에 일어난 "가장 미친 짓"이라 말한다. 그의 말을 들어보자. "마이애미의 인구 구성이 거의 하룻밤 사이에 변해버렸다. 미국의 다른 도시에서는 그런 일이 일어난 적이 없을 것이다. 연초만 해도 마이애미는 여전히 백인이 분명하게 지배하는 소위 백인 도시였다. 그러나 연말이 되자 난데없이 남미계가 대다수인 말 그대로 남미계 도시가 되어버렸다. 쿠바 난민이 그 원인이었다. 카스트로는 당시 인구가 30만 명을 겨우 넘던 도시에 12만 5,000명의 난민을 밀어넣었다. 그렇게 해서 이 특이한 변화가 일어났다. 그것은 한 도시의 모든 핵심 제도를 무너뜨린 변화였다."

이 사건들 중 하나만 해도 한 도시를 뒤흔들기에 충분했을 것이다. 그런데 마이애미는 충격적인 사건들을 여럿 겪었다. 이 사건들은 모두 같은 영향을 미쳤다. 그것은 수세대 동안 마이애미를 지탱해온 제도와 관행을 근본부터 뒤흔드는 것이었다.

그리핀은 이렇게 말했다. "모든 요소가 결합하는 시점이 있다. 바로 1980년 봄이다. 6주 동안 이 모든 일이 한 달 안에 불어닥친 세 개의 허리케인처럼 도시를 덮쳤다."

1980년 봄, 지역 신문인 〈마이애미 해럴드〉Miami Herald 의 한 칼럼니스트는 시장에게 위기 극복 방안에 대해 질문했다.

"포화 상태에 이르는 지점이 있을까요? 우리 지역사회는 어떻게 대처해야 할까요?" 나는 모리스 페레Morrice Ferre 시장에게 질문을 던졌다.

그는 "1870년대에 아일랜드 이민자가 대규모로 밀려들어올 때 보스턴이 대처한 방식대로 해야죠."라고 대답했다.

"그들이 어떻게 대처했나요?"

"대처하지 못했어요."

그들은 대처하지 못했다. 마이애미는 세 가지 엄청난 사건의 파장을 받아내고 이전처럼 살아가지 못했다. 완전히 다른 도시가 되어버렸다.

그래서 당신이 마이애미로 내려가면 어떤 일이 생길까? 1980년 이전이라면 별로 달라질 게 없다. 당신은 그저 잭슨빌이나 탬파 또는 조지아 남부의 어느 도시와 비슷한 비교적 일반적인 남부 도시로 이사했을 뿐이다. 하지만 1980년에 이사했다면 어떨까? 제도적 권위, 즉 오랜 기간에 걸쳐 쌓인 패턴과 관행의 안정적인 영향력이 무너진 곳으로 이사하게 된다.

1980년은 아이작 카탄 카신Isac Kattan Kassin 이라는 악명 높은 콜롬비아 출신 돈세탁 업자의 전성기였다. 그는 마이애미 시내 비스케인 블러바드에 있는 한 은행 앞에 차를 세우고 경비원을 불러냈다. 그리고는 수십만 달러의 현금이 가득 찬 두 개의 거대한 서류가방을 들고 가라고 시켰다. 매일 그런 일이 벌어졌다.

그리핀은 이렇게 말했다. "내가 알기로는 그해에 그렇게 옮긴 금액이 모두 3억 2,800만 달러였다. 그 은행은 밤새 돈을 세기 위해 다섯 명을 채용해야 했다. 물론 그들은 전혀 잘못된 일이 아닌 것처럼 굴었다. 그저 너무나 좋을 따름이었다."

1980년에 당신이 평일 오전 일과로 비스케인 대로를 지나갔다면 그 광경을 보았을 것이다. 돈세탁 업자가 은행 앞에 이중 주차한 빨간색 쉐비 시테이션에서 내려 수백만 달러를 옮기는 광경을. 그것도 **은행의 도움을 받아서** 말이다. 그런 광경이 세상을 바라보는 당신의 관점을 바꿀 것이라고 생각하지 않는가?

그리핀은 이렇게 말했다. "그게 30년 후 의료보험 사기로 직접 연결된 것이 아닐까? 잘 모르겠다. 하지만 잘 구축되지 않은 제도가 문제의 일부인 것은 맞는 듯하다. 여기서는 사방에서 그런 양상이 드러난다. 가령 과속 딱지를 받으면 경찰관이 벌금을 내지 말라고 말한다. 대신 이렇게 말한다. '훨씬 싸게 먹히는 방법이 있어요. 우리 사촌이 하는 교통위반 전문 법률상담소에 전화해요. 60달러만 내면 올 겁니다. 그럼 벌점도 안 생겨요.' 여기서는 그런 방식이 통하는 것이다."

안과 밖이 다른 수상한 오피스 빌딩

어느 화창한 닐, 나는 플로리다주 노스 마이애미에 있는 의료보험 사기 단속반 본부에 갔다. 거기서 마이애미 지부장인 오마르 페레즈 아이바Omar Pérez Aybar, 그의 동료인 페르난도 포라스Fernando Porras 와 회의실에서 이야기를 나누었다.

그들은 둘 다 젊었고, 스페인어와 영어를 능숙하게 오갔다. 그들은 자신들이 다루는 범죄자들을 흥미롭고도 도덕적으로 믿을 수 없을 만큼 타락한 사람들로 여기는 듯했다. 나는 그들에게 마이애미 이야기를 듣고 싶다고 말했다. 그러자 페레즈는 "알프레도 루이즈Alfred Ruiz라는 돈세탁 업자가 있는데요."라며 이야기를 시작했다.

돈세탁은 명백한 이유로 사기업계에서 중요한 의미를 지닌다. 메디케어로부터 돈을 받은 다음, 단속반에게 걸려 압류당하기 전에 최대한 빨리 은행계좌에서 빼내야 하기 때문이다.

> 우리에게 진술하기를, 자기는 아침에 일어나면 대마초를 한 대
> 피운 다음 8시부터 12시까지 많게는 100만 달러를 세탁한대요.
> 그걸로 하루 일을 마치는 거죠.

페레즈는 천장을 가리켰다.

> 돈세탁을 한 유령회사 중 하나가 어디 있었는지 아세요? 저 위, 4층
> 에 있었어요.

루이즈는 단속반이 입주한 건물 위층에 위장업체 사무실을 임대했다. 페레즈와 포라스는 그런 대담함을 마지못해 인정하는 것처럼 보였다. 루이즈는 25만 달러짜리 람보르기니 우루스를 몰았으며, 추적이 어렵도록 계속 차의 색깔을 바꾸었다(우루스는 마블 영화 소품처럼 생겼다. 마이애미에서나 사람들이 몰고 다니지 다른 어디에서도 보기 힘든 차다).

페레즈는 "빌트모어 호텔에 있는 알 카포네 스위트룸에서 놈을 잡았어요."라고 말했다.

당연히 그런 데에서 잡았을 것이다.

페레즈는 다른 도시, 특히 LA가 의심스러운 메디케어 활동 부문에서 가끔 마이애미를 앞지른다고 말했다. 하지만 마이애미는 뭔가 특별한 뻔뻔스러움, 독특한 대담함과 요란함에서 독보적인 부분이 있다. 페레즈는 가로 약 3.7미터, 세로 약 3미터 넓이에, 밖에서 잠긴 철문이 달린 방에서 '명의 소유자'를 발견한 적이 있었다. 그 사람이 하는 일은 수표에 서명하는 것이었다. 사기범들이 실컷 이용해먹고 나서 거기에 죽으라고 버려둔 모양이었다. 그들은 에이즈 치료제 사기가 유행하던 다른 때에는 노숙자들을 끌어모아 버스로 병원에 데려갔다. 그러고는 비타민 B12를 주사한 후 메디케어에는 비싼 항바이러스 치료제를 주사한 것처럼 꾸몄다. 마이애미 오버스토리의 큰 부분은 분명 **상상력을 발휘하는 것**이었다.

포라스와 페레즈는 뒤이어 시신들이 가장 좋아하는 범죄 현장을 보여주겠다고 제안했다. 우리는 쉐보레 관용차에 올라 남쪽에 있는 팔메토 고속도로를 탔다. 우리가 도착한 곳은 스위트워터라는 공항 근처의 평범한 동네였다.

우리는 폰테인블루 파크 오피스 플라자라는 작은 2층짜리 오피스 빌딩 주차장에 차를 세웠다. 겉에서 보면 매우 일반적인 건물이었다. 1970년대에 지어졌지만 잘 관리되어 있었고 창문이 많았다. 또한 페인트도 새로 칠해진 데다가 잔디도 깔끔하게 깎여 있었다. 로비 역시 다른 오피스 빌딩 로비와 비슷했다. 하지만 벽에 걸린 평면도를 살펴보면 이야기가 달라진다. 당신도 모든 사무실과 복도, 엘리베이터, 비상구를 표시한 흑백 평면도를 본 적이 있을 것이다. 그곳의 평면도는 미로 같았다. 토끼굴 같은 작은 공간들이 더 작은 공간으로 쪼개져 있었다. 그러다 보니 사무실 개수가 너무 많아서 번호 체계가 중국의 초대형 아파트 단지와 비슷했다. 가령 1-R-2나 2-F-3처럼 숫자, 글자, 숫자가 무작위로 조합된 것처럼 보였다.

다시 이야기하지만 그것은 비교적 작은 건물의 평면도였다.

페레즈는 건물 안으로 걸어 들어가면서 "2007년에 처음 여길 왔어요. 그 뒤로 30번은 왔을 거예요."라고 말했다. 긴 중앙 복도에 늘어선 각 출입문에는 통일된 형태의 작은 표지판이 붙어 있었다.

포라스는 한 문을 가리키며 "여기가 방문 의료 대행업체예요."라고 말했다. 그는 그 말을 하면서 눈동자를 약간 굴렸다. 그곳은 사실 방문 의료 대행업체가 아니었다. 어떻게 그럴 수 있겠는가? 아이들 침실 크기밖에 안 되는데 말이다. 복도 약간 아래쪽에는 대형 옷장 크기의 '병원'에 이어 의원, 재활치료 센터 등이 있었다.

수십 개 의원이 있는 건물이라면 환자들이 보여야 마땅하다. 모든 사무실 문 앞에는 월요일부터 금요일까지 영업시간이 적혀 있었다. 우리가 거기에 간 때는 월요일 오전이었다. 그런데 환자들은 모두 어디에 있는 걸까?

우리는 한 사무실 문 앞에 멈춰 섰다. 페레즈는 "열려 있을 겁니다. 영업하는 척해야 하니까요. 안에서 뭘 하는지 그냥 잠깐 들여다보세

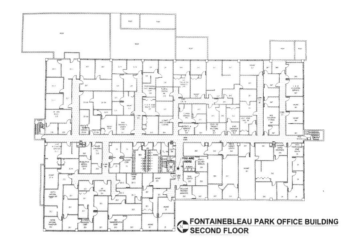

폰테인블루 파크 오피스 빌딩 2층 평면도

FONTAINEBLEAU PARK OFFICE BUILDING
SECOND FLOOR

요."라고 말했다. 나는 문을 살짝 열었다. 한 노인이 데스크 뒤에 앉아 있다가 놀란 표정으로 고개를 들었다. 누가 들어올 줄은 상상도 못한 모양이었다. 페레즈는 "여기 모든 사무실에는 사람이 한 명밖에 없어요. 아마 손님이 오기를 바라지 않을 겁니다."라고 말했다.

건물 벽에는 아름다운 풍경을 담은 포스터가 걸려 있었다. 포스터 하단에는 '믿고 성공하라. 용기는 항상 포효하지 않는다. 때로는 하루를 마치며 내일 다시 시도할 거야, 라고 조용히 말하는 것도 용기다' 같은 격언이 쓰여 있었다.

두 요원은 웃음을 터트렸다. 페레즈는 "사기범들은 내일 다시 시도하기는 해요!"라고 소리쳤다. 포라스는 "청구 건이 승인되면 말이죠!"라며 받아쳤다.

그곳은 위장업체로 가득한 사무실이었다. 메디케어는 모든 공급자에게 물리적 영업 공간을 갖추도록 요구한다. 그곳의 태도는 정상 영업을 하는 것처럼 보이려고 너무 애쓸 필요가 없다는 식이었다.

우리는 차로 돌아와 5분 거리인 '자재 마트'로 갔다. 한 호텔에 붙어 있는 2층짜리 실내 쇼핑몰이었다. 그곳의 긴 복도에는 소규모 상점이 줄지어 있었다. 의류업체를 대상으로 한 1층은 단추, 지퍼, 옷감 샘플을 팔았다. 반면 2층은 의료용품 쇼핑몰로 용도가 바뀌어 있었다. 우리는 큰 유리창이 있는 빈 사무실 앞에 멈춰 섰다. 유리창에 붙은 대형 포스터는 재활치료 서비스를 홍보 중이었다. 열린 문으로 들어가자 안에는 안내 데스크와 테이블, 프린터, 전원 플러그가 뽑힌 전화기가 있었다. 벽에는 싸구려 19세기 판화 복제본들이 걸려 있었다. 게시판에는 환자 권리장전과 메디케어 인증서 그리고 이사회, 관리자, 준법감시인, 서무 책임자의 이름을 적은 조직표가 붙어 있었다. 그런데 **그 이름이 모두 같았다.** 자재 마트도 어느 모로 보나 폰테인블루만큼 뻔뻔스러웠다.

페레즈는 "우리가 아는 건 여기가 일종의 턴키turnkey 방식으로 운영된다는 겁니다. 어떤 유형의 산업에 관심이 있고, 어떤 유형의 공급자가 되고 싶은지 말하면 필요한 모든 걸 갖춰주는 거죠."라고 말했다. 이는 매물로 내놓을 집을 예쁘게 꾸며주는 부동산 스테이저stager와 똑같은 것이었다. "우리가 찾아간 사무실에는 모니터, 컴퓨터, 마우스, 키보드가 하나도 연결되어 있지 않았어요. 그냥 케이블이 널브러져 있거나 아예 없었어요."•

•　그들은 5,000달러를 들여서 약국으로 위장한 사례를 적발한 적도 있었다. 거기에는 비누 네 장, 안경 하나 등 약국 영업을 한다는 걸 보여줄 최소한의 것들만 선반에 놓여 있었다.

그나마 이 사무실은 안내 데스크에 놓인 깔끔한 명함꽂이까지 매우 잘 위장된 곳에 속했다. 페레즈는 옆 사무실로 가서 안내 데스크에 앉아 있는 여성과 이야기를 나누었다. 자칭 의료 서비스 기업의 사무실이었다. 그는 "아마 자기가 왜 여기 있는지도 모를 겁니다."라고 예측했다. 실제로도 그랬다. 페레즈가 무슨 일을 하는지 묻자 그녀는 모른다고 대답했다.

페레즈는 폰테인블루 파크 오피스 플라자만큼 자주 이 자재 마트에 왔다. 그는 "우리 사진을 여기 어딘가에 붙여놓고 '이 사람들을 들여보내지 마시오'라고 적어두지 않은 게 놀라워요."라고 말했다.

한편, 포라스는 단속반에 전화를 걸어서 19세기 판화를 벽에 걸어둔 회사의 메디케어 청구 번호를 검색해달라고 요청했다. 잠시 후 그는 문자메시지를 읽어주었다. "여기 왔네요. 이걸 들으면 상황이 어떤지 알 수 있을 겁니다. 들어보세요. 아까 거기는 2022년 1분기와 2분기에 500만 달러를 청구해서 120만 달러를 받았어요. 그 후로는 청구 내역이 없어요. 이미 뜬 거죠. 자리를 접고 다음 장소로 간 겁니다." 사기꾼들은 사무실을 정리할 생각조차 하지 않았다.

페레즈는 "아시다시피 저는 주 전체를 관장합니다. 탬파, 웨스트팜, 올랜도, 잭슨빌에도 지부가 있어요. 그런데 여기는 그런 곳들과 사기를 치는 양상이 다릅니다. 훨씬 노골적이에요. 플로리다 남부는 아예 대놓고 사기를 칩니다."라고 말했다.

나는 페레즈, 포라스와 함께 차로 마이애미를 돌아다니다가 릭 스콧Rick Scott이라는 사람에 대해 물었다. 대답을 기대한 건 아니었다. 연방정부 공무원에게는 너무 민감한 문제였기 때문이다. 그래도 그들이 무슨 생각을 하는지는 추측할 수 있었다. 마이애미에서, 그 오버스토리 밑에서 일하면서 릭 스콧 같은 사람이 필립 에스포메스 같은 사람에게 어떤 영향을 미쳤는지 궁금해하지 않을 수는 없기 때문이다.

스콧은 대형 전국 병원 체인인 컬럼비아/HCA의 CEO였다. 1997년, 연방 요원들이 컬럼비아/HCA를 단속했다. 초기 수사 단계에서 다섯 명의 고위 임원이 대배심에 출석하라는 명령을 받았다. 그들은 모두 어느 지부에 속해 있었을까? 짐작대로 플로리다였다.

스콧은 해당 사건에서 기소되지 않았고, 어떤 부정에도 연루되지 않았다. 그래도 불명예스럽게 물러나야 했다. 몇 년 후, 컬럼비아/HCA는 14개의 중범죄에 대해 유죄를 인정했다. 거기에는 의사들에 대한 리베이트 제공, 허위 청구, 다른 공급자와의 불법 계약 등이 포함되어 있었다. 결국 그들은 당시 민사 소송 합의금으로는 최고 기록인 17억 달러를 지불했다.

스콧은 HCA를 떠난 후 어디로 옮겨갔을까? 이것도 짐작대로 플로리다였다. 그로부터 몇 년 후 그는 주지사 선거에 출마하기로 결심했다. 맞다. 플로리다 주지사 선거다. 그는 주지사를 연임한 후 상원의원이 되었다. 맞다. 플로리다 상원의원이다. 필립 에스포메스가 리베이트, 허위 청구, 불법 거래로 10억 달러 규모의 사기를 친 기간에 같은 범행을 저지른 병원의 CEO였던 사람이 주지사로 있었다.

필립 에스포메스는 저녁에 집으로 돌아와 TV를 켰을 때, 릭 스콧이 플로리다에서 가장 힘 있는 자리에 앉아 떠드는 모습을 보았다. 그걸 보고 자신의 행동에 대한 생각이 바뀌었을까? 숲 바닥으로부터 아주 높은 곳에 자리한 임관층은 그 아래 모든 것에 그림자를 드리운다.

이처럼 오버스토리는 특정하게 어떤 장소와 연계되어 있다. 또한 강력하게 행동에 영향을 미친다. 그리고 난데없이 생기지 않는다. 거기에는 이유가 있다.

펜을 막 굴리는 의사와 사기꾼들의 합작

의료보험 사기 단속반은 필립 에스포메스를 우연히 알게 되었다. 앨런 메디나 검사는 당시를 이렇게 회고했다. "제가 처음 맡은 사건이 한 약국의 의료보험 사기였습니다. 거기 약사를 구금하니까 수사에 협조하더군요." 그는 가비와 윌리 델가도 형제에게 리베이트를 지불했다고 털어놓았다. 형제가 자신의 약국으로 환자들을 보내주는 대가였다. 메디나는 "처음엔 그게 전부인 줄 알았어요."라고 말했다.

그러나 서서히 더 큰 혐의가 드러나기 시작했다. 델가도 형제는 의료 장비, 시력 관리, 정신 건강 상담 등 '부가' 서비스를 제공하는 사업도 하고 있었다. 형인 윌리가 주동자였다. 그는 간호학교를 졸업한 직후 아이다 살라자르Aida Salazar 라는 여성이 운영하는 회사에 취업하면서 사기에 뛰어들었다.

윌리 델가도는 에스포메스 재판에서 이렇게 증언했다. "거기서 한동안 일하면서 그녀의 신임을 얻었습니다. 그녀는 실제로 하지 않은 간호를 한 것처럼 기록하면 부수입을 올릴 수 있다고 알려주었습니다."

에스포메스 재판에서 윌리 델가도가 한 증언은 마이애미의 오버스토리가 한 세대에서 다음 세대로 이어진 양상을 말해준다.

검사 그러니까 허위 기록을 작성했다는 거군요. 맞나요?
윌리 델가도 그녀는 다른 사람에게 양식 작성을 시켰습니다. 저는
          그냥 거기 서명만 했습니다.
검사 그래서 당신이 기록한 대로 항상 환자들을 간호했습니까?
윌리 델가도 네?

윌리 델가도는 검사가 당연한 질문을 하는 것에 진정으로 놀란 듯 보였다.

검사 당신이 기록한 대로 환자들을 간호했습니까?
윌리 델가도 아닙니다. 한 번도 간호한 적이 없습니다.

이때부터 윌리는 주저하지 않았다.

그는 "방법을 알고 나니까 직접 사업을 해보고 싶었습니다."라고 말을 이었다. 그는 그렇게 한동안 내구성 의료 장비 사기를 벌였다. 주 종목은 산소발생기였다. 그는 M이라는 아주 고분고분한 의사를 찾아냈다. M은 여러 생활보조시설의 의료 책임자였다.

윌리 델가도 그 사람에게 처방전을 가져가면 서명을 해줬습니다.

그걸로 메디케어에 급여비를 청구했습니다.

검사 '펜을 막 굴린다'는 표현을 들어본 적이 있습니까?

윌리 델가도 그랬습니다. 그는 처방전을 보지도 않고 그냥 서명했

습니다. 처방전을 가져가면 대충 휘갈겨줬어요.

윌리 델가도는 갈수록 거물이 되었다. 그는 레스토랑과 시가 매장을 열었다. 사용하고 남은 마약성 진통제를 다른 용도로 쓰는 짭짤한 부가 사업도 개발했다. 뒤이어 그와 그의 동생은 아이다 살라자르와 다시 뭉쳤다. 당시 그녀는 아들 넬슨과 함께 너싱 언리미티드Nursing Unlim-ited라는 사업체를 운영하고 있었다.

넬슨은 재판에서 "저는 영업 담당이었습니다."라고 말했다. 그는 의사들을 농구 경기와 스트립 클럽에 데려갔으며, 그 과정에서 다량의 코카인을 흡입했다. 그리고 새벽 3시에 집에 오면 수면제를 한 움큼 먹고 잠든 후 다음 날 같은 일과를 시작했다.

델가도 형제는 메디나가 부패한 약사를 수사한 첫 사건에서 발견한 연결고리였다. 그 약사는 그에게 델가도 형제에 대해 털어놓았다. 메디나는 살라자르의 도움을 받아 그들에 대한 증거를 수집했다. 그들은 입을 열기 시작한 후 2000년대부터 같이 일한 사람의 이름을 댔다. 당시 아버지와 같이 시카고에서 막 건너온 그 사람의 이름은 필립 에스포메스였다.

그 무렵 필립 에스포메스는 플로리다 남부에 방대한 규모의 요양원

과 생활보조시설 네트워크를 구축한 상태였다. 델가도 형제와 에스포메스는 이 요양원들을 가득 채울 영리한 아이디어를 고안했다.

메디케어 규정에 따르면 최소 3일 동안 입원 치료를 한 환자의 경우 100일 동안 전문 간호시설에서 지낼 수 있었다. 그래서 그들은 '파트너'가 될 병원을 찾아냈다. 바로 사우스 마이애미에 있는 라킨 지역병원이었다.

　　검사 라킨 병원의 어떤 점이 매력적이었는지 말씀해주세요.
　　월리 델가도 같이 일하기 수월했습니다. 입원 요건이 아주 느슨했
　　　　　　거든요.
　　검사 '같이 일하기 수월하다'는 게 무슨 뜻이죠?
　　월리 델가도 환자를 병원에 입원시키려고 해보세요. 응급실에 가
　　　　　　도 병상을 얻기가 아주 어렵습니다. 환자가 걸을 수
　　　　　　있거나, 상태가 안정적이거나, 집에서 특정한 간호를
　　　　　　받을 수만 있어도 집으로 돌려보냅니다. 하지만 라킨
　　　　　　의 아이디어는….

라킨의 아이디어가 무엇인지는 쉽게 짐작할 수 있을 것이다. 바로 입원 요건을 느슨하게 만든다는 것이다.

라킨 병원의 직원들은 리베이트를 받고 그 대가로 환자들을 에스포메스 요양원으로 보냈다. 환자들은 요양원에서 지내다가 에스포메스가 운영하는 생활보조시설로 옮겨갔다. 거기서 나오면 델가도 형제가

그들에게 부가 서비스를 제공했다. 그다음, 여건이 완벽하게 들어맞으면 그들은 **다시** 라킨 병원으로 돌아갔다. 이렇게 무한 반복으로 돌아가는 의료보험 사기 시스템은 최종적으로 메디케어에 10억 달러가 넘는 돈을 청구했다. 그들의 연료는 비닐봉지에 넣은 수천 개의 현금 뭉치와 라스베이거스로 떠나는 주말 여행 그리고 '펜을 막 굴리는' 의사들이었다.

에스포메스는 강박적이었고 까다로웠다. 툭하면 고함을 질러댔다. 가비 델가도는 그의 운전기사 겸 비서로 일했다. 에스포메스는 새벽 5시에 가비에게 전화를 걸어서 그날의 지시를 내렸다. 그는 항상 최소 두 대의 전화기를 갖고 다녔고, 매일 차에서 아버지에게 전화를 걸어 모든 요양원의 입소 인원 현황을 알려주었다. 결국 단속반이 수사망을 좁혀오자 그는 점차 편집증적인 모습을 보였다. 가령 가비 델가도에게 발가벗은 채 수영장으로 오라고 한 후 '빈 의자 변론'의 장점에 대해 강의했다.

가비 델가도 필립에게 그 말을 처음 들었어요. 그는 "가비, 빈 의자 변론이라는 걸 활용할 수 있어."라고 말했어요. 저는 "그게 뭔데요? 그게 뭔지 몰라요."라고 말했죠. 그는 "네 형이 없으면 넌 무엇이든 마음대로 말할 수 있다는 거야. 네 형은 그 자리에 없을 테니까. 그래서 빈 의자라고 하는 거야."라고 말했어요.

검사 당신 형이 어떤 곳으로 가야 한다고 피고가 암시했나요?

가비 델가도 성형수술을 해서 얼굴도 바꿔야 한다고 말했어요. 그가 말한 곳 중 하나는 이스라엘이었어요. 형은 그 말을 듣고 그에게 엄청 화를 냈어요. 자기를 이스라엘로 보내서 '처리'하려는 거 아니냐고요. (필립은) 거기에 연줄이 있거든요.

앞서 말한 대로 이 이야기는 아주 좋은 영화 소재가 되었을 것이다. 잘생긴 악당이 페라리를 몰고 마이애미 비치를 돌아다니고, 여자친구를 갈아치우고, 새벽 5시에 고함을 치며 지시를 내리고, 의료보험 사기 시스템을 무한으로 계속 돌리는 이야기 말이다. 하지만 어쩌면 그렇지 않을지도 모른다. 이 이야기는 마이애미에서나 말이 되는 스토리이기 때문이다.

이 이야기에서 질서와 논리가 주도해야 하는 재판 자체도 곧 마이애미스러움의 심연으로 빠져들었다. 검찰과 변호인 측은 변호사의 비밀유지특권을 둘러싸고 격렬한 논쟁을 벌였다. 이 새로운 하위 소송은 어찌 된 일인지 대법원까지 올라갔다. 할리우드 스타 킴 카다시안은 전체 난맥상에 대한 트윗을 올렸다(그녀다운 일이었다). 모리스 에스포메스는 방청석에서 "저 놈은 거짓말쟁이야!"라는 등의 고함을 쳐서 재판정에서 쫓겨났다. 그동안 피고석에 앉아 있던 그의 아들은 안절부절못했다.

필립 에스포메스는 재판 내내 자신은 무고하다고 주장했다. 그는 징역형을 피할 수 있는 유죄 답변 거래plea bargain를 거부했다. 게다가 양형 심리 때까지 한마디도 자기 변호를 하지 않았다. 윌리와 가비 델가도 형제가 자신의 무덤을 파는 동안 그냥 앉아 있기만 했다.

> 윌리 델가도 필립은 언제나 자기한테 비장의 무기가 있다고 말했습니다. (…) 하루는 제게 문제를 처리해줄 연줄이 있다는 말도 했습니다. 정말 그랬습니다. 우리는 문제가 처리되는 걸 봤습니다.
>
> 검사 잠깐 말을 끊겠습니다. '비장의 무기가 있다'는 게 무슨 의미인가요? 어떤 뜻으로 이해하셨나요?
>
> 윌리 델가도 정부에 연줄이 있다고 말했습니다. 정부와 연결된 제러미라는 사람이 있어요. 동생이 말해줘서 알게 된 건데 그 사람이 대선에서 거액의 기부금을 냈대요. 필립은 항상 그걸 내세우고 다녔어요.

윌리 델가도는 2019년 2월에 연방 법정에서 선서하에 이렇게 말했다. 2020년 12월, 도널드 트럼프 대통령은 필립 에스포메스의 형기를 감형해주었다.*

도널드 트럼프는 백악관을 떠난 후 어디로 이사했을까? 사우스 플로리다로 갔다. 당연한 일이었다.

---

* 마지막으로 마이애미식 반전이 있다. 트럼프가 에스포메스를 사면한 후, 검찰이 처음에 제기한 혐의를 변경하여 재심을 시도하는 이례적인 조치를 취했다. 그러자 에스포메스는 두 번째 재판을 피하기 위해 이번에는 유죄를 인정했다. 그는 합의에 따라 수백만 달러의 벌금을 내는 조건으로 징역형을 면했다.

제3장

포플러 그로브

"학부모들이 완전히 제정신이 아니에요."

완벽해 보이는 동네의 비밀

어느 화창한 가을날, 리처드라는 부동산 중개업자가 나를 데리고 자신의 고향을 구경시켜주었다.

리처드는 키가 크고 다정했다. 구불구불한 거리를 달리는 동안 그는 지나가는 사람에게 손을 흔들었다. 또한 어떤 집을 가리키며 이 집은 누가 샀는지, 자녀가 몇 명인지, 어떤 일을 하는지 나에게 알려주었다. 그는 토박이라서 모든 주민을 아는 것 같았다. 그의 고향이 가진 특별한 점은 무엇일까? 그는 사람들이 원하는 모든 것을 갖추었다며 "안전하다는 느낌, 좋은 이웃이 있다는 느낌, 다른 사람들에게 의지할 수 있다는 느낌"을 받을 수 있다고 말했다.

시내는 1950년대의 정감 어린 분위기를 풍겼다. 사방에 고상한 붉은 벽돌로 지어진 교회들이 있었다. 우리는 주민 센터와 마을 도서관을 지나 여러 매력적인 동네 중 하나로 들어섰다.

리처드는 나무들 사이로 보이는 아름다운 만(灣)을 가리키며 이렇게 말했다. "여기는 바닷가예요. 그래서 땅값이 비싸죠. 조금 있다가 보여주겠지만 저 뒤는 바닷가에 사는 특권을 누리는 동네들이에요."

거리는 좁았고, 커다란 오크나무들이 늘어서 있었다. 그 뒤로 완만한 언덕들이 이어져 있었다. 집들이 가까이 붙어 있어서 친밀한 느낌을 주었다.

> 여기서는 이웃들을 잘 알게 될 수밖에 없어요. 어떤 사람은 제게 전화를 걸어서 "바닷가에 있는 1만 2,000제곱미터에서 1만 6,000제곱미터 정도의 땅을 원해요. 그리고 프라이버시를 원해요. 이웃들과 마주치고 싶지 않아요."라고 말합니다. 그러면 저는 여기서는 그럴 수 없다고 대답하죠. 그건 BMW 매장에 전화를 걸어서 미니밴을 원한다고 말하는 것과 같아요.

그 도시에는 수십 개의 축구장과 야구장, 테니스장을 갖춘 거대한 공원이 있었다. 조깅을 위해 마련된 길, 동물농장, 가족 친화적인 골프클럽, 보트와 카약을 탈 수 있는 작은 해변도 있었다. 한 세대 전만 해도 이곳은 주변 도시들을 위한 평범한 주거지역이었다. 그러다가 근래

들어 인기가 높아졌다. 그 덕에 집값이 급등했다.

리처드는 "부유한 노동계급이 저의 고객입니다."라고 모순어법을 구사하며 말을 이어갔다. "직업이 있고, 많은 돈을 버는 사람들이죠. 노동자가 아닌 의사나 변호사 같은 전문가들 말이에요." 그는 포플러 그로브 주민들에 대해 이렇게 말했다. "그들은 회사를 매각해서 2억 달러를 벌었는데, 남는 시간에 뭘 해야 할지 모르는 재벌 4세들과 달라요. 여기는 팜비치가 아니에요. 모두가 일을 합니다."

그리고 모두가 가족을 꾸렸다. 이 동네로 처음 이사와서 리처드에게 집을 산 사람들은 "100퍼센트" 자녀가 있었다. 여기는 가족 동네였다.

리처드는 그 주에 판 집을 언급하며 이렇게 말했다. "남편은 집에서 IT 일을 하고, 아내는 고등학교에서 음악을 가르쳐요. (도시의) 한심스러운 공립학교가 싫어서 여기로 왔대요. 그들은 가정을 꾸리고 아이들을 공립학교에 보낼 수 있는 안전한 곳을 찾았어요. 집값은 75만 달러였어요."

그러면 집을 판 사람들은 동네를 떠났을까? 아니었다. 그들은 계속 머물렀다. 단지 근처에 있는 더 큰 집을 원했을 뿐이었다. 흠잡을 데 없는 동네를 떠날 이유가 어디 있을까?

> 여기는 연립주택이 없어요. 모두 단독주택이죠. 그리고 정확한
> 수치는 모르지만 집주인이 사는 비율이 90퍼센트 이상일 겁니
> 다. 여기는 콘도도, 월셋집도, 소수인종을 끌어들이는 저가 주택
> 도 없어요. 그래서 아주 비슷한 사람들이 사는 곳이 되었죠. 아마

도 그래서 자녀들이 좋은 성적을 받고, 좋은 스포츠를 즐기고, 명문대에 진학해야 한다는 '공통의 가치관'이 형성되었을 거예요. 그건 일종의….

그는 적당한 표현을 찾아서 잠시 말을 멈췄다. 자신의 고향에 대한 엄청난 애정에도 불구하고 어떤 무언가가 명백히 그를 약간 불편하게 만들었기 때문이다. 그가 찾아낸 표현은 "동료 의식"이었다.

공동체 의식 혹은 공동체의 압박

리처드가 사는 동네의 이름은 밝히지 않겠다. 여러분이 추측은 할수 있지만 틀릴 게 거의 확실하다. 사실 리처드도 본명이 아니다. 그런건 중요치 않다. 그 동네에서 일어난 일을 조사한 두 명의 연구자가 '포플러 그로브'라는 근사한 이름을 붙였다. 두 연구자 중 한 명인 사회학자 세스 아브루틴Seth Abrutyn은 "이전에는 그 동네의 이름을 들어본 적이 없었습니다. 저의 관심권에 없던 곳이었어요."라고 말했다.

그럴 만했다. 포플러 그로브는 신문에 나오는 곳이 아니었다. 고속도로를 타고 가다가 멈추는 곳도 아니었다. 포플러 그로브 주민들이 그곳에 살고 싶어 하는 이유가 거기에 있었다. 그래도 여러분은 포플러 그로브 같은 동네를 아마 분명히 알 것이다. '이웃끼리 긴밀한 부자동네'라는 미국의 특산물에 해당하는 완벽한 사례이기 때문이다.

아브루틴은 이렇게 말한다. "그곳은 미국의 소도시에 대한 통념을 상기시켜요. 모든 것이 학교와 운동 경기에 초점이 맞춰져 있죠. 우리가 대화를 나눈 많은 청소년과 성인은 자신들이 이웃 사람들을 전부 알고, 누구 집이든 찾아갈 수 있다고 말했습니다. 정말로 목가적인 곳처럼 들렸어요. (⋯) 아이를 키우기에 아주 좋은 곳 같았어요."

아브루틴은 동료인 애나 뮬러Anna Mueller 와 같이 포플러 그로브를 연구했다. 처음 거기 갔을 당시 두 사람은 모두 멤피스 대학교 사회학과 조교수로 막 학자로서의 경력을 시작한 참이었다. 그들은 우연히 그 동네에 대한 이야기를 들었다. 뮬러가 페이스북으로 어떤 학생과 토론을 한 것이 그 계기였다. 뮬러는 "그 학생은 저와 이야기를 나눈 후 '우리 엄마하고 이야기 좀 해주실 수 있어요?'라고 물었어요. 그래서 그 학생의 엄마와 대화를 나눴죠."라고 말했다.

그 엄마는 뮬러와 아브루틴이 포플러 그로브라고 이름 붙일 곳에 살았다. 뮬러는 그녀와 나눈 대화에 너무나 큰 충격을 받았다. 그래서 최대한 빨리 비행기를 타고 그곳으로 갔다. 이후 뮬러는 다시 그곳을 방문했다. 이번에는 아브루틴과 함께였다. 두 사람은 거기서 펼쳐지는 드라마에 갈수록 빠져들어서 계속 다시 찾아갈 수밖에 없었다.

뮬러는 "너무 아름다운 곳이에요. 정말로 강한 자아상을 가진 경치 좋은 동네죠. 거기 사람들은 포플러 그로브 출신인 걸 정말로 자랑스러워해요."라고 말했다. 그곳의 고등학교는 주내 최고 명문 중 하나로, 어떤 종목이든 우승한 경력이 있었다. "아이들이 제작한 연극도 그저 놀라울 따름이었어요." 뮬러의 말이다.

포플러 그로브에서 몇 킬로미터 떨어진 곳에 뮬러와 아브루틴이 앤스데일Annesdale이라고 이름 붙인 동네가 있다. 앤스데일도 아름다운 곳이다. 다만 아파트가 많다. 집값은 더 싸고, 앤스데일 고등학교는 포플러 그로브 고등학교만큼 최고 명문이 아니다. 앤스데일에 사는 한 학부모는 뮬러와 아브루틴에게 "우리 아이들은 거기에 보내지 않을 거예요. 문제가 있다는 말은 아니지만 포플러 그로브는… 좀 유별나요."라고 말했다.

포플러 그로브에서 자라는 아이는 중학교 고학년 자녀를 둔 부모들이 원하는 길에서 벗어날 가능성이 거의 없었다. 활발하고, 인기 많고, 열심히 공부하고, 더 나은 삶으로 이어지는 선택을 했다. 그리고 나중에는 당연히 고향인 포플러 그로브로 다시 돌아왔다. 뮬러와 아브루틴은 나중에 포플러 그로브에서 보낸 자신들의 시간을 담은 책을 썼다. 흡인력 있으면서도 심란한 연구 내용을 담은 《압박받는 삶》Life Under Pressure이라는 책이었다. 그들은 책에서 이렇게 썼다.

포플러 그로브 사람들은 때로 섬찟할 만큼 공통의 가치관을 너무나 분명하고 일관되게 말한다. 그들은 '우리'라는 단어를 상투적으로 쓴다. 십 대 사녀를 둔 엘리자베스는 "우리는 포플러 그로브라고 하면 성취를 떠올립니다. 공부와 스포츠에서 이루는 성취말이에요."라고 말했다.

다음은 섀넌이라는 십 대 학생의 말이다.

우리 동네는 아주 친밀해요. 거리를 걸어갈 때면 제가 아는 모든 사람과 인사해요. 심지어 어른들하고도 그래요. 지금까지 살면서 계속 알던 사이니까요. 우리 동네는 서로를 도와주는 거대한 네트워크예요.

옛날부터 언제나 그랬다. 이사벨이라는 젊은 여성은 뮬러와 아브루틴에게 이렇게 말했다.

혹시라도 다치면 어느 집이라도 갈 수 있고 거기서 필요한 걸 구할 수 있어요. 우리 집이 아니라도 상관없어요. (어느 집이든) 들어가서 무릎이 까진 채로 울고 있으면 그 집 사람들이 도와줘요. (…) 우리가 느끼는 그런 공동체 의식이 좋아요.

지금까지 우리는 사회적 전염이 마구잡이로 걷잡을 수 없이 번지는 게 아니라는 개념을 탐구했다. 사회적 전염은 특정 장소와 결부된다. 또한 필립 에스포메스와 마이애미의 사례는 어떤 장소가 지니는 힘이 해당 지역사회가 그 안의 사람들에게 들려주는 이야기에서 나온다는 것을 알려준다. 이 장에서는 이 두 가지 개념을 토대로 세 번째 질문을 더하고자 한다. 주민들이 만든 오버스토리가 전염에 영향을 미친다면, 그 지역사회는 어떤 의미에서 보면 자신들을 괴롭히는 질병에 대한 **책임**이 있는 게 아닐까?

이것이 세 번째 수수께끼다.

치타의 개체 수 감소와 모노컬처

포플러 그로브에 위기가 닥치기 한 세대 전에, 여러 동물원들에서 이상하게도 비슷한 다른 위기가 발생했다. 이 위기가 포플러 그로브 학부모들에게 경종을 울렸어야 했다는 말은 너무 과한 요구다. 두 세계는 너무나 동떨어져 있기 때문이다. 나중에 돌이켜 보고 나서야 공통점이 분명해졌지만 말이다.

이 위기는 1970년대에 시작되었다. 전 세계 사육사들은 번식을 통해 개체 수를 늘리기 위해 갈수록 많은 자원을 투자했다. 그 논리는 명확했다. 굳이 힘들게 야생에서 동물을 포획할 필요가 있을까? 점차 확산되는 자연보호운동도 번식 프로그램을 선호했다. 새로운 전략은 대성공이었다. 다만 하나의 중대한 예외가 있었으니, 바로 치타였다.

당시 전미암연구소에서 일하던 유전학자 스티븐 오브라이언Stephen O'Brien 은 "새끼가 오래 살아남는 경우가 드물었고, 같이 모아놓아도 다수가 번식을 하지 않았다."고 회고했다.

이해가 가지 않는 일이었다. 치타는 진화적 적합성의 완벽한 사례처럼 보였다. 심장은 거대한 원자로 같았고, 발은 그레이하운드의 발과 비슷했다. 또한 두개골은 프로 사이클링 선수가 쓰는 공기역학적 헬멧과 비슷했다. 게다가 오브라이언의 말에 따르면 "시속 약 96킬로미터로 먹이를 쫓아 달릴 때 축구화 밑창처럼 땅을 움켜쥐는" 반접이식 발톱까지 갖추고 있었다.

오브라이언은 "치타는 세상에서 가장 빠른 동물입니다. 두 번째로 빠른 동물은 아메리카 가지뿔영양이에요. 그게 두 번째로 빠른 이유는 치타에게서 도망쳐야 했기 때문입니다."라고 말했다.

사육사들은 뭔가 잘못한 건 아닌지, 자신들이 이해하지 못한 치타의 속성이 있는 건 아닌지 궁금했다. 그들은 여러 이론을 고안하고 수많은 실험을 시도했지만 모두 수포로 돌아갔다. 결국에는 어깨를 으쓱하며 치타는 "겁이 많아서" 그런 게 분명하다고 말할 수밖에 없었다.

1980년에 버지니아주 프론트 로열에서 열린 한 회의에서 그 궁금증은 절정에 이르렀다. 전 세계의 동물원장들이 모인 자리였다. 그중에는 남아프리카공화국에서 대형 야생동물 보존 프로그램을 이끄는 책임자도 있었다.

오브라이언의 회고에 따르면 그는 이렇게 말했다. "과학적으로 이유를 파악할 수 있는 분 계십니까? 코끼리, 말, 기린 같은 다른 동물들은 쥐처럼 번식하는데 치타의 번식 성공률은 15퍼센트밖에 되지 않는 이유를 설명해줄 사람 말입니다."

두 명의 과학자가 손을 들었다. 둘 다 오브라이언의 동료였다. 그들은 남아프리카공화국으로 날아가 프레토리아 근처의 대규모 야생동물 보호구역으로 갔다. 거기서 치타 수십 마리의 혈액 샘플과 정액 샘플을 채취했다. 그들이 발견한 사실은 놀라웠다. 치타는 정자 수가 적었다. 게다가 정자 자체가 심한 기형이었다. 치타가 생식을 잘하지 못하는 원인이 그 때문인 게 분명했다. '겁이 많아서'가 아니었던 것이다.

그러면 왜 그렇게 됐을까? 뒤이어 오브라이언의 연구소는 아프리카에서 보낸 혈액 샘플을 분석하기 시작했다. 과거에도 새, 인간, 말, 집고양이를 대상으로 비슷한 연구를 한 적이 있었다. 다만 그때는 대상 동물들이 모두 건강한 수준의 유전적 다양성을 보여주었다. 대다수 종의 경우, 샘플로 채취한 유전자의 30퍼센트는 일정한 수준의 변이를 보여준다. 반면 치타의 유전자는 전혀 그렇지 않았다. 즉, **모두 같았다.** 오브라이언은 "유전적으로 그렇게 획일적인 종은 본 적이 없습니다." 라고 말했다.

동료들은 오브라이언이 발견한 사실을 회의적으로 받아들였다. 그래서 그와 그의 팀은 연구를 계속했다. 오브라이언은 이후의 연구 과정에 대해 이렇게 말했다.

"먼저 워싱턴에 있는 아동병원의 화상 센터에 가서 피부이식술을 배웠습니다. 그들은 피부를 살균하는 법, 얇게 잘라내는 법, 봉합하는 법 등 모든 것을 가르쳐주었습니다. 이후 남아프리카공화국에 있는 약 여덟 마리의 치타에게, 그다음에는 오레곤에 있는 여섯 마리에서 여덟 마리의 치타에게 (피부 이식술을) 시행했습니다."

오레곤주 윈스턴에는 당시 미국에서 가장 많은 치타를 보유한 야생 동물 사파리가 있었다.

피부이식술을 시행한 이유는 단순했다. 한 동물의 피부를 다른 동물에게 이식하면, 곧바로 거부반응이 일어난다. 수여자의 신체가 공여자의 유전자를 이물질로 인식하기 때문이다. 오브라이언은 "2주 안에 해당 부위가 검어지고 벗겨져요."라고 말했다. 하지만 일란성 쌍둥이 중 한 명의 피부를 떼어서 다른 한 명에게 이식하면 문제가 없다. 수여자의 면역계는 이식된 피부를 자신의 것이라 생각한다. 그래서 피부이식술은 그의 가설을 궁극적으로 검증하는 수단이었다.

이식 부위는 가로 세로 각 2.5센티미터로 작았다. 그것을 가슴 옆에 꿰맨 다음 몸통에 두른 붕대로 보호할 계획이었다. 먼저, 실험팀은 일부 치타에게 집고양이에게서 떼어낸 피부를 이식했다. 이는 치타가 면역계를 지녔음을 확인하기 위한 것이었다. 낭연히 거부반응이 일어났다. 이식 부위는 염증을 일으킨 후 괴사했다. 치타의 신체는 **다른** 것이 무엇인지 알았다. 집고양이의 피부는 분명 다른 것이었다. 뒤이어 실험팀은 다른 치타의 피부를 이식했다. 어떻게 됐을까? 아무 일도 없었다! 오브라이언은 "일란성 쌍둥이인 것처럼 이식된 피부를 그냥 받아들였어요. 이런 일은 20세대 동안 형제자매끼리 근친 교배를 한 쥐한테서나 볼 수 있는 거예요. 그래서 확신을 얻었죠."라고 말했다.

오브라이언은 전 세계 치타 개체 수가 한때 급감했을 거라 생각했다. 추측건대 1만 2,000년 전에 발생한 대규모 포유류 멸종 사태 동안이었을 것이다. 검치호랑이, 마스토돈mastodon, 맘모스, 거대 땅나무늘보 그리고 다른 30여 종이 빙하기 시기에 사라졌다. 치타는 용케 살아남았지만 그 수가 아주 적었다.

오브라이언은 "모든 데이터에 맞는 수치는 100마리 미만입니다. 어쩌면 50마리 미만일지도 모릅니다."라고 말했다. 이론상으로는 치타 개체 수가 단 한 마리의 임신한 암컷으로 줄어드는 것도 가능했다. 소수의 외로운 치타들이 생존하는 유일한 방법은 대다수 포유류가 가진 근친에 대한 거부감을 극복하는 것이었다. 즉 형제자매끼리, 사촌끼리 짝짓기를 해야 했다. 결국 개체 수는 다시 늘어났다. 문제는 협소한 유전자 세트를 끝없이 복제해야 한다는 것이었다. 치타는 여전히 멋졌다. 그러나 이제 모든 치타는 정확하게 똑같은 유형의 멋짐을 지녔다.

오브라이언은 유전학자로 일한 경험을 담아《치타의 눈물》Tears of the Cheetah 이라는 회고록을 썼다. 이 회고록에서 그는 마치 울고 있는 것처럼 보이는 치타의 독특한 얼굴 무늬에 대해 이렇게 썼다.

> 유럽 남부 어딘가에 살던 임신한 어린 암컷이 혹독한 겨울을 버티기 위해 따뜻한 동굴로 들어가는 모습을 상상해보라. 봄에 그녀와 그녀의 새끼들은 동굴 밖으로 기어나와 달라진 세상을 만난다. 그 지역에 있던 치타와 대형 포유류는 전 지구적 대학살의 피해자가 되어 사라졌다. (⋯) 나의 상상은 그 어미 치타가 흘린 눈물이 이후로 모든 치타의 눈 밑에 지워지지 않는 눈물자국을 남기는 모습을 떠올린다.

생물학자들은 개체별 차이가 줄어들고 모든 유기체가 같은 발달 경로를 따르는 환경을 '모노컬처'monoculture (원래는 단일 작물 재배를 뜻함―옮긴이)라 부른다.

모노컬처는 자연계에서 매우 드물다. 내다수 자연계는 다양성을 띠는 것이 기본 상태다. 그래서 모노컬처는 대개 의도적이든 아니든 자연적 질서를 뒤흔드는 어떤 사건이 생겼을 때만 나타난다. 가령 일군의 부유한 학부모들이 한데 모여서 성취와 탁월성에 대한 의지를 완벽하게 반영하는 공동체를 만드는 경우가 그렇다. 포플러 그로브의 학부모들은 모노컬처를 원했다. 적어도 모노컬처가 겉으로는 완벽하게 보여도 대가를 수반한다는 사실을 깨닫기 전까지는 말이다.

전염병은 모노컬처를 좋아한다.

다르게 될 수 없는 곳이 만든 비극

초기에 아브루틴과 뮬러를 놀라게 만든 것 중 하나는 포플러 그로브 고등학교의 학생들 모두가 똑같은 소리를 한다는 점이었다. 그들이 인터뷰한 나탈리라는 여학생의 말을 들어보자.

네 과목에서 B학점을 받았을 때 너무나 당황했어요. 친구들한테 성적을 알리고 싶지 않았어요. 다들 전과목 A학점을 받았으니까요.

포플러 그로브는 대단히 작고 폐쇄적이었다. 그래서 한 종류의 대화만 이루어지는 듯 보였다. 학교 복도에서 학생들이 나누는 대화는 모두 '성취'에 대한 것이었다. 또 다른 학생, 사만다는 이렇게 말했다.

"수강 신청 시기야. 다음 학기 때 선행학습 과목은 몇 개나 들을 거야? 운동반 전환 시기야. 다음 학기에는 어느 팀에 들어갈 거야? 너네 팀이 대회에 나갔네? 우승했어? 포지션이 뭐였어?" 이런 게 지극히 평범한 대화였어요.

아브루틴과 뮬러는 강한 압박감을 조성하는 중상류층 문화에 매우 익숙했다. 그들은 대학 교수들이었다. 사실상 그런 문화를 만들어낸 사람들이 바로 그들이었으니까 말이다. 하지만 그들이 경험한 바로는, 대개 부모가 자녀에게 바라는 것과 자녀가, 적어도 일부 자녀가 스스로 바라는 것 사이에는 간극이 있기 마련이었다. 그러나 포플러 그로브에는 그런 게 없었다. 아브루틴은 이렇게 말했다.

> 거기에는 이상적인 자녀의 모습이 대단히 명확하게 존재해요. 자녀가 다르게 될 수 있는 대안이 많지 않아요. (…) 그리고 사방에서 압박이 가해져요. 높은 순위를 유지하려는 학교, 자녀가 자신들이 바라는 학교에 들어가지 못할까 봐 걱정하는 부모, 항상 4~5개의 과목을 선행학습 해야 하는 자녀까지, 모두가 압박을 가해요.[*]

아이들이 다르게 될 수 있는 대안이 많지 않다는 말은 이상하니. '당연히 고등학교는 전통적으로 청소년들이 **다르게 될 수 있는** 모든 길을 발견하는 곳이었기 때문이다. 다음 쪽의 표를 보라. 이 표는 1990년에 중서부 지역의 한 대형 고등학교에서 실시한 설문조사 결과를 담고 있

---

* 《압박받는 삶》에는 이런 내용이 많이 나온다. 한 어머니는 이렇게 말한다. "(아이들은) 덩치만 작지 어른들하고 다를 게 없어요. 모든 선행학습 과목을 들어야 하고 스포츠도 해야 해요. 좋은 대학에 들어가기 위해 모든 걸 잘해야 하고, 좋은 직업을 갖기 위해 좋은 대학에 들어가야 해요. 친구들은 흔히 '우리 아이들은 무슨 스포츠를 하고, 하루 일과가 꽉 차 있고, 9시나 10시가 되어야 겨우 저녁을 먹고 항상 외식을 한다'거나 '우리 아이는 새벽 1~2시까지 숙제를 해'라고 말해요."

복장 및 차림새	운동선수	약쟁이	투명인간	일반학생	인기학생	불량아	기타
깔끔하고 깨끗함	16	7	8	32	10	3	21
캐주얼, 운동복	52	24	8	51	21	18	29
스타일리시함	31	6	1	16	59	4	15
거칠고 지저분함	1	57	30	1	8	66	18
촌스러운 취향	0	5	51	1	1	5	11
사회성							
갈등을 일으킴	2	68	5	1	13	75	1
사회성이 결여됨	2	4	78	16	6	4	25
친근함	50	13	6	74	25	9	43
파벌을 조장함	45	11	8	7	54	10	17
학업 태도							
공부를 즐기고, 열심히 함	49	1	14	41	50	2	27
긍정적임	45	10	30	53	31	10	35
미온적임	4	22	38	5	9	23	22
학교를 싫어함	0	65	14	1	9	62	13
비 교과활동 참여도							
높음	53	1	3	33	49	1	23
중간	45	10	21	61	34	11	39
낮음	1	89	76	6	16	88	38

특정한 속성에 해당하는 고교 사회집단의 비율

다(그 시대에 고등학교를 다닌 사람에게는 매우 익숙한 표일 것이다). 수백 명의 학생들은 학교를 구성하는 다양한 '무리'의 목록을 나열하고, 각 무리의 속성을 묘사해달라는 요청을 받았다. 수치는 가장 좌측에 제시된 속성에 맞는 각 집단의 비율을 나타낸다.

1990년대 이전 또는 이후에 학교를 다녔다면 각 집단의 명칭이 조금씩 다를 수 있다. 그러나 패턴은 비슷할 것이다. 전형적인 고등학교는 바로 이런 모습이다. 학교를 정말 좋아하는 집단이 있는가 하면 학교를 싫어하는 집단도 있다. 시끄럽고 갈등을 일으키는 집단이 있고, 조용히 공부만 하는 집단도 있다. 이런 다양성은 실로 유용하다. 십 대들은 자신이 어떤 사람인지 파악하려고 애쓴다. 폭넓은 집단으로 구성된 학교는 편안하게 어울릴 수 있는 친구들을 찾는 최선의 기회를 제공한다. 가령 고스족이나 펑크족 같은 무리에 속한 아이들에 대한 흥미로운 연구결과들이 있다. 그들은 기이하고 심지어 혐오스러운 옷차림을 하지만 부끄러움을 많이 탄다. 모르는 사람과 대화를 나누는 게 무시워서 밀 걸기가 무시운 옷차림을 하는 것이다. 고스 복장은 일종의 갑옷인 셈이다.

고교생들을 연구하여 논문을 쓴 저자 중 한 명인 브래드퍼드 브라운Bradford Brown이 만든 다음 그래프를 보자. 이 그래프는 그가 연구한 학교를 구성하는 핵심 집단의 사회적 '위치'를 파악하는 데 활용된다. 내가 이 그래프를 소개하는 유일한 이유는 일반적인 고등학교의 모습을 아주 단순하게(그리고 웃기게) 보여주기 때문이다.

고등학교 시절이 생각나는가?

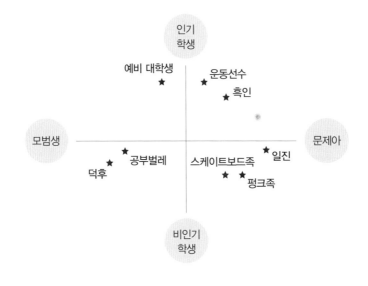

일반적인 고등학교 학생들의 집단 구성

인기
학생

예비 대학생
운동선수
흑인

모범생   문제아

공부벌레   스케이트보드족   일진
덕후   펑크족

비인기
학생

물론 포플러 그로브에도 여러 무리가 있었다. 뮬러와 아브루틴이 말
하는 요지는 그 무리들 사이에 간극이 없다는 것이었다. 위 그래프의
그로브 버전을 만들면 오른쪽 상단과 같은 모습일 것이다.

포플러 그로브 고등학교의 경우, 스케이트보드족은 성취도 높은 스
케이트보드족이 되어야 한다. 덕후는 인기 많은 덕후가 되어야 한다.
펑크족은 1지망 학교에 들어가는 펑크족이 되어야 한다.

아브루틴과 뮬러의 연구에서 가장 흥미로운 대목 중 하나는 포플러
그로브의 '규범'을 거부한 아이들을 찾아내려고 시도한 것이었다. 결
코 쉽지 않은 일이었다. 아래는 그들이 찾아낸 학생 중 한 명인 스콧의

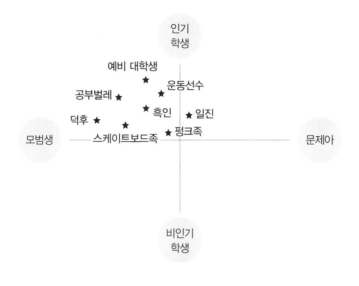

포플러 그로브 학생들의 집단 구성

인기
학생

예비 대학생 ★

공부벌레 ★   ★ 운동선수

덕후 ★   ★ 흑인   ★ 일진

모범생   ─────스케이트보드족────★ 펑크족───── 문제아

비인기
학생

말이다.

> 고등학교가 중요하다는 걸 알아요. '이번 시험을 망치면 노숙자
> 가 될 거야' 같은 생각도 들어요. 그런 마음가짐을 갖는 게 싫어
> 요. 바꿀 수 있었으면 좋겠어요. 하지만 그게 안 돼요.

아브루틴과 퓰러의 말에 따르면 스콧은 자신을 반항아로 본다. 그럼
에도 스콧은 시험을 망치면 노숙자가 될 거라는 포플러 그로브식 인식
을 떨쳐내지 못한다. 아브루틴과 퓰러는 스콧에 대해 이렇게 썼다.

제1부 세 가지 수수께끼   111

때로 스콧은 포플러 그로브에 뭔가 문제가 있다는 자신의 도덕적 양심과 감각에 확신을 가진다. 그러나 다른 때에는 자신이 상황을 제대로 파악했는지 확실히 알지 못하는 청소년으로서 보다 소심한 태도를 보인다. '만약에 포플러 그로브의 문화가 지엽적이고 한정된 게 아니라 온 세상이 그렇게 돌아간다면?' 이런 의구심은 충분히 가질 만하다. 그러나 궁극적으로는 그것이 자신을 지키기 위해 포플러 그로브의 문화를 거부하고 자신의 가치를 긍정하지 못하게 만들었다.

아래는 자칭 반항아인 또 다른 학생 몰리에 대한 글이다.

몰리는 다정하고 착하며 다소 조용하고 진지한 성격이다. 그녀는 다른 포플러 그로브 학생들처럼 '이상적인 아이'가 되기 위한 복잡한 조건을 잘 안다. 심지어 이상적인 요소 중 다수를 지니고 있기도 하다. 그녀는 우리에게 학업이 "아주 중요하다"고 말했으며, 열심히 공부해서 좋은 성적을 받으려 노력한다. 또한 (선망하는 라크로스 팀에는 들어가지 못했지만) 운동부 활동을 했으며, 인기 있는 무리의 여학생들과 가까웠다. 그녀는 졸업 후 명문대에 들어갔다.

이것이 모노컬처에 속한 반항아의 모습이다. 거기서는 MRI로 감지해야 할 만큼 아주 약간만 일반적인 경로에서 벗어나도 반항이 된다. 이러한 '무리 다양성'의 결여는 포플러 그로브가 주 고등학교 순위에서 아주 높은 점수를 얻도록 해준다. 또한 학부모들도 안심시킨다. 당신의 자녀가 아웃사이더이더라도 최소한 성취도 높은 아웃사이더가 될 것이라고 말이다.

그러나 균일성의 세계에서는 회복탄력성을 포기해야 한다. 앞선 두 그래프에 나온 고등학교를 구성하는 수많은 하위문화 중 하나에서 문제가 생긴다고 가정해보자. 그래도 그 문제가 다른 하위문화로 전파되기 어렵다. 집단들이 너무 멀리 떨어져 있기 때문이다. 각 집단은 나름의 문화적 항체를 지닌다. 그래서 전염 매개체가 학교 전체를 무사히 돌아다니기 어렵다.

반면 모노컬처는 외부 위협에 맞서는 내부 방어수단이 없다. 일단 벽 안에서 감염이 일어나면 저지하지 못한다.

포플러 그로브를 누구보다 잘 아는 부동산 중개인 리처드도 이 점을 이해한다. 그는 포플러 그로브 사람들이 깔보는 이웃 동네인 앤스데일에서 살기로 결정했다. 그의 딸도 앤스데일에서 학교를 다닌다. 그는

● 나는 캐나다 온타리오주 남서부에 있는 한 소도시 공립학교를 다녔다. 4년제 대학에 들어가는 학생의 비율은 20퍼센트에 불과했다. 졸업 후 학업을 이어가는 대다수 학생은 지역 전문대에 들어갔다. 하키팀 학생들은 프로선수를 꿈꾸었다. 그들의 세상은 온통 지역 청소년 리그에 매몰되어 있었다. 어렴풋이 기억하기로는 많은 경기에서 패배한 농구팀도 있었다. 그 외에는 한겨울에도 작은 교정에 모여 앉아 담배를 피우는 아이들이 있었다. 그들은 어떤 일에도 관심이 없는 것처럼 보였다. 내가 졸업한 해의 졸업 앨범에서 가장 두드러졌던 동아리는 '무관심한 미룸쟁이들'이었다. 대여섯 명의 인기 남학생들이 만든 동아리였다. 그들은 지독한 권태를 다양하게 표현하는 자세로 드러누운 자신들의 모습을 찍었다. 그 밑에는 "무관심한 미룸쟁이들은 아주 성공적인 해를 보냈습니다. 아무런 활동도 하지 않았기 때문입니다."라고 적혀 있었다. (웬지 포플러 그로브에는 비슷한 동아리가 없을 것 같다.) 1970년대 말 이후로 포플러 그로브 고등학교 운동부는 주 챔피언십에서 총 121회 우승했다. 내가 다니던 시절에 모교의 우승 횟수는 3회였다. 내게 포플러 그로브는 무시무시한 곳이다.

거기에 대해 이렇게 말했다.

아이를 위한 결정이었습니다. 그곳이 더 '현실 세계'에 가깝다고 생각했습니다. 압박도 덜하고요. (포플러 그로브는) 탁월해야 한다는 압박이 심하기로 악명이 높아요. 밴드에서도 최고가 되어야 하고, 농구팀에서도 최고가 되어야 해요. (…) 그리고 MIT에 들어가야 하고 최고가 되는 것에 엄청나게 집착해요. 그게 명성을 얻은 이유 중 하나죠. 제 어머니는 (포플러 그로브에 있는) 중학교 교사인데, 학생한테 B학점만 줘도 명문대 진학에 지장을 줄까 봐 학부모들이 난리를 친대요.

그는 아브루틴과 뮬러가 결론에서 강조한 것과 같은 요소인 압박에 대해 말한다.

압박감을 피부로 느낄 수 있어요. 우리 아이가 그런 압박감에 시달리게 만들고 싶지 않아요. 집을 내놓은 사람들을 만나러 가서 "왜 이사하려고 하세요?"라고 물어보면 다들 "압박이 너무 심해요. 아이가 적응을 못해요. 사람을 쥐어짜는 사회적 분위기가 싫어요."라고 말해요. 다들 알고 있어요. 아무한테나 물어보세요.

리처드는 포플러 그로브 고등학교의 교장을 안다고 말했다. 나는 교장이 그런 압박에 대해 어떻게 생각하는지 물었다.

"그녀가 말하길 '학부모들이 완전히 제정신이 아니에요.'라더군요."

단 두 마리에서 시작된 집단 폐사 사건

1982년, 오레곤주 야생동물 사파리는 스티븐 오브라이언이 피부 이식 실험을 하기 몇 달 전에 치타를 추가로 들여오기로 결정했다.

"새크라멘토 동물원으로 차를 몰고 가서 치타를 두 마리 데려왔어요." 야생동물 사파리의 치타를 돌보는 수의사였던 멜로디 로엘키-파커Melody Roelke-Parker는 당시를 떠올리며 이렇게 말했다. "토마와 사부라는 이름의 아이들이었어요. 둘 다 매우 건강해 보였어요. 뚜렷하게 잘못된 부분은 없었어요. 우리는 그 아이들을 데려왔고, 일주일 안에 치타 번식 구역에 합사시켰어요."

로엘키-파커는 치타를 사랑했다. 그녀는 실제로 어미에게 버려진 새끼 두 마리를 직접 기우기노 했나.

> 그래서 집에 두 마리의 치타를 데리고 있었어요. 놀라운 건 그 아이들이 가르랑거리고, 봄을 비벼대고, 침대에서 밀어낸나는 거예요. 그냥 겉으로만 보면 상상하기 어렵지만 그 아이들과 같이 사는 건 꿈 같은 일이었어요. 저는 그 아이들의 가족이었어요. 그아이들을 차에 태우고 출퇴근을 했어요. 뒷좌석에 앉으면 정말로 우뚝했죠. 그러고는 몸을 비벼댔어요. 머리가 다 보여서 고속

도로를 달리던 사람들이 당황하거나 깜짝 놀라는 모습을 보는 게
정말 재미있었어요.

야생동물 사파리의 치타들은 그녀에게 또 다른 가족과 같았다. 새크
라멘토에서 새로 데려온 치타 중 한 마리에게 생긴 일이 너무나 가슴
아팠던 이유가 거기에 있었다.

"두 달 후, 두 마리 중 수컷이 쓰러졌어요. 우리는 '대체 무슨 일이
지?'라고 생각했죠. 그 아이를 급히 병원으로 옮겨서 정밀 진단을 했어
요." 진단 결과는 신부전이었다. 그 치타는 결국 죽고 말았다.

이상한 일이었어요. 아주 건강해 보이던 아이였거든요. 당연히
새로운 사회 환경, 새로운 급식 방식을 접하면 스트레스를 많이
받아요. 그래서 저는 단발성 사건일 거라고 생각했어요.

하지만 뒤이어 로엘키-파커는 다른 치타들도 병에 걸렸다는 사실을
알아차렸다.

"설사나 이상한 잇몸병 같은 온갖 비특이성 질환에 걸리기 시작했
어요. 하악거릴 때 보면 잇몸이 온통 벌겋게 부어오르고 출혈이 있었
어요." 또한 치타들은 무기력해졌다. "체중이 엄청나게 줄기 시작했어
요. 구강 세균을 배양해보면 이상한 박테리아들이 검출됐고요. 그래서
구강 감염을 치료하려고 에리트로마이신을 투여했죠. 하지만 저는 무
슨 병인지 몰랐어요. 도무지 알 길이 없었어요."

한 치타는 너무 중증이어서 안락사를 시킬 수밖에 없었다. 치타를 부검한 로엘키-파커는 충격을 받았다.

복부를 열어보니 노랗고 끈적끈적한 점액질 환부가 보였어요. 고양이 전염성 복막염Feline Infectious Peritonitis 이라는 질병의 전형적인 증상이었죠. 이 병은 집고양이에게는 흔했지만 치타에게서 발병된 사례는 보고된 적이 없었어요.

고양이 전염성 복막염을 일으키는 바이러스는 수십 년 후 인간에게 엄청난 피해를 입힌 코로나19의 사촌인 코로나바이러스로 알려져 있다. 집고양이가 이 바이러스에 감염되어 죽는 경우는 드물다. 반면 치타에게는 치명적이다. 로엘키-파커는 사파리에 있는 모든 치타의 혈액을 정기적으로 채취했다. 그다음 연구실로 돌아가 고양이 전염성 복막염에 대한 항체를 확인하기 시작했다. 토마와 사부가 오기 전까지만 해도 고양이 전염성 복막염의 증상을 보인 치타는 없었다. 그런데 그들이 온 후 사실상 모든 치타가 증상을 보였다. 두 마리의 캘리포니아 출신 치타가 소규모 전염병을 일으킨 것이다.

감염 후 약 8개월 후부터 치타들이 죽기 시작했어요. 그 단계가 막 시작되니까… 정말 끔찍했어요. 16개월 미만 치타들 중에서 80퍼센트가 죽었어요.

참극이었다. 치타들은 계속 병에 걸렸다. 하지만 어찌된 영문인지 바이러스를 물리치지 못했다.

> 그들의 면역계는 줄기차게 항체를 형성해서 바이러스를 물리치
> 려 했어요. 나중에는 혈액단백질 수치가 말도 안 되는 수준이 될
> 만큼 항체 수치가 엄청나게 높아졌어요. 면역계 붕괴 사태가 발
> 생한 거죠.
> 걸어다니는 해골 같았어요. 고양이 전염성 복막염은 집고양이의
> 경우 10가지 정도의 증상을 지녀요. 하지만 그중 두어 가지만 나
> 타나죠. 그런데 치타에게는 설사, 구강 병변, 소모성 질환 등 모
> 든 증상이 발현됐어요.

로엘키-파커는 위관 삽입, 면역 강화제, 유동식을 비롯하여 모든 방법을 시도했지만 하나도 통하지 않았다. "한 마리도 살리지 못했어요. 일단 걸리면 끝이었어요. 방법이 없었어요."

그녀가 겪은 것은 스티븐 오브라이언이 발견한 문제의 불가피한 결과였다. 치타들은 모두 동일했다. 홍적세(신생대 제4기의 후반기로, 인류가 발생하여 진화한 시기—옮긴이) 말기에 홀로 살아남은 임신한 암컷 치타가 있었다. 동굴에서 기어나와 혼자뿐임을 알게 된 이 치타는 순전히 유전적 우연으로 고양이 코로나바이러스에 취약했다. 모든 치타는 이 치타의 후손이었다. 그래서 모두가 코로나바이러스에 취약했다. 이는 치타들이 자유롭게 돌아다니던 시기에는 큰 문제가 아니었다. 치

타는 고독한 동물이다. 각각의 치타는 다른 치타들로부터 최대한 멀리 떨어져서 방대한 영역을 차지한다. 야생에서는 전염병이 치타 전체를 몰살시키지 못한다. 치타들은 동물 버전의 사회적 거리두기를 실천하기 때문이다. 하지만 인간이 그런 양상을 바꿔놓았다. 인간은 수많은 치타를 좁은 공간에서 바짝 붙어 지내게 만들었다. 치타 전염병은 동물원 잘못이었다. 로엘키-파커는 "한 마리가 병에 걸리면 모든 치타에게 옮을 겁니다. 실제로 그런 일이 일어났어요."라고 말했다.

뒤이어 그녀는 자신이 빙산의 일각만 보고 있다는 사실을 깨달았다. "캐나다 어느 지역에서도 집단 발병 사태가 일어났는데 동물원 측에서 완전히 덮어버렸다는 걸 알게 됐어요. 그들은 누구에게도 그 사실을 알리지 않았어요. 아무도 그런 일이 생긴 걸 몰랐죠. 그 사태로 치타가 몰살됐어요. 아일랜드에 있는 동물원에서도 같은 일이 일어났지만 누구도 이 문제에 대해 전혀 이야기하지 않았어요."

로엘키-파커와 오브라이언은 플로리다에서 열린 동물원 회의에 참석했다. 문제를 알리기로 결심한 그녀는 자신이 일하는 동물원에서 퍼지고 있는 전염병에 대해 이야기했다. 회의가 끝난 뒤 캘리포니아주의 한 동물원에서 일하는 한 수의사가 그녀에게 다가와 이렇게 말했다. "지금 우리 동물원장님이 거기로 가서 치타를 고르는 중이에요."

큰일 났다고 생각했어요. 그들은 어떤 통보도 받지 못했어요. 우리 동물원장은 집단 발병 사태에 대해 한 마디도 하지 않았어요. 저는 "그러면 안 돼요. 절대로 데려오면 안 돼요."라고 말했죠. 그

수의사는 즉시 상사에게 전화를 걸어서 "거기 치타를 데려오지 말라."고 말했어요. 회의가 끝나고 우리 동물원으로 돌아갔더니 다른 일자리를 알아보라고 하더군요. 집단 발병 사태를 외부에 알리고 논의했을 뿐 아니라 영업까지 막았으니까요.

이후 제 밑에서 일하던 직원들도 그만두었어요. 그들은 제가 당한 처사에 분노했어요. 부당했으니까요.

완벽해 보였던 그들은 왜 목숨을 끊었나

포플러 그로브에서는 앨리스라는 한 여학생이 다리에서 뛰어내리면서 전염이 시작되었다. 대낮에 벌어진 일이었다. 주위에 사람들이 있었던 덕분에 그녀는 살아남았다. 그녀는 병원으로 실려갔다.

뮬러와 아브루틴은 이 일에 대해 이렇게 썼다.

앨리스는 어느 모로 보나 이상적인 포플러 그로브의 십 대였다. 다른 사람들의 눈에 그녀는 밝고, 외향적이고, 성취욕이 강했으며, 예쁘기까지 했다. 그녀의 자살 시도는 충격적이었다. 긴밀한 공동체에서 발생한 모든 충격적인 사건이 그렇듯이, 이 일을 두고 숱한 말이 오갔다. 모든 걸 다 가진 데다가 힘든 기색도 거의 보이지 않던 아이가 왜 죽으려고 한 걸까?

6개월 후, 앨리스의 반 친구이자 팀 동료인 조라는 이름의 소녀가 같은 다리에서 뛰어내렸다. 그녀는 살아남지 못했다. 4개월 후, 조와 앨리스의 급우인 스티븐이 총으로 생을 마감했다. 이제 포플러 그로브에서는 세 건의 자살 시도가 발생했고, 두 명이 죽었다. 그리고 7년이 지났다. 자살 사태는 모두 일시적인 사건으로 넘길 수 있을 것 같았다. 그런데 3주 만에 두 건의(모두 남학생이었다) 자살 사건이 터졌다. 뒤이어 그들과 가깝던 케이트라는 '인기' 여학생이 앨리스와 조가 뛰어내렸던 다리에서 뛰어내렸다. 이후 일어난 일은 뮬러와 아브루틴의 설명을 듣는 편이 나을 듯하다.

> 케이트가 사망한 지 1년이 채 지나기 전에 또다시 연쇄 자살 사건이 터졌다. 6주 동안 샬럿과 그녀의 남자친구 세 명이 자살했다. 이후로 포플러 그로브에서는 해마다 최소 한 명의 청소년이나 청년이 자살했다. 한 해에 여러 건의 자살 사건이 발생하기도 했다. 수많은 아이들이 자살을 시도했다. 2005년과 2016년 사이 10년 동안 학생 수가 약 2,000명에 불과한 포플러 그로브 고등학교는 네 명(얼마 전에 다른 학교로 전학 간 여학생을 포함하면 다섯 명)의 여학생을 자살로 잃었다. 게다가 중학생 두 명과 최근 졸업생 중 최소 12명이 자살한 것으로 드러났다.

통계적으로 학생 수가 2,000명인 학교의 '정상적인' 자살률은 10년에 한두 명이다. 포플러 그로브 학생들의 자살률은 그보다 훨씬 높다.

중학생들도 포플러 그로브 고등학교에서 일어나는 자살 사건에 대한 이야기를 들을 것이다. 그들은 이후 포플러 그로브 고등학교에 들어가 또 다른 자살 사건들을 접하며 살아간다. 사람들은 안전한 곳이라 생각해서 포플러 그로브로 이사했다. 미국의 너무나 많은 지역을 뒤덮은 폭력과 불확실성에서 벗어날 수 있는 도피처 같은 곳 말이다. 연쇄 자살 사태가 너무나 놀라운 이유가 거기에 있다. 어떻게 그런 곳에서 연쇄 자살 사태가 벌어질 수 있을까? 하지만 사실 그것은 놀라운 일이 아니었다. 포플러 그로브는 나들목 없는 긴 직선 고속도로 같은 모노컬처였다.

첫 자살 사건이 발생했을 때 그것은 특이 사례였다. 같은 사건이 다시 발생하자 그것은 우려스러운 일이 되었다. 하지만 더없이 파괴적인 방식으로 다시, 또다시, 또다시 발생하자 그것은 이제 정상적인 일이 되어버렸다.

아브루틴은 이에 대해 이렇게 말했다. "네 번의 연쇄 자살 중 적어도 세 번의 경우에는 매우 두드러지는 평판 높은 학생이 포함되어 있었어요. 그들은 포플러 그로브 재학생의 이상적인 모습을 충실히 구현하는 학생이었죠. 가령 세 시즌 동안 스포츠 스타였고, 운동부 주장이며, 학점이 4.0에, 명랑한 성격을 지니고 있었죠. 자살한 청소년 중 다수는 완벽해 보였어요. 하지만 난데없이 죽어버렸어요. 그래서 다른 학생들은 '그 아이들도 이런 환경에서 살아남지 못하는데 내가 어떻게 살아남아?'라고 생각했죠."

그들을 죽음으로 내몬 책임은 누구에게 있는가

1983년, 멜로디 로엘키-파커는 오레곤을 떠나 플로리다에서 흑표범을 보존하는 사업에 참여했다. 플로리다에는 남아 있는 흑표범이 거의 없었다. 플로리다 주정부는 흑표범의 개체 수를 늘리는 방법을 찾고 싶어 했다. 로엘키-파커는 흑표범 포획팀에 들어갔다. 그들은 남부 늪지에서 사냥개를 이용하여 흑표범을 추적했다. 그다음 나무 위로 몰아서 마취총을 쐈다.

로엘키-파커는 당시에 대해 이렇게 말했다.

제 기억으로는 첫해에 결국 네 마리밖에 포획하지 못했을 거예요. 정말 힘들었어요. 흑표범 포획 과정에서 엄청난 스트레스를 받은 이유가 무엇인지 그때는 몰랐어요. 지금 생각해보니 그건 그들이 너무나 소중하기 때문이었어요. 약 12미터 높이에 올라간 표범을 끌어내려서 나이, 신상 상태, 신체 조건을 확인해야 했어요.

팀원 중 한 명이 흑표범이 불안하게 도사리고 있는 나무 위로 올라가야 했다.

마취제를 어느 정도 넣어야 적당한지 파악해야 했어요. 나무에서 떨어지지 않게 하면서도 팀원을 죽이지 못할 정도로 혼미한 상태가 되어야 했거든요.

    포획팀의 목표는 흑표범에게 그물을 씌워서 천천히 땅으로 내리는 것이었다. 그다음 전반적인 신체검사를 실시하고, 혈액 샘플과 피부 샘플을 채취하고, 목에 전자 목걸이를 채우고, 야생으로 돌려보내야 했다. 로엘키-파커는 조사 결과에 대해 이렇게 말했다. "일찍이 분명하게 드러난 사실은 바로 그들의 나이가 아주 많다는 것이었어요. 새끼는 보이지 않았고 포획된 흑표범들은 모두 어리지 않았어요. 암컷은 생식 능력 측면에서 노화 단계 직전에 있었어요. 수컷의 정자를 채취해보니 정충의 95퍼센트가 기형이었고요."

    연구팀은 흑표범들이 치타처럼 병목 구간을 한 번만 지난 게 아니라 여러 번 지났다는 사실을 곧 깨달았다. 첫 번째는 홍적세 말기에 일어난 대규모 포유류 멸종 사태였다. 뒤이어 20세기에 좁은 파나마 지협을 건너려던 남미 흑표범들이 토박이 흑표범들에게 저지당했다. 그 결과 플로리다 지역의 유전자 풀에 더 이상 새로운 유전자가 더해지지 않았다. 상황은 더욱 악화되었다. 과거 흑표범의 주된 먹이는 사슴이었다. 그러나 플로리다의 사슴 개체 수가 남획으로 급감했다. 결국 흑표범들은 아르마딜로를 잡아먹는 지경에 이르렀고, 영양실조에 시달렸다. 살아남은 소수는 근친 교배를 할 수밖에 없었다. 그 결과로 유전적 결함이 하나씩 쌓이기 시작했다. 흑표범에게는 유전적 다양성이 전혀 없었다.

    로엘키-파커는 새끼들을 포획했던 때를 떠올렸다.

포획한 지 한 달 뒤에 검사를 하러 갔죠. 수컷을 마취하고 검사해보니 음낭도, 고환도 없었어요. 저는 이제 다 끝났다고 소리치기 시작했어요. 수컷들은 고환이 없었고, 심장 결함까지 있었어요. 여기저기서 포획하는 흑표범마다 심장 잡음이 들렸어요. 생물학적으로 우리는 일종의 벽에 부딪힌 상태였어요. 흑표범들은 겨우겨우 생존하고 있었어요. 제 눈앞에서 멸종이 일어나고 있었던 거죠.

1992년에 플로리다 흑표범을 구하기 위한 투쟁에 참여한 모든 사람이 조지아주 경계에 있는 오래된 대농장 저택에 모였다. 로엘키-파커와 오브라이언도 다른 30명과 함께 그 자리에 있었다. 오브라이언은 며칠 동안 경청하고, 입장을 취하고, 비판하고, 논쟁하고, 타협하며 치열한 시간을 보냈던 일을 떠올렸다. 오브라이언이 이끈 분파는 신선한 피를 투입해야 한다고 주장했다. 텍사스 쿠거는 흑표범의 가까운 사촌이었고, 유전적 다양성이 20배나 더 높았다. 그렇다면 쿠거를 플로리다로 들여오지 못할 이유가 있을까?

하지만 개인 브리더들은 격분했다. 그들은 그냥 야생 흑표범을 사육 흑표범과 교배시키자고 말했다. 플로리다 흑표범 사체에 본질적인 문제가 있다는 생각은 그들에게는 말도 안 되는 것이었다. 심지어 플로리다 흑표범은 플로리다주의 마스코트였다!*

* 알고 보니 개인이 교배하는 흑표범들도 전혀 '순수'하지 않았다. 로엘키-파커가 일부 사육 흑표범의 DNA를 분석한 결과 여러 지역 흑표범의 피가 섞인 잡종이었다.

개인 브리더 중 한 명은 이렇게 말했다. "여기 흑표범들은 순수한 혈통이라고 생각해요. 텍사스 쿠거와 플로리다 흑표범을 교배하는 것은 흰머리독수리와 검독수리를 교배하는 것과 같아요. 결국에는 어느 것도 아닌 게 되고 말아요."•

최종적으로 회의 참가자들은 합의에 이르렀다. 여덟 마리의 암컷 쿠거를 텍사스에서 들여와 빅 사이프러스 늪에 방사한다는 내용이었다. 그렇게 텍사스 쿠거와 플로리다 흑표범이 만났고, 형질 전환이 시작되었다. 두 무리는 이종교배를 시작했고, 더욱 강해졌다. 인상적인 한 사례에서 텍사스 쿠거 암컷과 플로리다 흑표범 수컷 사이에 태어난 새끼들이 다른 흑표범 한 마리가 점유한 지역으로 이주했다. 그리고 놀라운 일이 벌어졌다. 로엘키-파커의 말을 들어보자. "어떻게 됐을까요? 그 흑표범이 엄청난 생식력을 발휘했어요. 우리가 알기로는 적어도 108마리의 새끼를 낳았어요. 너무나 자손을 많이 남겨서 돈 후안Don Juan (17세기 스페인의 전설 속 인물로, 호색한 또는 난봉꾼의 대명사로 알려져 있다.—옮긴이)으로 불렸죠."

오브라이언은 이렇게 말했다. "로이 맥브라이드Roy McBride 라는 개

• 한편, 플로리다의 대표적인 자연보호 운동가인 마저리 스톤먼 더글러스Marjory Stoneman Douglas는 로엘키-파커가 참여한 흑표범 추적 프로젝트를 "미친 짓"이라고 폄하했다. 대체 개를 풀어서 흑표범들을 추적하고, 나무 위로 몰고, 마취총을 쏘고, 추적용 목걸이를 다는 이유가 무엇인가? 그녀는 이렇게 주장했다. "흑표범을 아는 사람이라면 목걸이를 단 흑표범은 달지 않은 흑표범과 다르다는 걸 알 겁니다. 흑표범은 야생동물이에요. 아주 민감한 고양잇과 동물이죠. 목걸이는 그런 동물들에게 좋지 않다고 믿어요. 그렇게 믿지 않을 이유가 없어요. 그냥 내버려둬요. 에버글레이즈 습지에 들어가지 말아요. 모든 게 괜찮아질 거예요." 물론 그렇지 않았다. 흑표범을 그냥 내버려두고 순수한 혈통을 유지했다면 표범들은 멸종했을 것이다.

훈련사가 있었어요. 그는 이전에는 항상 '유전학이라는 건 헛소리라고 생각해요. 그래도 시키는 일이니까 그냥 하는 거예요'라고 말하곤 했죠. 그러다가 복원 프로그램으로 늘어난 새끼들을 보고 이종교배종이나 잡종이 더 크고 힘이 세다는 걸 확인했어요. 그래서 새로 태어난 새끼들은 이전의 플로리다 흑표범에 비하면 아널드 슈워제네거 같다고 말하더군요."

플로리다 흑표범들은 살아남았다. 한때 수십 마리에 불과하던 개체수는 현재 100마리 이상으로 불어났다. 다만 살아남기 위해서는 다른 존재, 텍사스 쿠거와 플로리다 흑표범의 잡종이 되어야 했다. 모노컬처 전염에 대한 최선의 해결책은 모노컬처를 해체하는 것이다.

포플러 그로브도 같은 일을 해야 할까? 당연히 그렇다. 하지만 어떻게? 포플러 그로브의 모노컬처는 학부모들이 만들어낸 것이었다. 그들은 부동산 중개사인 리처드처럼 자녀들을 앤스데일에 있는 학교로 보낼 수 있었다. 하지만 그렇게 하고 싶어 하지 않았다. 그들은 모든 학생이 완벽하게 짜맞춰지는 학교를 원했다. 모노컬처가 와해되어 학생들이 흩어지고 교사들이 재배치된다면, 새로운 버전의 포플러 그로브 고등학교는 이전 버전보다 못할 것이 거의 확실하다. 새로운 학교는 전국 순위에 들지 못할지도 모른다. 이전처럼 높은 선행학습을 제공하지 못할지도, 주 대회를 수십 번씩 우승하지 못할지도 모른다. 포플러 그로브 사람들을 포플러 그로브로 끌어들인 바로 그 요소들이 사라질지도 모른다.

전염병은 모노컬처를 좋아한다. **하지만 우리도 그렇다.** 실제로 우리는 때로 모노컬처를 형성하기 위해 무척 애쓴다. 설사 그게 우리 아이들을 위험에 빠트린다고 해도 말이다.

의료계에는 의사의 개입이 초래한 질병을 가리키는 '의원성 질병'iatrogenesis이라는 용어가 있다. 이는 환자를 어떤 약으로 치료했는데 원래 질환보다 더 나쁜 부작용이 나타나거나 간단한 수술을 했는데 환자가 합병증으로 죽는 경우를 말한다. 의원성 질병은 선의에서 비롯된다. 누구도 환자를 의도적으로 해치려고 하지 않는다. 하지만 의사는 수동태를 활용하여 환자가 피해를 **입었다**고 말할 권리가 없다. 의원성 전염병에는 명확한 원인과 범인이 있다. 포플러 그로브의 문제 또한 의원성 질병이었다.

아브루틴과 뮬러가 포플러 그로브에 있는 동안 더 많은 자살 사건이 발생했다. 뮬러는 이에 대해 이렇게 말했다.

솔직히 정말로 힘들었습니다. 아직도 우리가 현지 조사를 하는
동안 죽은 아이들에 대해 강한 연민을 느낍니다.

두 사람은 연쇄 자살 사태가 발생하는 이유를 파악했다고 믿었다. 하지만 거기서 멈출 수 없었다.

그런 패턴이 저절로 반복되는 걸 보는 게 정말 가슴 아팠습니다.
(…) 항상 어떤 아이러니가 있었어요. 우리는 학교에 갈 때마다
학부모들에게서 이런 말을 들었습니다. "정신 건강이 갈수록 중

요해지고 있어요. 정신 건강에 신경 써야 해요. 다만 학교가 가진 자원을 어떻게든 활용해서 선행학습 시험을 치르고 비 교과활동을 늘렸으면 좋겠어요." 제가 아이러니하다고 말한 이유를 아시겠습니까?

포플러 그로브 고등학교는 여전히 다른 무엇보다 성취를 강조했다. 다음은 포플러 그로브 고등학교 웹사이트에 들어가면 가장 먼저 보게 되는 교장의 메시지다. 굵은 글씨체는 내가 따로 표시한 것이다.

배움은 우리 학교의 중심 사명입니다. 우리 포플러 그로브 교직원 일동은 모든 학생이 **배움의 능력과 의지**를 가졌다고 믿습니다. 우리는 모든 학생이 다양해지고 변화하는 세상에 책임감 있게 참여할 수 있도록 **탁월한 교육과 학습**을 제공하는 환경을 조성합니다. **모든 학생이 학업, 사교, 심신 개발 측면에서 성공하는 긍정적이고 도전적인 환경**을 제공하는 것이 우리의 사명입니다. 우리 모두는 서로를 존중하고 지원하며, 서로에게 높은 기대를 갖는 분위기를 형성하고 유지합니다.

교장의 말에 따르면 교사들은 "유능하고 성실하다." 그들은 "도전적이면서도 의미 있는" 교육 과정을 만들기 위해 애쓴다.

이 모든 것은 배움이 평생에 걸친 과정이며 우리 학교는 '**가르치**

기 위해 다가가고, 다가가기 위해 가르치는' 곳이라는 우리의 믿음을 반영합니다.

그건 그렇고, 내가 여러분에게 거짓말을 좀 했다. 이건 포플러 그로브 고등학교 교장의 메시지가 아니라, 포플러 그로브 **초등학교** 교장의 메시지다. 포플러 그로브에서는 이처럼 모노컬처가 아주 일찍부터 시작된다. 한편, 뮬러와 아브루틴은 현재 콜로라도로 넘어가 더욱 심각한 전염이 일어나고 있는 고등학교를 조사하고 있다.

REVENGE OF THE TIPPING POINT

REVENGE OF THE TIPPING POINT

제2부

사회공학자들

제4장

매직 서드

"제 경험으로는 분명히 어떤 임계점이 있다고 봐요."

규칙이 있는 거리

    팰로앨토는 실리콘밸리의 심장부로서 스탠퍼드 대학교와 샌드 힐 로드가 있는 곳이다. 컴퓨터 시대를 연 벤처투자사 중 다수가 이곳에 본사를 두고 있다. 이 도시의 일부 지역 그리고 그 주변 동네인 멘로파크와 애서튼의 거리와 집들은 미국의 어느 곳보다도 아름답다. 그러나 동부와 북부 지역은 아예 다르다. 이 동네들은 부분적으로 1950년대 이후 거의 바뀌지 않은 것처럼 보인다. 엠바카데로 거리에서 그리어 거리로 우회전한 다음 오레곤 고속도로와 아마릴로 애비뉴를 지나면, 로렌스 레인이라는 잊힌 역사의 귀퉁이에 도착하게 된다. 이곳은 짧은 유명세를 누리던 시기에 '로렌스 트랙트'라고 불리기도 했다.

로렌스 레인은 막다른 길이다. 이 거리와 주변 거리를 따라 25개 부지가 있다. 원래 있던 집들 중 일부는 지금도 남아 있다. 이 집들은 각각 약 93제곱미터에서 140제곱미터 넓이에, 방이 2~3개 있고, 간이 차고와 현대식 마당을 갖춘 단층 주택이다. 전후에 노던 캘리포니아에서는 이런 집들이 대량으로 지어졌다.

하지만 로렌스 레인은 처음부터 그 시대의 다른 모든 단독주택 단지와 달랐다. 이곳에는 규칙이 있었다.

백인 탈주 사태

1950년대에 들면서 미국의 수많은 대도시는 하나의 문제에 직면했다. 경제적 어려움과 인종차별법의 억압으로부터 벗어나기 위해 남부에서 이주하는 흑인들이 갈수록 늘어났다. 그러나 자유를 기대하며 옮겨간 도시에서 그들은 거듭 백인들에게 배척당했다. 일부 흑인들은 협박과 폭력에 시달리기도 했다. 흑인 가족이 어떤 동네에 이사를 오면 백인 가족들이 그냥 떠나버리는 경우도 있었다. 다들 이를 '백인 탈주'white flight 라 불렀다.

모든 도시에는 이에 대한 나름의 이야기가 있다. 1955년, 필라델피아 백인 거주지인 저먼타운 구역에 살던 한 여성은 다른 동네에 있는 집을 샀다. 그녀는 원래 살던 집을 8,000달러 이상의 가격으로 쉽게 팔

수 있으리라 생각했다. 하지만 그렇게 되지 않았다. 가장 높은 가격을 제안한 사람은 한 흑인 가족이었다. 이 일을 기록한 자료에 따르면 "그녀가 할 수 있는 선택은 친구들 아니면 돈을 잃는 것이었다. 그녀는 걱정이 됐지만 어쩔 수 없이 친구들을 잃는 쪽을 택했다." 실제로 그녀가 매매 계약서에 서명한 다음 날, 동네 부동산 중개사 집 앞으로 이웃들이 몰려왔다.

부동산 중개사는 그중 한 여성이 한 말을 전부 적어두었다.

"어디로 갈지는 모르겠지만 어쨌든 떠날 거예요."

"우리 부부는 괜찮지만 아이들을 위험에 노출시킬 순 없어요."

"수준 높은 흑인들이 들어오는 것도 아니에요."

"집들이 너무 가깝게 붙어 있어요."

"어쩌면 영원히 떠나지 못할지도 모르지만 어쨌든 한동안 시도는 할 거예요."

"집값은 다시 오르지 않을 것이고, 계속 떨어질 거예요."

관련 보고서는 다음과 같이 결론짓는다. "24시간도 채 지나지 않아서 그들의 삶은 완전히 뒤바뀌었다. 단지 백인이 아닌 한 가족이 집을 샀다는 이유로 말이다."

디트로이트의 경우 1955년에 첫 흑인 가족이 백인 거주지인 러셀 우즈로 이사했다. 3년 후 주민의 60퍼센트가 흑인으로 바뀌었다. 10년 후에는 그 비중이 90퍼센트로 늘어났다. 3년 안에 모든 거리에 있는 주택 3분의 2가 매매되었고, 지역 공립학교에 다니는 백인 학생 중 3분의 2가 전학을 갔다. 볼티모어의 애슈버턴은 부유한 백인 동네였다. 그러다가 잠깐 다인종 동네로 변한 후 갑자기 흑인 동네가 되었다. 1960년대에 6만 명의 백인이 애틀랜타를 떠났다. 당시 애틀랜타 인구는 30만 명이었다. 즉, 주 전체 인구의 20퍼센트가 떠난 깃이다. 뒤이어 1970년대에는 추가로 10만 명의 백인이 떠났다. 애틀랜타는 오랫동안 '미워할 시간도 없을 만큼 바쁜 도시'라는 슬로건을 자랑스레 내세웠다. 이 슬로건은 '미워할 시간도 없을 만큼 이사하느라 바쁜 도시'라는 농담거리로 변했다.

세인트루이스, 뉴욕, 클리블랜드, 덴버, 캔사스시티의 일부 도시 그리고 크기를 떠나 상당한 흑인 인구가 있는 다른 거의 모든 도시에서도 같은 일이 일어났다. 민권위원회 위원들이 실태를 파악하기 위해 시카고를 방문했을 때, 한 주민 대표는 이렇게 말했다. "똑똑히 들으세요. 시카고의 백인 동네는 어디도 흑인을 원하지 않아요."*

미국 역사에서 이토록 갑작스러운 도시의 격변이 일어난 적은 한 번도 없었다. 공직자들은 경각심을 가졌다. 학자들은 관련 현상을 연구하기 시작했다. 그들은 주민을 인터뷰하고, 주택 매매 현황을 확인하고, 인구 변동 지도를 제작했다. 그들이 발견한 사실은 모든 주요 도시가 같은 패턴을 지녔다는 것이었다. 정치학자인 모튼 그로진스Morton Grodzins는 1957년에 한 논문에서 이렇게 썼다. "흑인 인구가 늘어남에

● 뒤이어 그는 이렇게 말했다. "시카고에서 '통합'이라는 단어는 대개 흑인이 처음 나타난 후로 지역 전체가 흑인 빈민가로 철저하고 완전하게 편입되는 과정을 가리킵니다."

따라 흑인 거주지는 때론 방사형으로, 때론 동심원을 그리며 한 구역씩, 한 동네씩 확장되는 경향을 보였다. 한 동네가 백인 거주지에서 유색인종 거주지로 바뀌는 변화가 시작되면 중단되거나 옛날로 되돌아가는 경우가 드물었다." 이 초기 논문 이후 얼마 지나지 않아 백인 탈주 현상을 학문적으로 분석한 논문들이 눈사태처럼 쏟아졌다.

그로진스의 말에 따르면 이 변화는 처음에는 천천히 진행되다가 추진력을 키운 다음, 결정적인 지점에서 급격해졌다. 그는 나중에 일상용어로 자리 잡을 단어를 활용하여 이렇게 썼다.

> 이 '넘기는 지점'tip point 은 도시마다, 동네마다 다르다. 그래도 대다수 백인에게는 그 지점이 존재한다. 그 지점이 지나면 그들은 더 이상 흑인 동네에 머물지 않는다.

'넘기는 지점.' 그로진스는 이 단어를 시내 동네에서 백인 집주인들을 이주시키려는 부동산 중개사들에게서 들었다고 밀했다. "부동산 중개사들은 흑인 인구가 과도하게 늘어나는 것을 틈타 수입을 늘리고 싶어 했어요. 그들은 자신들끼리 빌딩이나 동네를 '넘긴다'tip 는 말을 거리낌없이 나누었어요." 1950년대 말과 1960년대 초에 사람들은 이 말이 정확히 무슨 의미인지 알았다(나는 이 말이 너무 마음에 들어서 첫 책의 제목으로 삼았다). '임계점'은 수세대 동안 한결같아서 바뀌지 않을 듯하던 것이 하룻밤 사이에 다른 것으로 변하는 경계를 말한다.

우리는 임계점에 뜻하지 않게 이르기도 하며, 이를 우연히 마주치기도 한다. 전염병은 자체의 줄기찬 전염력을 통해 자연스럽게 임계점에 이른다. 하지만 나는 앞으로 몇 장에 걸쳐 임계점이 **의도적으로 조작되는** 방식을 살피고자 한다. 사람은 수수께끼 같은 임계점 너머에 있는 집단과 임계점 바로 아래에 있는 집단에서 아주 다르게 행동하는 것이 분명하다. 그 마법의 지점이 정확히 어디인지 안다면 어떨까? 여기서 한발 더 나아가 집단의 규모를 조작하여 임계점 바로 아래나 바로 위에 머물게 만드는 방법이 있다면 어떨까? 마이애미와 포플러 그로브는 의도치 않게 전염을 불러들인 곳들이다. 나는 이제부터 거기서 한 걸음 더 나아가는 사례, 전염성 행동의 경로를 의도적으로 조작한 사례에 대해 이야기할 것이다. 이 말이 과장되게 들리리라는 것을 안다. 하지만 사실은 온갖 유형의 사람들이 이런 사회적 조작을 일삼는다. 그리고 그들은 자신들이 하는 일을 솔직하게 밝히지도 않는다.

홍일점들은 왜 인정받지 못했나

임계점의 의미를 밝힌 선구자는 로자베스 모스 캔터 Rosabeth Moss Kanter 라는 사회학자였다. 캔터는 1970년대에 뉴욕시에 있는 대형 산업기업에 자문을 제공했다. 이 회사에는 300명의 영업 인력이 있었는데, 모두 남성이었다. 그러다가 처음으로 일부 여성을 영업팀에 채용했다. 그런데 놀랍게도 그들의 실적이 좋지 않았다. 회사는 그 이유를 알고 싶었다.

캔터는 노트를 들고 와서 세심하게 여성 영업 인력들을 인터뷰하기 시작했다. 인터뷰를 하면서 그녀는 서서히 깨달았다. 능력이 문제가 아니었던 것이다. 회사의 다소 잘못된 조직문화도 문제가 아니었다. 그녀는 인터뷰를 이어갈수록 단지 집단 비율이 문제라는 사실을 깨달았다.

이 회사의 영업 인력은 전국에 분산되어 있었다. 지사에는 대개 10명에서 12명의 영업 인력이 있었다. 회사 전체에 여성 영업 인력은 겨우 20명 정도였다. 그래서 일반적인 영업팀은 10명의 남성과 한 명의 여성으로 구성되어 있었다. 캔터가 내린 결론은 10명의 남성이 있는 팀에서 홍일점이 되는 일은 정말로 힘들다는 것이었다. 여성 영업 인력들은 주목받는다고 느끼는 한편, 이질적이라는 이유로 **제대로 인정받지 못하는** 것 같다고 캔터에게 털어놓았다. 그들은 자신이 주위 남성들에게 피상적으로 인식된다고 느꼈다. 다시 말해 남자 동료들이 여성에 대해 가진 모든 고정관념의 대표로서, 오직 대문자 'W'로 시작되는 '여성'Women 으로서만 존재할 수 있었다.

캔터는 "그들에게는 동료 집단이 없었어요. 그래서 여성을 나타내는 일종의 상징이 되어버렸죠. 그들은 자기 자신이 아니라 전체 범주를 대표해야 했어요."라고 회고했다. 소수 집단의 일원은 그 집단의 견본token이 되며, 이는 쉽지 않은 일이다.

캔터는 자신이 발견한 내용을 논문으로 발표했다. 지금은 유명해진 이 논문은 실제 내용과 달리 '비율이 집단 생활에 미치는 몇 가지 영향: 편중된 성비와 견본 여성에 대한 반응'Some Effects of Proportions on Group Life:

Skewed Sex Ratios and Responses to Token Women 이라는 지루한 제목을 달고 있다.[*] 캔터는 논문에서 이렇게 썼다.

> 이 연구에서 살펴본 어떤 견본 여성도 존재감을 드러내기 위해 애쓸 필요가 없었다. 반면 성과를 알리려면 굉장히 노력해야 했다. 영업팀에 속한 여성들은 자신의 영업 능력이 성별에 가려질 가능성이 높다는 사실을 알았다. 그에 따라 성과를 올려야 한다는 압력이 더욱 강해졌다.

캔터가 깨달은 바에 따르면 특정 집단이 받아들여졌는지 여부는 사실 중요치 않았다. 중요한 것은 해당 집단이 **얼마나 많이** 받아들여졌는가다. 그녀는 이렇게 말했다. "그게 핵심이라고 생각해요. 혼자인지 아니면 자신과 같은 사람이 많이 있는지가 중요한 거죠."

영업팀이 전부 여성이라면 누구도 하나의 범주로서 '여성'의 성과에 의문을 제기하지 않을 것이다. 또한 팀 성비가 남성 절반, 여성 절반으로 균형이 잡혔는지도 문제되지 않을 것이다. 한편 캔터는 조사를 하면서 '편중된 성비'를 가진 집단, 즉 한 성별이 다수이고 다른 성별이 아주 소수인 집단에 특이한 유해성이 있다고 확신하게 되었다.

캔터는 남성들이 편중된 성비라는 중대한 문제를 고려치 않은 채 여성들을 재단하는 경우가 너무나 많다는 사실에 놀랐다. 그녀는 배심원

● 사회학 부문의 글을 읽어본 적이 없다면 이 논문이 아주 좋은 출발점이 되어줄 것이다. 대단히 뛰어난 논문이다.

에 대한 한 유명한 연구 결과를 예로 들었다. 이 연구 결과는 남성들이 "주도적이고, 과업지향적인 역할을 하는 반면 (…) 여성들은 피동적이고 사회정서적socioemotional 인 역할을 하는 경향이 있음"을 보여주었다. 그에 따라 남성들이 논의를 주도하고 결론을 내렸다. 여성들은 뒤로 밀려났다. 캔터는 여기에 문제를 제기했다. 해당 연구의 대상이 된 배심원단에는 남성이 여성보다 두 배나 더 많았다. 그것이 핵심 요인이 아니라는 사실을 어떻게 알 수 있을까?

그녀는 "어쩌면 성비가 편중된 집단에서 여성의 수적 열세가 그들을 전통적인 위치로 밀어넣었고, 남성의 수적 우위가 과업 수행 성과에 우위를 제공한 것일지도 모른다."라고 썼다.

캔터는 또한 이스라엘의 키부츠kibbutz 공동체(이스라엘의 집단 농업 공동체로, 집단노동, 공동소유라는 사회주의적 생활방식을 고수한다.―옮긴이)에 대한 관찰 결과에도 놀랐다. 많은 이스라엘인은 키부츠에서 성평등을 이루기 위해 노력했다. 그들은 책임을 평등하게 나누려 했으나 그들의 노력은 실패로 끝나는 경우가 많았다. 즉, 남성들이 결국에는 주도적인 리더 역할을 했다. 캔터는 다시 한 번 이의를 제기했다. "키부츠에는 남성 수가 여성 수보다 **두 배 이상**인 경우가 많았다. 이번에도 인원의 상대적 수가 여성 또는 남성의 '자연스러운' 능력에 대한 공정한 시험을 방해했다."

캔터의 통찰은 한 번 듣고 나면 세상의 이야기를 듣는 방식을 영원히 바꿔놓을 만큼 중요한 것이다. 사례를 하나 들어보겠다. 나는 이 내용과 완전히 무관한 일로 어설라 번스Ursula Burns 라는 탁월한 여성을 오후 내내 인터뷰한 적이 있다(그녀에 대한 이야기만으로 이 장 전체를 쉽게 채울 수 있을 것이다). 그녀는 1960년대에 맨해튼의 로어 이스트 사이드에 있는 공동주택에서 자랐다. 그녀의 어머니는 파나마 이민자였고 아버지는 없었다. 그녀는 두 형제자매와 같이 낡은 건물 9층에 있는 작은 아파트에서 컸다. "9층에 사는 건 힘들었어요. 엘리베이터를 거의 탈 수 없었거든요. 마약중독자들이 거기서 자리를 잡고 잠도 잤어요. 그래서 엘리베이터에 타는 게 금지되어 있었어요. 엄마의 규칙이었죠." 그녀의 말이다.

번스는 미드타운 맨해튼에 있는 천주교 계열 여학교인 커시드럴 고등학교에 다녔다. 그녀는 지하철 요금을 아끼려고 맨해튼 섬 절반 거리 위에 있는 학교까지 걸어다니곤 했다.

"엄마는 우리를 그 학교에 보내려고 매달 23달러를 내야 했어요. 엄마가 평생 가장 많이 번 금액이 1년에 4,400달러인데도 말이에요. 놀라운 일이죠. 엄마는 망설이지 않았어요."

번스는 학교에서 친구들이 가족 여행에 대해 이야기하는 것을 들었다.

> 저는 분별력 있는 아이였어요. 세상 물정을 알았죠. 하지만 휴가 때 온 가족이 차를 타고 어디로 놀러 간다는 이야기는 그때까지 한 번도 들어본 적이 없었어요.

번스는 대학교에 들어가 공학 학위를 받았고, 제록스라는 유명한 기술기업에 취직했다 그리고 2009년에 CEO로 선임되면서 포춘 500대 기업을 이끄는 최초의 흑인 여성이 되었다.

당신은 분명 이런 유형의 이야기를 들어본 적이 있을 것이다. 변두리에 속한 어떤 사람이 야심, 의지, 노력, 지적 능력에 힘입어 정상의 자리까지 오른다는 이야기 말이다. 그러나 나는 캔터의 글을 읽고 난 후 번스의 이야기에서 한 부분에 계속 주목하게 되었다. 번스는 정상의 자리에 오르기까지 거의 모든 단계에서 유일무이한 존재였다. 고등학교 시절에는 로어 이스트 사이드에서 걸어 다니는 학생이 많지 않았다. 대학 시절에는 학과에 다른 흑인 여학생은 물론이고 여학생 자체도 거의 없었다. 그녀가 방학이 끝나고 2학년이 되어 학교로 돌아가자 다른 공학과 학생들은 "아직도 다니고 있네?"라거나 "우와, 너 정말 계산 잘하네."라며 놀랐다. 그녀를 무시하거나 공격하려는 말이 아니었다. 전적으로 호의를 담은 말이었다. 그들은 단지 자신과 너무나 **다른 사람**이 어떻게 자신만큼 똑똑할 수 있는지(또는 자신보다 **더** 똑똑할 수 있는지) 이해하지 못했을 뿐이었다.

제록스에서도 같은 일이 일어났다. 번스는 입사 초기에 앤절라 데이비스Angela Davis (아프리카계 미국인으로 흑인 민권운동에 힘쓴 학자이자 정치 활동가—옮긴이)처럼 거다란 아프로 헤어스타일을 하고 다녔고, 강한 뉴욕시 억양을 썼다. 또한 출근할 때면 차창을 내린 채 크게 디스코 음악을 들었다. 회사가 있는 로체스터는 부유하고 압도적으로 백인이 많은 교외 지역이었다. 그녀는 명민한 엔지니어에 대한 고정관념에 전혀 맞지 않았다.

사람들이 제게 "당신은 대단해요. 정말 놀라워요."라는 식으로
말하기 시작했어요. 한동안 그랬는데, 그게 무슨 말인지 이해하
는 데 오랜 시간이 걸렸죠. 처음에는 좀 좋았어요. 칭찬 같았거든
요. 하지만 시간이 지나면서 **뭔가 이상하다**고 느꼈죠. 나중에
야 마음이 불편했던 이유를 깨달았어요. 그들은 저를 특별한 존
재로 규정할 방법을 찾아야 했어요. 원래 같이 있으면 안 되는 존
재가 같이 있으니까요.

동료들은 그녀에게 예외적인 존재, 일종의 독보적인 천재라는 딱지
를 붙였다. 그래야 여성, 특히 **흑인** 여성의 능력에 대한 자신의 인식을
재고할 필요가 없었기 때문이다. 덕분에 그들은 자신의 신념 체계를
온전히 지킬 수 있었다.

제가 그들과 같이 있을 수 있는 유일한 근거는 그만큼 뛰어나다
는 것이었어요. 저처럼 생긴 보통 사람들은 그들과 같이 있을 수
있을 만큼 뛰어나지 않기 때문이죠. 따라서 저는 분명 초인적인
사람이어야 했어요.

번스가 얻은 것은 캔터의 집단 비율에 대한 교훈이었다. 제록스에는
그녀가 있는 그대로 대우받을 만큼 그녀와 비슷한 사람이 충분히 많지
않았다.

나는 번스를 만난 지 얼마 지나지 않아 인드라 누이Indra Nooyi 라는 여

성에 관한 회고록을 우연히 읽었다. 누이는 1978년에 500달러를 들고 인도에서 미국으로 건너왔다. 그녀는 30대 때 펩시에 입사했다. 당시 펩시의 최상위 15개 직위는 모두 백인 남성이 차지하고 있었다. 그녀는 당시를 이렇게 회고했다. "거의 모두가 파란색 아니면 회색 상의에 흰색 셔츠와 실크 넥타이 차림이었어요. 머리는 짧거나 없었어요. 그들은 펩시, 칵테일, 리큐어를 마셨어요. 또한 대다수가 골프, 낚시, 테니스, 등산, 조깅을 했어요. 일부는 같이 메추라기 사냥을 나가곤 했죠. 다수는 결혼해서 자녀가 있었어요. 그들의 아내 중에서 전업 주부가 아닌 사람은 한 명도 없었을 거예요." 이후 어떤 일이 있었는지는 짐작 가능할 것이다. 누이는 야심, 의지, 노력, 지적 능력에 힘입어 2006년에 펩시의 CEO로 선임되었다. 포춘 500대 기업을 이끄는 최초의 인도계 여성이 된 것이었다(나는 이런 자수성가형 성공담에 약하다).

누이의 이야기에서도 매우 특정한 부분이 나의 시선을 끌었다. 바로 그녀가 CEO로 선임된 것에 대한 반응이었다. 이 소식은 하나의 **문화적 사건**으로 신문 1면을 장식했다. 그녀의 기억에 따르면 언론은 "여성이자 인도계 이민자로서의 특이성을 신나게 축복했다." 그녀로서는 이해할 수 없는 일이었다. 그녀는 회고록에서 이렇게 썼다.

나는 사리(인도의 전통 의상―옮긴이)를 입은 모습으로 그려졌다. 때로는 아예 맨발인 경우도 있었다. 나는 25년 전 시카고에 있는 부즈 앨런 해밀턴Booz Allen Hamilton에서 인턴으로 일할 때 이후로 사리를 입은 적이 없었다.

게다가 맨발이라고? 그녀는 다른 사람들처럼 하루 일과를 마쳤을 때만 신발을 벗었다.

당시 〈월스트리트 저널〉에 '펩시의 새 CEO는 하고 싶은 말을 속에 담아두지 않는다'라는 제목의 기사가 실렸다. 그 기사는 첫 문단에서 나를 사리를 입은 채 〈데이 오〉Day-O를 부르며 해리 벨라폰테Harry Belafonte 를 찬양하는 모습으로 묘사했다.

벨라폰테는 서인도제도 혈통의 유명 가수이자 배우였으며, 칼립소풍 노래인 〈데이 오〉는 그의 최고 히트곡이었다. 인도든 서인도든, 그들이 보기에는 모두 같았던 모양이다. 누이는 뒤이어 이렇게 썼다.

실제로 나는 2005년에 열린 한 다양성 및 포용 행사에서 벨라폰테와 잠깐 인사를 나누었으며 다른 참석자들과 함께 〈데이 오〉를 부른 적이 있다. 하지만 그때 나는 정장을 입고 트레이드마크인 하늘하늘한 스카프를 매고 있었다. 아마도 그들은 그게 사리라고 생각한 모양이다.

당신이 어떤 집단에서 유일하게 특정 유형에 속한다면, 사람들은 당신을 **한 명의 개인**으로 보지 못한다.

캔터는 "한 집단에서 특정 범주에 속한 사람이 얼마나 많아야 해당 범주의 '견본'에서 온전한 '구성원'으로 지위가 바뀔까?"라는 의문을 품었다. 그녀는 집단의 역학이 바뀌는 지점을 알지 못하면 견본처럼 취급하는 압력으로부터 외부자를 해방시키지 못한다고 말했다.

'다른 유형'에 속하는 사람이 충분히 집단의 구성원이 되면서 대우가 바뀌는 지점을 정확하게 파악하려면 정량적 분석이 요구된다. (…) 정확한 임계점을 조사해야 한다.

그러면 조사해보도록 하자.

'3분의 1' 마법

1950년대 말, 솔 앨린스키Saul Alinsky라는 사회운동가(당시 미국에서 가장 중요한 사회운동가 중 한 명)가 민권위원회 청문회에 증인으로 참석했다. 백인 빌수 펜싱을 조사하기 위한 사리었다. 앨린스키의 전체 발언은 백인 탈주를 초래한 임계점이 무엇인지 파악하는 일의 중요성에 할애되었다.

이 문제에 대해 진지하게 생각해본 사람은 모두 거기에 반드시 일종의 공식이 있다는 것을 압니다. 그들은 인종적 또는 민족적 균형에 대해 이야기합니다. 또한 때로는 단순히 지역사회를 '안정화'해야 한다고 말하기도 하고, 비율에 대해 말하기도 합니다.

'균형', '안정화', '비율', '퍼센트'는 모두 수치 또는 '할당치'를 가리킵니다. (…) 사실 명칭을 뭐라고 하든 간에 많은 흑인과 백인 리더들은 이 퍼센트 또는 할당치에 합의했습니다.

요는, "이 문제에 대해 진지하게 생각해본 사람은 모두 수치를 이야기한다"는 것이다. 그는 뒤이어 "몇 년 전 인종 폭동이 발생했을 때 몇몇 백인 리더와 이야기할 기회가 있었습니다."라고 말했다. 앨린스키는 오랫동안 동유럽 이민자들의 본거지였던 시카고의 백 오브 더 야드Back of the Yards 지역에서 활동했다.

저는 그들에게 물었습니다. "지역 인구의 5퍼센트가 흑인이 될 것이고, 그 수치가 계속 유지될 것이라는 사실을 여러분이 안다고 가정합시다. 그러면 흑인들이 여기서 평화롭게 살도록, 그러니까 분리당하지 않고 지역 전체에 흩어져서 살도록 해주시겠습니까?"
그들은 동요했습니다. 저는 "5퍼센트 정도이고 그 이상은 아니라는 걸 기억하세요. 그런 상황을 받아들이시겠습니까?"라고 재차 물었습니다.
그들은 혼란스러운 표정으로 서로를 바라보았습니다. 잠시 후 백인 무리의 리더가 이렇게 말했습니다. "5퍼센트 아니 그보다 조금 더 많은 퍼센트라도 확실히 그 수준에서 머물기만 한다면, 그러니까 그게 끝이라면 기꺼이 받아들이죠! 그냥 동의하는 게 아니라 아주 기뻐할 거요! 난 이미 두 번이나 이사해야 했어요. 이 삿짐을 싸고, 아이들을 다른 학교로 전학 보내고, 집도 엄청 손해 보고 팔아야 했어요. 흑인들이 동네로 들어오기 시작하면 그 동네는 끝장난다는 걸 알아요. 온통 흑인 천지가 돼요. 그러니 당신 생각대로만 된다면 꿈 같을 거요."

그러니까 5퍼센트는 괜찮았다. 임계점보다 훨씬 낮은 수치였다. 그보다 더 높아질 수도 있을까?

〈뉴욕 타임스〉의 한 기자는 1959년에 "일부 백인 학부모는 10퍼센트에서 15퍼센트의 통합은 마지못해 받아들일지 모른다."고 썼다. 그러니까 어쩌면 15퍼센트도 괜찮을지 모른다. 앨린스키가 발언한 그 청문회에서 위원들은 대형 부동산기업 경영자에게 의견을 물었다. 그는 자기 회사가 프레이리 쇼어라는 19층짜리 아파트를 분양했는데, 입주민 중 4분의 3은 백인, 4분의 1은 흑인이라며 이렇게 말했다. "주민들은 백인과 흑인 비율이 75 대 25인 상태에서 아무 문제 없이 생활하고 있다고 단언할 수 있습니다." 그러니까 25퍼센트도 여전히 임계점 밑일지 모른다.

하지만 30퍼센트까지 갈 수 있을까? 필라델피아와 뉴욕 출신 인사들이 의견을 냈다. 워싱턴 D.C. 교육감은 안 된다고 말했다. 자신의 경험에 따르면 흑인 학생의 비율이 30퍼센트에 이르면 "아주 짧은 기간에 99퍼센트"까지 늘어났다는 거였다. 위원들은 끝으로 시카고 주택청장에게 의견을 물었다. 그는 전국 최대 규모의 공공주택 사업을 운영했고 그래서 백인 탈주를 막을 '정확한' 수치를 알 것이 분명했다. 그는 워싱턴 D.C. 교육감과 같은 의견을 제시했다. "우리 공공주택 단지가 있는 노스 사이드의 카브리니를 보십시오. 초기 주민 비율을 보면 백인 70퍼센트, 흑인 30퍼센트 정도였습니다. 하지만 지금은 흑인 비율이 98퍼센트입니다."

결국 모두가 의견 일치를 이루었다. 어느 집단이든 처음에는 대수롭지 않던 외부자의 비율이 4분의 1에서 3분의 1 사이에 이르면, 극적인 변화가 일어났다.

이 구간의 최대치를 '매직 서드'Magic Third 라 부르도록 하자.

매직 서드는 모든 곳에서 나타난다. 현대 경제에서 가장 힘 있는 조직 중 하나인 기업 이사회를 예로 들어보자. 사실상 모든 주요 기업에는 (대개) 아홉 명 정도의 경험 많은 기업인들로 구성된 최고경영자에게 조언하는 이사회가 있다. 역사적으로 이사들은 모두 남성이었다. 그러다가 여성에게도 서서히 문이 열렸다. 일련의 연구는 여성이 들어가면 이사회가 달라진다는 사실을 보여준다. 그들은 어려운 질문을 던지려는 의욕이 더 강하고, 협력을 더 중시하며, 경청을 더 잘한다. 다시 말해서 '여성 효과'가 존재한다. 그러면 이사회에 여성이 얼마나 **많아야** 이 여성 효과를 얻을 수 있을까?

일단 한 명은 아니다.

저는 남성들만 있는 곳에서 유일한 여성이었어요. 소극적인 성격
이 아닌데도 회의에서 목소리를 내는 게 쉽지 않았어요.

이는 대기업에서 일하는 50명의 여성 임원들을 인터뷰한 조사에서 발췌한 내용이다.

제가 타당한 의견을 제시하고 2분 뒤에 다른 남성 임원이 정확히 같은 말을 했는데, 모든 남성 임원이 그를 칭찬했어요. 우리처럼 높은 자리에 있는 여성도 목소리를 내기가 어려워요. 의견을 내세울 방법을 찾아야 해요.

한 여성은 자신이 소속된 이사회가 외부 감사를 불러서 프레젠테이션을 받았을 때 생긴 일을 회고했다.

그들이 회의실로 들어와 걸어가면서 모든 사람과 악수했어요. 그런데 제 왼쪽에 있는 남성 임원 두 명과 악수하더니 갑자기 저를 건너뛰고 다음 사람과 악수를 하는 거예요. 그들이 떠나고 나서 나른 이사들은 프레센테이션에 내해 이야기하기 시작했어요. 저는 "잠깐 말을 끊어야겠어요. 아까 어떤 일이 있었는지 보셨어요?"라고 말했어요.

캔터가 예상한 그대로다. 여성이 혼자만 있으면 여성으로서는 두드러지지만 개인으로서는 투명인간이 된다.

앞선 연구는 뒤이어 "두 번째 여성을 더하는 게 분명 도움이 된다."고 말한다. 하지만 그래도 여전히 충분치 않다.

세 명 이상의 여성이 이사회에서 같이 일할 때 마법이 일어나는
것으로 보인다.

아홉 명 중 세 명. 매직 서드다!

솔직히 고백하자면 나도 처음에는 이 결론을 받아들이기 어려웠
다. 이 정도 규모의 집단에서 외부자가 두 명 있는 것과 세 명 있는 것
에 정말 큰 차이가 있을까? 하지만 대기업 이사를 지낸 여성들에게 연
락해보니 모두 같은 말을 했다. 그중 한 명이 수킨더 싱 캐시디Sukhinder
Singh Cassidy 라는 기업인이다. 그녀는 숫자가 지니는 의미에 확신을 갖
고 있었다. 그래서 기업 이사회에 여성 수를 늘리고자 하는 더보드리
스트theBoardlist 라는 단체를 만들었다.

그녀는 "3이 정확한 숫자일까요? 확실치는 않아요. 다만 어떤 사람
을 차이 때문에 두드러지지 않게 해주는 숫자가 있다는 건 알아요. 많
은 인원이 있으면 차이를 생각하지 않게 되죠."라고 말했다.

그녀의 말에 따르면 한 명은 외롭고, 두 명은 친구가 되지만, 세 명
은 팀이 된다.

그래서 직감으로는 3이 마법의 숫자인 것 같아요. '3'이라는 숫자
를 생각하면 충분하다는 느낌이 들거든요. 한 집단 내에서 온전
히 자기 자신이 될 수 있도록 해주는 소집단이 생기는 거죠. (…)
그러기에 충분한 인원이 되는 분명한 임계점이 있어요.

아래는 여러 기업 이사회에서 활동한 베테랑 케이티 미틱Katie Mitic이
한 말이다.

제 경험으로는 분명히 어떤 임계점이 있다고 봐요.

그녀는 여성 수가 한 명, 두 명, 세 명 또는 그 이상 등 모든 경우에
해당하는 이사회에서 일했다. 그중에서 세 명이 가장 큰 차이를 만들
었다.

더 편해지고 자신감이 생겼어요. 하고 싶은 말을 할 수 있었죠.
제 방식대로 하는 게… 좋은 의미에서 덜 특별해졌어요. '여성 이
사 케이티'가 아니라 다른 케이티로 논의에 참여하는 느낌이 들
었어요. 제품 전문가 케이티, 소비자용 인터넷 전문가 케이티로
말이에요.

밖에서 보기에 남성 일곱 명, 여성 두 명으로 구성된 이사회는 남성
여섯 명, 여성 세 명으로 구성된 이사회와 크게 다를 것 같지 않다. 하
지만 다르다. 미틱과 싱이 하는 말이 그것이다. 거기에 따르면 이사회
의 문화가 갑자기 바뀌는 지점이 있다. 미틱은 한 이사회에 유일한 여
성 이사로 참여한 적이 있다. 그녀는 혼자일 때와 다른 여성 이사가 들
어왔을 때 그리고 세 번째 여성 이사가 들어왔을 때의 이사회를 관찰
했다. 그에 따른 분위기 변화는 그녀도 놀랄 정도였다.

솔직히 그게 어떤 영향력을 미칠지 제대로 몰랐어요. 제가 일하기 더 쉬워지리라는 건 합리적으로 추측할 수 있었지만요. 하지만 그게 어느 정도일지는 몰랐던 것 같아요.

그래서 그것을 **매직** 서드라고 부르는 것이다.

마법은 4분의 1과 3분의 1 사이 어딘가에 존재한다

나는 우리가 한 걸음 더 나아갈 수 있다고 생각한다. 매직 서드를 보편적인 법칙이라 부를 수 있다고(또는 적어도 보편적인 법칙에 매우 가까운 어떤 것으로 부를 수 있다고) 생각한다. 이 말을 뒷받침하는 최고의 증거 중 하나는 펜실베이니아 대학교 교수인 데이먼 센톨라Damon Cento-la의 연구에서 나온다. 센톨라는 임계점을 조사해야 한다는 캔터의 요구에 자극받은 수많은 학자 중 한 명이다.

그는 집단 역학의 중대한 변화가 발생하는 지점을 파악하기 위한 아주 영리한 방법을 떠올렸다. 바로 온라인 게임을 만들어서 수많은 버전으로 진행하는 것이었다. 이 게임에서는 일군의 사람들, 가령 30명이 두 명씩 짝지어서 15쌍으로 나누어진다. 연구진은 각 쌍에게 어떤 사람의 사진을 보여주고 이름이 무엇일지 입력해달라고 요청한다.

이제, 당신과 내가 짝이 되었다고 상상해보자. 나는 사진을 보고 '제프'라고 입력한다. 게임 방식에 따라 우리는 동시에 답을 입력하도록 되어 있다. 그래서 당신은 나의 답을 모른 채 답을 입력한다. 사실상 우리는 눈이 가려진 상태다. 당신이 입력한 답은 '앨런'이다. 답을 입력한 직후에 답이 다른지 아니면 같은지 확인하는 작업이 이루어진다. 뒤이어 새로운 사람과 무작위로 짝이 만들어진다. 다시 똑같은 과정이 시작된다. 게임이 끝날 때까지 계속 새로운 쌍이 과제를 수행한다.

짐작할 수 있겠지만, 바로 같은 이름이 나올 확률은 극히 낮다. 사진에 나오는 사람이 금발에 푸른 눈을 가진 여성이나 터번을 두른 동인도 사람처럼 인식 가능한 어떤 '유형'에 속한다 해도 그렇다. 그런 외모를 지닌 사람에게 적합하다고 생각되는 이름은 말 그대로 수백 개나 된다. 그래서 아마도 1차나 2차 심지어 3차에서도 같은 이름이 나오는 일은 없을 것이다. 행여나 같은 이름이 나오더라도 아주 오래 걸릴 것이다. 그렇지 않은가?

틀렸다. 15차 정도가 되면 이름에 대한 합의가 이루어진다.

센톨라는 이렇게 말했다. "그 시점은 아주 빨리 찾아왔어요. 우리는 24명, 50명, 100명 등 여러 규모로 실험을 진행했어요. 모든 규모에서 같은 속도로 표준 형성 과정이 진행됐어요. 예상했던 것에 비하면 번개 같은 속도였죠."

게임이 그토록 빨리 끝난 이유는 무엇일까? 인간은 규범을 파악하는 일, 즉 어떤 것을 어떻게 생각해야 할지 합의하는 일에 정말이지 엄청나게 뛰어나기 때문이다.

내가 '제프'라고 입력하고, 당신이 '앨런'이라고 입력한 경우를 보자. 나는 '제프'라는 이름을 당신의 머릿속에 심었고, 당신은 '앨런'이라는 이름을 나의 머릿속에 심었다. 이제 다음 회차에서 우리가 이 두 이름 중 하나를 쓸 가능성이 약간 더 높아졌다. 초기 회차에서 우리의 짝이 된 다른 모든 사람도 마찬가지다. '제프'와 '앨런'이라는 이름은 공기 중에 떠다닌다. 그러다가 마침내 우연히 일치가 이루어진다. 즉 당신이 '제프'라고 입력하고 당신의 짝도 마찬가지로 '제프'라고 입력하면, 그때부터 당신은 결코 다른 이름으로 되돌아가지 않는다. 센톨라는 "한 번 맞으면 계속 '제프', '제프', '제프', '제프'라고 입력하게 될 겁니다. 그래야 성공할 가능성이 가장 높기 때문이죠."라고 말했다.

이 점 그리고 이것이 우리가 설계된 방식과 관련하여 알려주는 점에 대해서는 말할 내용이 훨씬 많다(우리 인간은 상호작용 규칙에 대해 실로 합의를 이루고 싶어 한다!). 그래도 그 논의는 일단 제쳐두고 중요한 두 번째 단계로 넘어가자. 이런 실험은 항상 반전이 있기 때문이다.

센톨라는 매우 구체적인 지시사항과 함께 일군의 대학생들을 실험에 투입했다. 그 지시사항은 청개구리로 행동하라는 것이었다. 실험 참가자들이 합의를 이루어 다들 '제프', '제프', '제프', '제프'라고 입력할 때, 청개구리들은 단합을 깨야 했다. 즉, '제프' 유행에 맞서서 거듭 다른 이름을 입력해야 했다. 그게 '페드로'라고 하자. 센톨라가 품은 의문은 이것이었다. '페드로'라는 이름을 계속 써서 전체 집단이 '제프'에서 '페드로'로 돌아서도록 하려면 얼마나 많은 청개구리가 필요할까?

그는 처음에 소수의 '페드로' 청개구리들을 피실험자 집단에 추가했다. 그게 차이를 초래했을까? 아니었다. 뒤이어 그는 18퍼센트로 청개구리 비율을 늘렸다. 그래도 영향이 없었다. 19퍼센트는? 마찬가지였다.

이쯤 되면 내가 무슨 말을 하려는지 아마 짐작할 수 있을 것이다. 20퍼센트는? 마찬가지였다. 하지만 청개구리 비율이 25퍼센트에 이르자, '짜잔!' 하고 마법 같은 일이 일어났다. 확실하게 모두가 '페드로'로 넘어간 것이다.

센톨라는 이 게임을 몇 번이고 반복했으며 항상 같은 결과를 얻었다. 외부자 수가 25퍼센트에 이르면 다수의 합의가 깨졌다. 센톨라는 20명만 실험에 참가한 경우를 가장 좋아하는 사례로 들었다. 그는 두 가지 버전의 게임을 동시에 진행했다. 첫 번째 게임에는 청개구리가 네 명으로 전체 참가자의 20퍼센트에 해당했다. 반면 두 번째 게임의 경우는 청개구리가 다섯 명으로 전체 참가자의 25퍼센트에 해당했다. 차이는 단 한 명이었다! 그는 "우리는 두 실험을 나란히 진행했어요. 네 명의 청개구리는 아무 영향도 미치지 못했어요. 전체적으로 아무런 변화가 없었죠. 하지만 한 명 더 추가해서 다섯 명을 만들면 전환율이 90퍼센트 수준까지 급등했어요. **순식간에요.**"라고 회고했다. 그가 연구실에서 재현한 혁신을 통해 확인한 것은 임계점 구간의 하단, 바로 매직 쿼터Magic Quarter였다!

인간 본성에 관한 어떤 관찰은 그저 관찰에 불과해서 행동으로 이어지지 않는다. 심지어 마이애미와 포플러 그로브의 사례에서도 어떤 방식의 개입이 이루어질지 상상할 수는 있다. 아마 포플러 그로브 고등학교의 문을 닫고, 마이애미의 법질서에 관한 신뢰를 회복해야 한다는 주장이 나올 것이다. 그러나 이런 조치를 실행하기란 쉽지 않다.

반면 4분의 1과 3분의 1 사이 어딘가에 마법의 순간이 존재한다는 것은 다르다. 이는 실질적으로 우리의 개입을 촉구한다.

사례를 하나 들어보자. 오랫동안 백인 학생과 흑인 학생 사이에는 상당한 성적 격차가 존재했다. 아래 수치는 아동 성취도 발달에 관한 종단적 연구에서 나온 데이터다.[*] 이 수치는 96점 만점 수학 시험에서 흑인 학생과 백인 학생의 성적 차이를 보여준다. 해당 데이터는 수많은 다른 방식으로 분석할 수 있다. 다만 이것은 흑인 학생의 비율이 전체 학생의 5퍼센트 미만인 학교의 결과다.

* 유치원(가을학기): -4.718
* 유치원(봄학기): -6.105
* 1학년(가을학기): -7.493
* 1학년(봄학기): -8.880
* 3학년(봄학기): -14.442
* 5학년(봄학기): -20.004

유치원 마지막 학기에 흑인 아동의 성적은 백인 아동의 성적보다 6점 뒤진다. 작지만 사소하지 않은 수치다. 하지만 5학년 때는 그 간극이 엄청나게 커져서 100점 중 20점이나 된다. 이는 지난 여러 세대 동안 미국 교육자들을 당혹스럽게 만든 문제의 완벽한 사례다. 왜 그렇게

● 아동 성취도 발달에 관한 종단적 연구는 1990년대 말에 시작된 획기적 연구로서 유치원생부터 초등학교 5학년까지의 전국 아동을 표본으로 삼았다. 또한 집안 배경, 시험 점수, 학교 그리고 지적, 신체적 발달을 이해하는 데 도움이 되는 다른 모든 요소를 참고했다.

큰 격차가 생기며, 왜 계속 커지는 걸까?

기업 이사회를 분석한 캔터와 다른 모든 연구자들은 어떤 집단에서 소수 중 한 명이 되는 것과 다수 중 한 명이 되는 것 사이에는 엄청난 차이가 있음을 상기시킨다. 따라서 우리는 다른 질문을 제기해야 할지 모른다. 위 데이터는 흑인 학생이 소수인 교실에서 나온 것이다. 그러면 흑인 학생 수가 임계점 위인 교실은 어떨까? 인원 증가가 차이를 만들까?

확인해보니 정말 그러했다. 타라 요소Tara Yosso 가 이끄는 일군의 교육학자들은 소수인종 학생의 비율이 25퍼센트를 넘는 교실을 조사했다. 그 결과 성적 격차가 완전히 사라졌다는 사실을 확인했다.[*] 백인 학생들의 성적은 여느 때처럼 좋았다. 다만 이번에는 흑인 학생들이 그들을 따라잡았다.

나는 이 사실을 너무 확대해석하지 않는 것이 중요하다고 생각한다. 해당 데이터는 표준 수학 성취도 시험이라는 단일 척도에 대한 초등학생 및 중학생의 성과를 밀해줄 뿐이니. 그저 학생 비율을 바꿔서 성적 격차를 영원히 없앨 수 있다고 생각하는 사람은 없을 것이다. 다만 뭔가가 있는 것은 확실하다. 그렇지 않은가? 위 연구 결과를 읽고 최소한 새로운 방식을 시도해보고 싶다는 마음이 들지 않기는 매우 어렵다. 가령 교육구를 재조정하거나, 소수인종 학부모들에게 자녀를 어느 학교로 보낼지 조언하거나, 일종의 실험을 해볼 수도 있다. 당신이 초등

---

[*] 그들은 아동 성취도 발달에 관한 종단적 연구의 데이터를 활용했다.

학교 교장이라고 가정해보자. 5학년에 반이 세 개 있는데, 각 반에 유색인종은 소수에 불과하다. 이 경우 모든 유색인종 학생을 한 반에 모아보고 싶을 수 있다. 그 이유를 설명하기가 어렵기는 하지만 말이다.

핵심은 소수 집단에 대한 인식을 바꾸기 위해 항상 혁명이 필요하지는 않다는 것이다. 어설라 번스와 인드라 누이의 사례를 떠올려보라. 제록스와 펩시는 문화적 이식을 필요로 하지 않았다. 그들이 나아가야 할 길은 아주 간단하고 명백했다. 그냥 임계점에 이를 때까지 최고위직에 번스와 누이 같은 여성을 더 많이 앉히기만 하면 되었다.

지금 기업 최고위직에 오른 흑인 여성의 수는 임계점에 이르렀을까? 아니다. 만약 또 다른 빈곤층 출신 흑인 여성이 유명 기업 CEO가 되면 숨가쁘게 뉴스들이 쏟아질 것이다. 명민하고, 거침없고, 규칙을 깨트리는 흑인 여성이 CEO 자리에 올랐다고 말이다. 반면 남아시아인의 경우 이미 임계점에 이르렀다. 누이가 펩시 CEO가 된 후 거의 20년 동안 수많은 인도계 인사들이 기업계 상층부로 진입했다. 2022년에 한 뉴스 매체가 보도한 바에 따르면 포춘 500대 기업을 이끄는 인도계 CEO는 모두 60명이나 된다. 해당 기업에는 IBM, 마이크로소프트, 구글도 포함된다. 기술산업으로 범위를 한정하면 인도계 경영자 비율이 더 높다. 또한 스타벅스는 2023년 3월에 랙스먼 내러시먼Laxman Narasimhan을 신임 CEO로 선임했다. 당시 〈월스트리트 저널〉에 실린 프로필을 보면 내러시먼이 인도 태생이라는 말은 전혀 나오지 않는다. 누이와 내러시먼 사이에 미국 문화가 인도계 미국인을 바라보는 방식에 뭔가 근본적인 변화가 생긴 것이다. 뭔가가 임계점을 넘었다.

인위적 조정과 역차별의 딜레마

1940년대 말, 팰로앨토 페어플레이 위원회Palo Alto Fair Play Committee 라는 단체가 팰로앨토 지역의 주거 문제를 우려하기 시작했다. 흑인들이 팰로앨토로 이주해오고 있었다. 그들이 살 수 있는 몇 안 되는 곳 중 하나로서 오래된 동네인 라모나 스트리트는 너무 혼잡했다. 페어플레이 위원회 회원들은 주위를 둘러보고 다른 도시들이 직면한 위기를 확인했다. 그들은 팰로앨토는 그렇게 되지 않기를 바랐다.

수년 후, 리더 중 한 명인 게르다 아이젠버그Gerda Isenberg 는 당시 상황에 대해 이렇게 말했다. "주거 문제를 해결할 수 있다는 착각은 하지 않았어요. 그래도 뭔가를 하고 싶었어요. 어떻게 풀어가야 할지 전혀 감이 잡히지 않았어요. 회의는 너무 답답했죠. 변호사들은 포기하라고 말했어요."

그럼에도 회원들은 끈기 있게 해법을 모색했다. 다른 회원인 폴 로렌스Paul Lawrence 는 스탠퍼드 대학교에 다니는 흑인 대학원생이었다. 그는 땅을 찾는 일을 위임받았다. 그가 찾아낸 부지는 도시 외곽의 낙농장 근처에 있었다. 땅값은 2,500달러였다. 10명의 회원이 각자 250달러를 냈다. 그들은 부지를 24개의 주택 용지와 한 개의 공원 용지로 나눈 다음, 일련의 규칙을 정했다.

전체 용지는 매직 서드 법칙을 엄격하게 지켜서 백인 주거지, 흑인 주거지, 아시아계 주거지로 분할되었다. 흑인은 흑인에게만, 백인은 백인에게만, 아시아인은 아시아인에게만 집을 팔 수 있었다. 또한 흑인은 절대 로렌스 트랙트 주민의 3분의 1 이상을 차지하지 못하도록 합의되었다. 위원회는 임계점까지 조심스레 다가가더라도 그것을 넘지는 않을 생각이었다.

로렌스 트랙트 거리를 따라 작은 단독주택들이 줄지어 지어졌다. 첫 이주민은 에설 마일스Ethel Miles 와 레오 마일스Reo Miles 부부였다. 두 사람은 흑인이었다. 두 번째 가족은 엘리자베스 데이나Elizabeth Dana 와 댄 데이나Dan Dana 부부였다. 두 사람은 백인이었다. 세 번째 가족은 멜바 지Melba Gee 와 리로이 지Leroy Gee 부부였다. 두 사람은 아시아인이었다. 다른 인종과의 접촉을 최대화하기 위해 같은 인종끼리는 옆집에 살 수 없었다.

주민들은 매달 회합을 가졌다. 그들은 친목 모임을 계획했다. 남자들은 다 같이 사냥을 다녔다. 한 회원은 "처음 이사왔을 때 깜짝 놀랐습니다. 온갖 인종의 이웃들이 와서 가구를 나르기 시작했어요. 여자들은 아내를 데려가 차를 대접했고, 남자들은 집 수리를 도와줬어요." 라고 말했다.

때는 1950년대였다. 미국 일부 지역에서는 백인 인종차별주의자들이 '감히' 자신들의 근처에 사는 흑인의 집에 불을 지르는 일이 종종 벌어지곤 했다. 또한 앞마당에 불타는 십자가를 세우고 유리창에 돌을 던지기도 했다. 로렌스 트랙트는 서로 다른 인종들이 조화롭게 살 수 있음을 세상에 보여주기 위한 시도였다.

한 초기 회원은 여기에 대해 이렇게 썼다.

사회적 태도와 구조를 바꾸려는 운동에 참가한 사람들은 활동의 성격이 너무 이론적이라는 점에 종종 좌절감을 느꼈다. (…) 한 번의 성공적인 증명이 100번의 연설보다 더 효과적이다. 시민운동 현장에서 일하던 사람들은 팰로앨토에서 소규모 주거지 조성 사업을 시작할 때 이 점을 염두에 두었다.

하지만 그들의 실험은 지속가능한 것이었을까? 로렌스 트랙트와 붙어 있는 양쪽 거리에 사는 이웃들은 그렇게 생각지 않았다. 로렌스 트랙트는 백인, 흑인, 아시아인을 나란히 살게 만들고자 시도했다. 그게 얼마나 오래 지속될 수 있을까? 팰로앨토는 어떻게 백인 탈주를 피할 수 있을까? 아이젠버그는 "어떤 사람들은 강하게 반발하면서 우리가 '깜둥이 빈민가'를 만들고 있다고 말했어요. 불쾌한 전화도 몇 번 받았죠."라고 회고했다. 주변 거리에 사는 일부 주민은 집을 내놓겠다고 협박했다. 이에 대응하여 로렌스 트랙트 주민들은 이웃들을 안심시키고자 노력했다. 그들은 여기서는 디트로이드와 시카고, 애틀랜타처럼 흑인들이 들어오고 백인들이 나가는 일이 재현되지 않을 거라고 말했다. 그들에게는 규칙이 있었다. 그들은 그 규칙이 유지되는 한 자신들의 공동체는 흔들리지 않을 거라 믿었다.

주민 중 한 명으로서 흑인 교사인 윌리스 윌리엄스Willis Williams 는 이렇게 말했다. "저는 그저 살 만한 집을 찾고 있었어요. 월세가 너무 비싼 데다가, 제가 흑인이라는 이유로 다른 곳에서 제공하는 허름한 집들은 끔찍한 수준이었거든요. 저는 로렌스 트랙트도 인종을 분리한다고 생각했어요. 다만 다른 유형, 혜택을 주는 유형의 분리였죠. 심한 차별을 방지하기 위해 약한 차별을 하는 방식이었어요."

임계점을 진지하게 받아들이면 이런 접근법을 취하게 된다. 정말로 특정 수치 부근에서 나쁜 쪽으로 극적인 변화가 일어난다면, 절대 그 수치에 이르지 않도록 만들어야 한다. 실험이 시작된 지 오래 지나지 않아 로렌스 트랙트 구성원들은 바로 이 문제에 대한 시험을 받았다. 한 땅 주인이 로렌스 레인에 남아 있는 공터 중 한 곳을 팔기로 결정한 것이다.

나노시 루카스Nanosh Lucas 는 "백인이 주인이었는데 그걸 내놓기로 결정했어요."라고 말했다. 로렌스 트랙트에서 자란 루카스는 현재 이 실험의 역사에 대한 글을 쓰고 있다.●

> 주인이 부동산 중개사에게 땅을 팔았어요. 로렌스 트랙트 주민
> 협회는 그 중개사를 찾아가서 이렇게 말했어요. "당신이 규칙대
> 로 처분하기를 바랍니다. 이 부지에는 백인이 들어와야 해요."

부동산 중개사는 그러겠다고 약속했다. 하지만 뒤이어 로렌스 트랙트에 사는 흑인 가족이 친척을 대리하여 그 땅을 사겠다고 제안했다는

●　루카스는 이렇게 말했다. "많은 주민이 로렌스 트랙트를 안전한 곳으로 평가합니다. 그때는 학교가 흑인과 아시아인들에게 절대 친절한 곳이 아니었거든요. 반면 로렌스 레인에서는 사람들이 서로를 이해하게 되었어요. 그곳의 부모들이 흥미로웠던 점은 인종과 무관한 사회를 만들려고 정말로 노력했다는 겁니다. 그들은 아이들이 인종을 크게 신경 쓰지 않고 성장하기를 바랐어요. 항상 자신의 정체성을 염두에 두어야 한다는 생각을 없애려 한 거죠."

소문이 돌았다. 당시 흑인이 팰로앨토에서 살 집을 찾기란 거의 불가능했다. 그 흑인 가족의 친척은 절박한 처지였다. 로렌스 트랙트 주민들은 긴급 회의를 열었다. 해당 부지를 흑인에게 매각하면 인종 비율이 깨지고 흑인 주민의 비율이 매직 서드를 넘기게 되어 있었다.

루카스는 자료를 조사하다가 도로시 스트로우저Dorothy Strowger라는 학생이 1955년에 쓴 리포트를 발견했다. 그녀는 당시 상황을 이렇게 설명했다.

> 주민 협회는 불균형이 심화되면 '인종 분할' 정책이 무너지거나 심하게 훼손되지 않을지 판단해야 했다. 또한 그런 경우에 실험의 가치와 구매 희망자의 필요 및 행복 중에서 무엇이 더 중요한지 가늠해야 했다.

한 주민 회의에서 사태가 절정에 이르렀다. 부동산 중개사에게 매입 의사를 밝힌 흑인 가족은 매기에 찬성했다. 만면 스트로우저의 표현에 따르면 다른 모든 주민은 "동네의 전체적인 복지를 우선시하는" 투표를 했다. 이후 주민들은 모두 돈을 모아 부동산 중개사로부터 그 땅을 다시 사들였다.

스트로우저는 뒤이어 "이 회의는 오랫동안 기억될 것이다. 주민 협회 회원들은 그 일에 대해 이야기할 때 열정과 자부심을 드러낸다."라고 썼다. 하지만 그녀의 리포트에는 특히 다음 내용과 같이 그 일이 남긴 후유증도 기록되어 있다.

흑인들은 원칙을 지키기 위해 같은 흑인을 희생시켜야 했다는 안
타까움과 죄책감을 느꼈다. 제대로 된 세상이라면 그런 일은 없
어야 했다.

임계점의 존재는 사회공학을 시도하고 싶은 유혹적인 기회를 제공
한다. 기업 이사회에서 여성의 수를 늘리거나, 초등학교 교실에서 소
수인종 학생의 배치를 재조정해보고 싶게 만든다. 하지만 그렇다고 해
서 그 일이 쉽다는 의미는 아니다.

어떤 회사에서 일자리를 얻지 못한 남성은 여성 임직원 수가 아직
임계점에 이르지 못했다는 설명을 납득하지 못할 것이다. 모든 소수인
종 학생을 한 한급에 몰아넣은 교장은 그런 실험을 하는 이유를 학부
모들에게 설명하기가 쉽지 않을 것이다. 임계점은 우리에게 간단한 해
법을 제시한다. 하지만 우리가 그 해법을 인정하지 않으려 하는 데는
이유가 있다. 그런 까닭에 결국 그 해법을 실천에 옮기기란 사실상 그
리 간단치가 않다. 로렌스 트랙트 주민 협회 회원들이 배운 교훈이 그
것이었다. 그들은 주위를 둘러보았다. 그들은 백인들이 교외로 떠나버
린 모든 동네를 보고, 양심상 자신들의 동네에서는 같은 일이 일어나
도록 놔둘 수 없다고 결정했다. 그러나 인종적 조화를 유지하기 위해
서는 그들이 도우려 했던 바로 그 사람들에게 피해를 입혀야 했다.

루카스는 그 공터가 누구도 건드리고 싶어 하지 않는 상처처럼 10년
동안 비어 있었다고 말했다. 이 전체 사건은 "동네를 유지시키기 위해
주민들이 무엇을 포기해야 하는지 실로 가차 없이 깨닫게" 해주었다.

그는 뒤이어 이렇게 말했다.

> 그들이 보기에는 동네의 운명이 걸린 문제였어요. (…) 제가 분석
> 하기로는 외부 사람들이 "주민 협회는 정당성이 없어. 자신들이
> 정한 규칙을 지키지 않잖아."라고 말할지 모른다고 생각했던 것
> 같아요. 동네가 망할 수도 있는 지점에 이르게 될지도 모른다고
> 말이에요.•

따라서 임계점 근처에서 게임을 하려는 대다수 사람이 이를 은밀하
게 진행하는 이유를 이해할 만하다.

아이비리그만 봐도 그렇다.

• 1950년대 말에 '선의의 할당제'benign quota 라는 개념이 전국에 확산될 때, 이와 관련된
모든 사람이 딜레마에 부딪혔다. 그것은 차별을 종식시킨다는 명분으로 정말 차별을 해
도 되는가, 라는 딜레마였다. 사회운동가인 솔 앨린스키는 선의의 할당제를 변호하는 감
동적인 연설을 한 적이 있다. 이 연설에서 그는 다음과 같이 문제점을 인정했다. "유대교
도인 제가 공적인 자리에서 할당제를 지지하는 게 다소 아이러니하게 느껴지네요. 과거
에 할당제는 유대교도들이 마땅히 누려야 할 기회와 권리를 박탈하는 수단으로 활용되었
습니다. 하지만 과거는 과거일 뿐입니다. 어떤 경우에는 부당한 수단이 다른 경우에는 정
당한 수단이 될 수도 있습니다." 그가 부분적으로 언급한 문제는 1920년대와 1930년대에
다수의 명문 학교가 유대인 입학생 수를 제한한 것이다. 할당제는 **꺼림칙한** 것이었다. 그
러나 앨린스키는 로렌스 트랙트 주민들처럼 통합된 주거지를 건설하는 다른 방법을 알지
못했다. 그래서 이렇게 말했다. "백인 주거지를 흑인들에게 할당제로 개방한다는 생각에
충격받는 사람들이 있습니다. 그들에게 어떤 해법을 갖고 있는지 묻고 싶습니다."

제5장

하버드 여자 럭비팀의 미스터리

"운동부 학생들은 학교에 뭔가
특별한 가치를 안겨주는 것 같아요."

왜 하버드는 여자 럭비팀을 만들었을까

얼마 전 바람이 많이 불던 어느 가을날, 프린스턴 대학교 캠퍼스 어딘가에 있는 한적한 운동장에서 럭비 경기가 진행되었다. 홈팀은 검은색과 오렌지색 유니폼을 입었다. 원정팀인 하버드 대학교 럭비팀은 흰색 유니폼을 입었다. 얼마 안 되는 관중이 경기장 한쪽에 서 있었다. 다른 쪽에는 두 팀의 진영이 있었다. 각 팀의 자리에는 장비를 둘 작은 개방형 텐트가 세워져 있었다. 현장에 가지 못한 사람들을 위해 유튜브에서 생중계가 이루어졌다.

인터넷 연결 상태를 점검하고 있습니다. 괜찮아 보이네요. 지금 생방송으로 나가고 있습니다. 벌써 여섯 분이 들어왔네요. 환영합니다.

캐스터들은 선수 명단을 읽었다. '에바, 브로건, 마야, 티아나, 스카일러, 엘리자베스, 조, 캐롤라인….' 관중과 선수들은 인종차별 발언이나 동성애자 및 성전환자 차별 발언 또는 다른 위협성 행위를 하면 안 된다는 주의사항을 들었다. 이후 국가가 연주되고, 경기가 시작되었다.

프린스턴 여자 럭비팀은 생긴 지 2년밖에 되지 않았으며, 대부분 고등학교에서 테니스나 배구를 하다가 종목을 바꾼 선수들로 구성되어 있었다. 제대로 된 럭비 경력이 있는 선수는 소수에 불과했다. 캐스터들은 하버드 여자 럭비팀은 다르다는 점을 지적했다.

하버드 쪽은 선수층이 두껍고, 럭비를 오래 한 선수가 많습니다.

하버드 여자 럭비팀은 그때까지 한 번도 패한 적이 없었다. 퀴니팩 대학교, 아메리칸 인터내셔널 칼리지, 샐럿 퀸스 대학교 등을 꺾고 시즌 초반에 연승 가도를 달리는 중이었다. 게다가 작년에 프린스턴 여자 럭비팀과 붙었을 때 102대 0으로 이기기도 했다. 그만큼 막강했다.

경기 중 비가 내리기 시작했다. 처음에는 가랑비였다가 점차 빗발이 거세졌다. 경기장이 미끄러워졌고, 선수들은 흠뻑 젖었다. 사이드라인에 늘어선 관중들은 우산 아래 옹기종기 모였다.

코트니 테일러가 공을 잡아서 프린스턴 선수들을 여럿 달고 22미
터 라인을 향해….

다른 캐스터가 끼어들었다.

…2차 공격이 이어집니다.

중계는 온통 전문 용어투성이라 문외한은 알아들을 수 없다.

에바 랜킨이 달려가다가… 브룩 비어스에게 저지당합니다. 이번
에는 조던이 달립니다. 스텝으로 수비를 회피합니다. 팀원들이
잘 지원해주네요. 아니, 추가 공격이 이어집니다. 클로이 헤드런
드에게 앞으로 차줍니다. 헤드런드는 두 명의 프린스턴 선수를
달고 5미터 라인 안으로 들어갑니다.

시작한 지 2시간 만에 경기가 끝났다.

킥력이 좋네요. 멀리 날아갑니다. 그런데 방향이 약간 오른쪽으
로 빗나갔네요. 심판이 종료 휘슬을 붑니다. 이것으로 경기가 끝
났습니다. 최종 스코어는 하버드 61점, 프린스턴 5점입니다.

다시 알려드립니다. 최종 스코어는 하버드 61점, 프린스턴 5점입니다.

당신이 이 경기를 우연히 보게 됐다면, 열띤 경쟁이 펼쳐지는 오후 시간을 즐길 수 있었을 것이다. 다만 비가 퍼붓는 가운데 텅 빈 사이드라인에 서게 된 당신은 곧 이런 무례한 의문을 품었을지도 모른다. 그런데 하버드에 왜 여자 럭비팀이 있는 거지?

하버드는 학생들에게 운동부에서 활동할 기회를 아주 많이 제공한다. 운동부 수만 해도 50개가 넘는다. 또한 하버드는 전국의 다른 어느 대학보다 많이 디비전 I (1부 리그를 의미함—옮긴이) 대회에 출전한다. 운동에 관심 있는 여학생은 농구, 크로스컨트리, 펜싱, 필드 하키, 골프, 아이스 하키, 라크로스, 중량부 조정, 경량부 조정, 요트, 스키, 축구, 소프트볼, 스쿼시, 수영 및 다이빙, 테니스, 육상, 배구, 워터폴로(수구) 부문 디비전 I 대회에 출전할 수 있다. 흔히 미시건 대학교처럼 운동부가 강한 대형 주립대학교에 운동부 학생이 많을 것이라 생각한다. 하지만 퍼센트 기준으로 하버드의 운동부 학생이 미시건 대학교보다 **네 배**나 많다.

2013년에 하버드는 여학생들에게 더 많은 선택지가 필요하다고 판단했다. 그래서 이미 넘치는 정상급 운동부에 럭비팀을 추가했다. 그에 따라 감독과 코치를 채용하고 선수도 선발해야 했다. 이는 특별히 중요한 일이었는데, 미국에는 여자 럭비 선수가 많지 않기 때문이다. 럭비는 외국 스포츠인 데다가 격렬하기까지 했다. 그래서 어깨 탈골,

쇄골 골절, 무릎 인대 파열, 뇌진탕 등 다양한 부상을 입기 일쑤였다. 미국 고등학교에 럭비부가 있는 드문 경우에도 충분히 이해할 만한 이유로 기피하는 여학생이 많았다. 대학 럭비팀을 꾸리려면 어느 정도 노력이 필요했다.

하버드 여자 럭비팀 감독인 멜 던햄Mel Denham은 몇 년 전에 교내지인 〈하버드 크림슨〉Harvard Crimson과의 인터뷰에서 "하버드에 들어오기를 원하고, 경기장 안팎에서 팀과 잘 맞는 학생들을 찾기 위해 그물을 넓게 쳤어요."라고 말했다. '그물을 넓게 친다'는 말은 전 세계에서 선수를 선발했다는 뜻이었다.

해당 기사는 이렇게 이어졌다.

> 캘리포니아, 유타, 콜로라도 그리고 일부 중서부주에 더하여 캐나다의 고등학교에서 정기적으로 선발이 이루어졌다. 던햄 감독은 "영국 선수들도 몇 명 접촉하기 시작했습니다. 또한 영국, 뉴질랜드, 호주에 있는 감독들과도 관계를 구축하는 과정에 있어요. 지금 우리 팀에는 스코틀랜드, 캐나다, 홍콩, 호주, 중국, 독일, 온두라스에서 온 선수들이 있어요. 우리의 팀 문화에 그토록 많은 다양성을 포용할 수 있다는 건 놀라운 일이죠."라고 밝혔다.

왜 하버드는 굳이 이런 수고를 감수했을까?

하버드 입학 시스템이 어떻게 돌아가는지 알면 이 질문은 더욱 혼란스러워진다. 하버드는 많은 명문대와 마찬가지로 사실상 두 개로 된 경로를 운용한다. 정식 경로는 능력으로 경쟁하는 전 세계의 똑똑한 학생들을 대상으로 한다. 두 번째 경로는 소위 ALDC를 대상으로 한다. 이는 체육특기자Athletes, 동문 자녀Legacies, 총장 추천 학생Dean's Interest List (부유층 자녀), 교직원 자녀Children of faculty 를 뜻한다. ALDC는 하버드 재학생의 30퍼센트를 차지한다. 그만큼 수가 많으며, 그들의 입학 경로는 매우 다르다.

하버드는 2014년에 '공정한 입학을 위한 학생들'Students for Fair Admissions 이라는 단체로부터 고소당했다. 이 소송은 결국 대법원까지 올라갔다. 연방 법원에서 1차 소송이 진행되는 동안 기이한 순간들이 연출됐다. 바로 양측이 복잡미묘한 ALDC 시스템이 작동하는 방식을 설명하려 들 때였다.

원고 측 변호사인 애덤 모타라Adam Mortara 는 모두 진술에 나섰다. 그는 먼저 법정에 있는 모든 사람이 볼 수 있도록 차트를 하나 걸었다. 그리고 하버드가 '학업 능력 1등급'이라 부르는 기준을 분석하기 시작했다. 지원자의 학업 성취도는 1등급부터 4등급까지 분류되며(5등급부터는 가망이 없다) 1등급이 가장 높다. 여기에 해당하는 지원자는 슈퍼스타들이다. 일반적인 경우, 학업 능력 1등급에 속하면 합격 확률이 상당히 높다. 게다가 동문 자녀라면 확실하다.

이후 모타라는 새 차트를 가리켰다. 일반 지원자와 ALDC 지원자의 합격률을 학업 능력별로 나누어 비교하는 차트였다.

이 차트를 보시면 동문 자녀가 얼마나 더 잘 합격하는지 알 수 있

습니다. 합격률이 약 50퍼센트나 더 높습니다. 학업 능력이 1등
급이면 사실상 모두 합격합니다.

뒤이어 모타라는 체육특기자 합격률을 보여주는 칸을 가리켰다. 모
타라와 그의 팀이 6년 치 데이터를 분석한 결과, 학업 능력 1등급에 속
하는 지원자는 단 한 명뿐이었다.

당연히 그 한 명의 체육특기자는… 합격했습니다.

뒤이어 모타라는 그보다 한 계단 아래에 있는 학생들은 어떻게 되었
는지 알려주었다.

여기 학업 능력 2등급에서 뭔가 흥미로운 점이 보입니다. 하버드
와 아무 연관 없는 일반 지원자의 합격률은 10퍼센트입니다. 반
면 동문 자녀, 총장 추천 학생, 교직원 자녀의 합격률은 50퍼센트
입니다. 다섯 배나 차이 납니다.

그는 잠시 말을 멈추었다가 이렇게 덧붙였다.

이번에도 체육특기자는 거의 언제나 합격합니다. 그 점은 앞서
말씀드렸으니 더 이상 말하지 않겠습니다.

그는 말을 이어갔다.

학업 능력 3등급의 경우, 2.4퍼센트만 합격했습니다. 3등급 성적
을 가진 일반 학생의 합격률은 정말로 낮죠. 하지만 부모가 하버
드 출신이거나 할아버지 또는 삼촌이 하버드에 거액의 기부를 했
다면, 합격률이 7.5배 더 높은 18퍼센트로 바뀝니다.
학업 능력 4등급의 경우 일반 학생 중에서는 합격자가 거의 나오
지 않습니다. 하지만 동문 자녀, 총창 추천 학생, 교직원 자녀는
여전히 3.5퍼센트의 합격률을 기록합니다.

최종적으로 그는 이렇게 결론짓는다.

이 사실이 말해주는 것은 해당 집단에게는 학업 능력 등급이 일
반 학생만큼 중요치 않다는 것입니다. 그리고 이 효과는 체육특
기자에게서 가장 중대하게 작용합니다. 앞서 빌씀드린 대로 그들
은 거의 대부분 합격합니다.

체육특기자는 항상 합격한다.
하버드가 특정 학생들을 우대하는 이유에 대해 (냉소적이라도) 설득
력 있는 설명을 제시하기는 쉽다. 동문과 부자는 하버드 같은 학교에
기부하기를 좋아한다. 하버드는 그 많은 돈을 거부할 이유가 없다. 따
라서 하버드가 이 두 집단의 자녀에게 우선권을 주는 것은 사업적으로

타당하다. 교직원 자녀에게 특별 혜택을 주는 것도 어느 정도 타당하다. 교수들을 행복하게 만드는 간단한 방법이기 때문이다. 타당치 않은 것은 체육특기자들이 이 세 개 집단과 같이 묶여야 하는 이유다.

〈하버드 크림슨〉이 실은 기사에는 이런 내용이 나온다.

> 22년 졸업반인 빅토르 크루앙Victor Cruouin 은 프랑스 출신의 하버드 스쿼시팀 멤버였다. 그는 2017년에 뉴질랜드 타우랑가에서 열린 세계 주니어 스쿼시 대회에서 처음 감독과 접촉했다며 이렇게 말했다.
>
> "감독님이 뉴질랜드까지 와서 선수들을 지켜본 다음 그중 몇몇을 불러 질문을 했어요. 그리고 학업 성적이 충분히 좋으면 그 자리에서 선발했어요."

뉴질랜드 타우랑가라니! 스쿼시를 잘하는 학생이 얼마나 특별하기에 감독이 지구 반대편까지 날아가는 걸까? 또한 거기에 더하여 운동 능력을 타고나지 않은 학생들에게 주어지는 것보다 훨씬 큰 혜택까지 주는 걸까? 스쿼시 선수나 럭비 선수 또는 요트 선수에게 주어지는 혜택은 너무나 크다. 세계 최고 명문대에 들어가는 가장 쉬운 방법이 학교에서 공부를 가장 잘하는 게 아니라 운동을 가장 잘하는 것일 정도다.

오랫동안 하버드 입학처장을 지낸 윌리엄 피츠시몬스William Fitzsimmons 는 재판 도중 체육특기자들을 이해할 수 없을 정도로 우대하는 이유에 대한 질문을 받았다.

질문 체육특기자에 대한 이야기가 많이 나왔습니다. 왜 하버드는
그들에게 혜택을 줍니까?

피츠시몬스는 외모나 말투 등 모든 면에서 하버드맨 같았다. 교육학 박사였고, 관자놀이가 눈에 띄게 세어 있었다. 그는 이런 질문이 나오리라 분명히 예상했을 것이다. 최선의 답변에 대한 조언을 받지 않았을 리 없었다. 그래도 어떻게 답변했는지 보자.

피츠시몬스 거기에는 두어 가지 이유가 있습니다. 하나는 대회를
계기로 모든 학생을 뭉치게 만드는 것이 공동체 의식
을 길러준다는 겁니다. 제 생각에 많은 학생이 그것을
기대하고, 또 마땅히 누려야 합니다. 그런 일은 매우
구체적이고 활기 넘치는 방식으로 우리 학교를 단결시
킵니다.

이는 앨라배마 대학교나 오하이오 주립대학교 체육처장에게서 들을 법한 대답이다. 이 대학들의 경우 8만 명이 넘는 재학생, 동문, 지역 사회 응원단이 토요일 오후에 열리는 대학 미식축구 경기에 꾸준히 참석한다. 그런 게 공동체다. 하지만 피츠시몬스가 주로 말하는 것은 요트나 펜싱, 워터폴로처럼 관중이 드문 스포츠다. 앞서 프린스턴과의 럭비 경기 때도 관중이 거의 없었다. 그런데 어떻게 '공동체 의식'을 기른다는 걸까?

피츠시몬스의 답변은 아직 끝나지 않았다.

> 우리 학교의 재학생 분포를 보면 캘리포니아 출신이 가장 많습니다. 텍사스 출신은 네 번째, 플로리다 출신은 여섯 번째로 많습니다. 이 지역 출신 학생들은 우리가 흔히 떠올리는 대학의 이미지에 맞는 학교에 가고 싶어 합니다. 그래서 체육 부문의 활발한 전통과 능력을 통해 단합을 이루는 일은 다양한 유형의 학생들을 모집하는 능력에 큰 차이를 만듭니다.

이 답변 역시 말이 되지 않는다. 하버드는 학생들을 '모집하는 능력'을 걱정할 필요가 없다. 지원자가 너무 많아서 3.4퍼센트만 받아줄 수 있는 정도다! 게다가 캘리포니아나 텍사스, 플로리다 출신 학생 중에서 체육 부문이 충분히 '활발하지' 않다는 이유로 하버드의 입학 제의를 거절하는 학생이 실제로 있기나 할까?

그래도 피츠시몬스는 마지막 시도를 한다.

> 또 다른 이유도 있습니다. 체육 부문에서 소위 높은 수준의 전문성을 획득한 학생은 대학교에서 그리고 사회에 나갔을 때 큰 도움이 되는 헌신, 열정, 기운을 가진 경우가 많습니다.

피츠시몬스는 여전히 질문에 답하지 않았다! 인생과 경력에 성공을 안겨줄 귀중한 교훈을 경기장에서 배울 수 있다는 사실은 누구도 부정하지 않는다. 지금 문제가 되는 부분은 하버드가 가령 소설을 쓰거나 어려운 이차방정식을 푸는 데서 얻는 헌신과 열정보다 경기를 뛰는 데서 얻는 '헌신'과 '열정'을 훨씬 중시하는 이유다. 그것을 너무나 중시하는 나머지, 프린스턴 캠퍼스 구석에 있는 한적한 경기장에서 비를 맞으며 위험한 경기를 뛸 여학생을 찾으러 지구 끝까지 가는 이유다.

앞선 설명은 하나도 말이 되지 않는다. 그래서 내가 다른 설명을 제시해보려고 한다. 나는 이 럭비팀 수수께끼가 인격 형성이나 기운, 열정 또는 단합심 조성과 아무 관련이 없다고 생각한다. 그보다는 매직 서드 그리고 집단 비율에 대한 캔터의 생각과 관련이 있다.

다만 하버드가 하는 일은 로렌스 트랙트가 시도한 사회공학과 많이 다르다. 그 실험의 참가자들은 자신들이 하는 일을 전혀 숨기지 않았다. 그들은 숫자를 인위적으로 조정하고 싶어 했으며, 구성원들을 한데 모아 세부 사항을 조율했다. 반면 주도자들이 비밀스럽게 일을 진행할 때면 사회공학은 아주 다른 양상을 띤다. 이처럼 숨겨진 두 번째 유형의 조작이 너무나 낳이 이루어지고 있다. 우리의 제도를 온전히 지키려면 이면에서 벌어지는 수작을 인식해야 한다. 그 대표적인 사례가 무엇일까? 바로 하버드 대학교다.

'선택받은' 학생들만 들어갈 수 있는 곳

1920년대에 아이비리그 대학들은 위기에 직면했다. 문제가 생긴 곳은 전국 최대 도시에 자리한 최고 명문대, 컬럼비아 대학교였다. 20세기 초에 뉴욕으로 대거 이주한 유대인 이민자의 자녀들이 이제 대학교에 들어갈 나이가 되었다. 그들은 컬럼비아 대학교의 입학 시험을 쉽게 통과했다. 1900년대 초에 유대인 학부생의 비율이 많게는 40퍼센트에 이르렀다. 나머지 아이비리그 대학들은 이 수치를 보고 공포에 휩싸였다. 브롱스나 브루클린처럼 멀리 떨어진 동네에서 왔거나, 맨해튼의 로어 이스트 사이드에 있는 공동주택에서 살던 신입생들은 그들에게 외계인처럼 보였다. 건국 초기 이후로 그들이 늘 가르치던 대상은 와스프WASP(백인 앵글로색슨계 신교도의 줄임말—옮긴이) 엘리트들의 자녀였다.

당시 남학생 사교 클럽에서 부르던 노래의 가사는 이렇다.

하버드는 백만장자들로 돌아가고,

예일은 술꾼들로 돌아가고,

코넬은 농부의 아들들로 돌아가고,

컬럼비아는 유대인들로 돌아가네.

그러니 백스터를 위해 환호하고,

펠 스트리트를 위해 한 번 더 환호하세.(백스터와 펠은 모두 컬럼비

아 대학교 캠퍼스 인근 거리 이름이다. —옮긴이)

그리고 작은 유대인 놈sheenies들이 죽으면,

('쉬니'sheeny는 당시 유행하던 유대인에 대한 멸칭이다.)

그들의 영혼은 지옥으로 갈 거야.

가장 크게 놀란 인물은 1909년부터 1933년까지 하버드 대학교 총장을 지낸 근엄한 귀족, 애벗 로렌스 로웰Abbott Lawrence Lowell 이었다. 로웰은 유대인 입학생을 제한하려는 컬럼비아 대학교와 뉴욕 대학교의 노력을 참고하여 '통계 수집 소위원회'를 조직했다. 그 목적은 지원자가 유대인인지 아닌지 정확하게 파악하는 것이었다. 그에 따라 하버드는 처음으로 지원자들에게 인종 및 피부색, 어머니의 결혼 전 이름, 아버지의 출생지를 밝히도록 요구하기 시작했다. 또한 유대인이라는 딱지가 붙지 않도록 영리하게 이름을 바꾼 지원자를 가려내기 위해 "출생 이후 본인이나 아버지의 성명이 바뀌었습니까?(자세히 설명하세요)"라고 물었다.

그렇게 네 개의 지원자 범주가 만들어졌다. 'J1'은 "증거로 볼 때 유대인이 확실한" 지원자를 가리켰다. 'J2'는 "다수 증거가 유대인임을 시사하는" 지원자를 가리켰다. 'J3'은 "증거로 볼 때 유대인일 수도 있는" 지원자를 가리켰다. '기타'는 다른 모든 지원자를 가리켰다. 이제 하버드는 유대인 지원자를 확신히 가리낼 수 있게 되었다. 로웰은 결과를 보고 기겁했다. 그가 1909년에 총장으로 취임할 때 유대인 재학생 비율은 10퍼센트를 약간 넘겼다. 그러다가 1922년에는 그 비율이 두 배 이상 늘어났다. 1925년에는 상황이 위기 수준에 이르렀다. 하버드 집계에 따르면 1학년의 경우 27.6퍼센트가 J1과 J2에 속했고, 추가로 3.6퍼센트가 J3에 속했다. 하버드는 매직 서드에 들어서기 직전이었다.

하버드와 아이비리그 학교들은 그때까지 학업 기준을 높이기 위해 수십 년 동안 공을 들였다. 그래서 엄격한 입학시험을 개발하고 성적 우수자만 받아들이겠다고 공언했다.

제롬 카라벨Jerome Karabel 은 아이비리그 입학사정의 역사를 기록한 획기적인 저서《선택받은 학생들》The Chosen 에서 이렇게 썼다.

> 하지만 이제 그런 노력이 결실을 맺으려던 참에 '엉뚱한' 학생들
> 이 합격하기 시작했다. 그에 따라 하버드, 예일, 프린스턴은 고통
> 스런 선택에 직면했다. 그들은 거의 전적으로 객관적인 성적 기
> 준을 유지하여 유대인 학생 수가 늘어나는 상황에 처하든지, 이
> 를 보다 주관적인 요건으로 대체하여 원하는 결과를 만들어낼 수
> 있었다.

하버드는 수많은 논쟁 끝에 '보다 주관적인 요건'의 길로 나아가기로 결정했다. 입학처는 누구를 받아주고 누구를 받아주지 않을지에 대해 상당한 재량권을 부여받았다. 이제 지원자들은 추천서와 비 교과활동 내역을 제출해야 했다. 여름방학 때 어떤 활동들을 했는지, 에세이를 얼마나 잘 썼는지, 부모가 친구들 중 누구를 설득하여 인성을 보증하게 할지가 갑자기 중요해졌다. 하버드는 무형적 요소를 평가하는 복잡한 평점 시스템을 만들었다. 또한 지원자를 직접 보면서 판단하기 위해 개별 면접을 도입했다. 그리고 처음으로 신입생 정원을 엄격하게 제한했다. 이 모두는 로웰 총장의 말에 따르면 "유대인 학생 비율의 위험한 증가"를 방지하기 위한 조치였다.

로웰은 뒤이어 이렇게 설명했다. "본인이나 부모가 우리와 다른 배경을 갖고 이 나라에 온 학생들의 경우, 효과적으로 교육할 수 있는 인원만 받아들이는 것이 하버드의 의무입니다. (⋯) 경험상 그 비율은 15퍼센트 정도입니다."

이 15퍼센트라는 기준은 하버드가 대놓고 유대인 학생을 차별하는 것으로 보이지 않을 만큼 높았다. 그러나 컬럼비아 대학교처럼 변할 위험이 없을 만큼 낮기도 했다. 로자베스 캔터는 자신의 자문 경험을 다룬 유명한 에세이에서 소수계 비율이 15퍼센트 미만인 집단을 '편중되었다'고 평가했다.

> 편중된 집단은 한 유형이 다른 유형보다 수적으로 훨씬 우세한 집단을 말하며, 그 비율이 대략 85 대 15까지 이를 수 있다. 수적 우위를 누리는 유형은 '지배적'이라고 부르기에 충분한 방식으로 해당 집단과 그 문화를 통제한다. 편중된 집단에서 다른 유형에 속한 소수는 '건본'이라 부르는 것이 적절하다. 그들은 자신이 속한 범주의 대표로서, 개인이 아니라 상징으로서 흔히 취급되기 때문이다.

당연히 캔터는 편중된 비율이 문제라고 믿었다. 그녀는 소수계가 개인으로서 집단의 문화에 온전히 영향력을 행사할 수 있는 지점까지 숫자를 늘리기를 원했다. 반면 로웰은 소수계의 숫자를 임계점 아래로 유지하는 데 관심이 있었다. 그는 입학 전형 절차를 조작하여 유대인 학생 비율이 편중된 분포의 하단에 머물기를 원했다.

로웰의 동세대 남부인들은 모든 흑인 학생을 상대로 학교 문을 걸어 잠갔다. 반면 로웰은 모든 유대인 학생을 상대로 학교 문을 걸어 잠그려 한 것이 아니라는 점을 유념해야 한다. 그의 관심사는 유대인 학생수를 **제한**하는 것이었다. 그는 친구에게 보낸 편지에서 이렇게 썼다. "유대인을 받아주다가 망한 휴양 호텔들이 그런 운명에 처한 이유는 그들이 받아준 유대인들의 인성이 나빠서가 아닙니다. 유대인들이 비유대인들을 몰아냈고, 비유대인들이 떠난 후 유대인들도 떠났기 때문입니다. 뉴욕에서 학교를 운영하는 제 친구에게도 그런 일이 일어났습니다. 그는 원칙에 따라 유대인 학생을 받아들여야 한다고 생각했습니다. 하지만 몇 년이 지난 후 학교 문을 닫아야 했습니다."

요컨대 유대인을 너무 많이 받아들이면 그들이 비유대인을 **몰아낸다**는 것이다. 로웰은 근본적으로 자신이 백인 탈주를 막으려 노력했다고 말하고 있다.

시간이 지나면서 하버드가 유대인 학생들에게 품은 특별한 반감이 줄어들었다. 2001년에는 첫 유대인 총장까지 임명했다. 그러나 로웰의 개혁이 지닌 근본적인 구조는 바뀌지 않고 그대로 남았다. 《선택받은 학생들》의 저자 카라벨이 말한 대로 로웰은 "이제는 당연하게 받아들이는 특이한 입학 전형 절차를 우리에게 물려주었다." 그는 후계자들에게 절대 잊어서는 안 되는 교훈을 가르쳤다. 그것은 학생 집단의 비율을 조절하는 방법에 대한 교훈이었다.

로웰이 후대 총장들에게 가르친 교훈의 오랜 영향력을 시사하는 다음의 두 표를 보라. 이 표들은 1990년대 초와 2013년 사이에 하버드와 칼텍(전 세계에서 하버드만큼 들어가기 어려운 대학 중 하나)에 입학한 아시아계 미국인의 수를 보여준다. 먼저 칼텍부터 살펴보자.

칼텍에 입학한 아시아계 학생의 비율

1992: 25.2%	1998: 24.1%	2004: 31.1%	2010: 39.4%
1993: 26.9%	1999: 24.3%	2005: 33.0%	2011: 38.8%
1994: 29.8%	2000: 24.9%	2006: 37.4%	2012: 39.6%
1995: 29.1%	2001: 24.5%	2007: 38.1%	2013: 42.5%
1996: 27.6%	2002: 27.2%	2008: 39.8%	
1997: 27.4%	2003: 31.1%	2009: 39.9%	

칼텍은 능력주의를 상당히 중시하는 입학 전형 절차를 따른다. 체육 특기자, 동문 자녀, 기부자 자녀에게 은밀한 방식으로 특혜를 주지 않는다. 능력주의에 기반한 입학 전형 절차를 따르면 학생 비율을 의도적으로 조절할 수 없다. 칼텍의 아시아계 학생 비율이 중구난방인 이유가 거기에 있다. 구체적으로는 25퍼센트 수준에서 시작하여 2년 안에 거의 30퍼센트로 치솟은 후 약간 줄어든다. 그러다가 21세기 초에 다시 급등한다. 2013년에는 무려 42.5퍼센트에 이른다. 지금은 거의 45퍼센트 수준이다.

앞으로 1세대가 지났을 때 칼텍의 학부생 인종 비율이 어떻게 될지 예측할 방법이 있을까? 없다! 칼텍은 그 비율을 조절하려고 시도하지 않는다. 만약 나이지리아 이민자들이 갑자기 미국으로 대거 유입된다고 가정해보자. 그들의 자녀가 앞서 유대인과 아시아인의 자녀와 같은 길을 걷는다면, 훗날 칼텍의 서아프리카계 학생 비율은 아시아계 학생 비율만큼 높아질지 모른다(이는 그리 무리한 가정이 아니다. 현재 나이지리아 이민자들은 미국 내 다른 어떤 집단보다 1인당 대학원 학위 소지자 비율이 높다). 칼텍은 다른 모든 명문대와 같이 인구학적 변화의 영향을 받았지만, 크게 개의치 않는 쪽을 택했다.

그러면 같은 기간에 하버드의 아시아계 입학생 비율을 살펴보자.

하버드에 입학한 아시아계 학생의 비율			
1992: 19.1%	1998: 17.0%	2004: 17.1%	2010: 15.6%
1993: 20.6%	1999: 17.2%	2005: 17.6%	2011: 17.2%
1994: 18.3%	2000: 17.1%	2006: 14.3%	2012: 17.7%
1995: 18.4%	2001: 16.4%	2007: 15.4%	2013: 18.0%
1996: 17.5%	2002: 16.3%	2008: 16.7%	
1997: 17.4%	2003: 16.2%	2009: 17.0%	

집단 비율을 애써 조절하려 들지 않으면 칼텍과 같은 수치가 나온다. 반대로 **조절하는 경우**, 하버드와 같은 수치가 나온다. 하버드의 아시아계 학생 비율은 오랫동안 큰 변화 없이 유지되고 있다. 사실 아시아계뿐만 아니라 모든 인종의 비율이 그렇다.

다음 표의 특히 마지막 줄을 보라. 하버드에서는 오직 한 집단만이

인종/민족별 하버드 입학생 비율									
	2006	2007	2008	2009	2010	2011	2012	2013	2014
아프리카계 미국인	10.5%	10.7%	11.0%	10.8%	11.3%	11.8%	10.2%	11.5%	11.9%
히스패닉	9.8%	10.1%	9.7%	10.9%	10.3%	12.1%	11.2%	11.5%	13.0%
아시아계 미국인	17.7%	19.6%	18.5%	17.6%	18.2%	17.8%	20.7%	19.9%	19.7%
미 원주민	1.4%	1.5%	1.3%	1.3%	2.7%	1.9%	1.7%	2.2%	1.9%
백인 및 기타	60.6%	58.1%	59.5%	59.4%	57.5%	56.4%	56.2%	54.9%	53.5%

매직 서드를 넘어선다.

그러면 왜 하버드는 온갖 수고를 들여서 여자 럭비팀을 만들었을까? 그 답은 명백하다.

운동부는 하버드가 집단 비율을 유지하는 수단이다.

아주 뛰어난 테니스 선수의 진짜 특별한 점

몇 년 전, 명문대와 운동부라는 바로 이 문제와 관련하여 기이한 재판이 벌어졌다. 피고는 아민 코우리Amin Khoury 라는 부호였다. 그는 18만 달러의 현금을 갈색 종이봉투에 넣어서 조지타운 대학교 테니스팀 감독인 고든 언스트Gordon Ernst 에게 보냈다는 혐의를 받았다. 그 돈은 자기 딸을 테니스팀에 넣어주는 대가였다. 코우리는 명문대가 체육특기자를 항상 합격시킨다는 사실을 알았다. 그래서 논리적으로 그 방법이 딸을 명문대에 입학시키는 가장 확실한 길이라 믿었다.

재판은 유난히 흥미로웠다. 당혹스러운 이메일과 문자메시지가 다수 공개되었고, 고급 레스토랑에서 술자리를 가진 사실이 까발려졌다. 여러 입학 및 체육 관계자들이 증언석에서 불편하게 몸을 비틀었다. 정부 대 코우리 사건은 대학 교육의 부패상을 보여주는 사례로서 단연 최고였다. 마침 재판에서 나온 증언도 대학들이 운동부를 활용하여 집단 비율을 조작하는 양상을 이해하는 데 상당한 도움을 주었다.*

재판이 중반에 이르렀을 때 검찰은 조지타운 대학교 전 테니스팀 선수를 증인석에 세웠다. 그녀를 제인이라 부르도록 하자. 그녀는 워싱턴 D.C. 바로 외곽에 있는 고급 사립 고등학교를 다녔다. 1년 학비만 해도 5만 달러가 넘는 곳이다.

제인은 아주 뛰어난 고교 테니스 선수였다.

검찰 전국 순위가 어떻게 됐나요?

제인 52위였습니다.

검찰 메릴랜드 출신이라고 하셨죠?

제인 네.

질문 메릴랜드주에서는 몇 위였나요?

제인 1위였습니다.

---

* 코우리는 무죄 판결을 받았다. 그 이유가 궁금하다면 이 주제를 다룬 나의 팟캐스트를 들어볼 것을 권한다.

주니어 테니스계를 잘 안다면, 주에서 1등을 하기 위해 얼마나 열심히 노력해야 하는지 알 것이다.

> 검찰 고등학교는 어디를 나왔나요?
>
> 제인 메릴랜드 베데스다에 있는 홀튼 암스를 나왔습니다. 매일 조퇴해서 메릴랜드 대학교 근처 칼리지 파크에 있는 테니스장에 갔습니다. 거기에 아카데미가 있어요. 거기서 하루 3시간씩 테니스 연습을 한 다음에 1시간 동안 체력 훈련을 했습니다.

제인의 증언에서 언급되지 않은 부분이 있다. 매일 4시간씩 테니스 훈련을 받으려면 엄청난 돈이 들어간다는 것이다. 제인의 아버지는 로펌 파트너였다. 주니어 테니스계에서 성공하려는 딸이 있다면 그 정도 신분은 되어야 했다.

그러면 돈이 얼마나 드는지 계산해볼 가치가 있다. 아래에 나오는 수치는 모두 미국 주니어 테니스 챔피언 출신인 테니스 코치, 메리앤 워델Marianne Werdel이 제시한 것이다. 워델은 자녀가 테니스를 하는 23개 가정을 초점집단으로 삼아 연간 비용을 조사했다. 조사 결과는 아래와 같다.

초점집단 가족은 회원권과 코트 사용료로 1,200달러에서 5만 5,000달러 사이의 비용을 지출했다. 또한 연간 야외 비용은 평균

4,000달러, 실내 시즌 비용은 평균 3만 5,000달러였다.

비용이 많이 드는 곳으로는 가입비가 2만 달러 이상이고 월 회원비가 750달러 수준인 회원 전용 컨트리클럽이 있었다.

워델은 뒤이어 "초점집단 가족은 레슨 비용으로 7,500달러에서 4만 5,000달러 사이의 비용을 지출했다."고 밝혔다. 대회에 나갈 때도 출전비와 여행비가 들었다(이 항목으로 그녀가 잡은 최고 비용은 연간 4만 2,000달러였다). 대다수 상위권 선수는 트레이너를 둔다. 그들에게 연간 5,000달러에서 1만 8,000달러가 들어간다. 물리치료 비용도 많게는 연간 7,000달러나 든다. 게다가 교육비도 있다. 하루 4시간씩 훈련하면서 공립학교를 다니기는 사실상 힘들다. 그래서 일정을 맞춰주는 (홀튼 암스 같은) 사립학교에 다니거나 홈스쿨링을 해야 한다.

로렐 스프링스Laurel Springs는 테니스 선수 자녀를 둔 가족들이 이용하는 가장 흔한 온라인 학교다. 학비는 중학생의 경우 약 4,000~6,000달러, 고등학생의 경우 7,000~9,000달러다. (…) 상위권 대학에 진학하려는 자녀를 둔 가족은 로렐 스프링스에서 교습받기 위해 평균 7,000달러의 교습비를 지출했다.

여기에 더해 대다수 가족은 테니스 라켓 구입비로 연 900달러 정도를 썼다. 또한 라켓 줄 교체비가 연 800~2,500달러 사이, 신발 구입비가 연 500~1,800달러 사이였다. 그밖에 옷, 라켓 가방, 그립, 타월 등에 추가로 수천 달러가 들었다.

이 모든 금액을 더해봐도 되지만, 하지 않아도 요지를 파악할 수 있을 것이다. 집이 부자가 아니면 전국 대회에 나가는 수준의 고교 테니스 선수가 되기는 정말 어렵다. 게다가 컨트리클럽 근처에 살아야 하고, 부모 중 한 명은 전국에서 열리는 대회에 자녀를 데려다줄 뿐만 아니라 선수로 성공하는 데 필요한 코치와 트레이너, 물리치료사, 과외 교사 등 작은 부대 수준의 사람들을 고용하고 관리할 시간이 있어야 한다.

제인의 부모가 그렇게 많은 돈을 딸의 테니스 훈련에 들여서 얻는 건 무엇일까? 제인은 절대 프로 선수가 되지 못할 것이다. 그렇게 뛰어난 실력은 결코 아니었다. 그래도 그녀는 평생 즐길 수 있는 멋진 스포츠를 익혔다. 그것만 해도 사소한 혜택은 아니다. 거기에 더하여 들어가기 힘든 여러 명문대의 테니스팀에 선발되었다. 그녀는 그중에서 조지타운 대학교를 골랐다.

제인이 증언을 마친 후 검찰은 멕 리시Meg Lysy를 증인석으로 불러냈다. 그녀는 조지타운 대학교의 테니스팀 담당 입학사정관이었다.

검찰 테니스팀 선수는 대개 어떤 과정을 거쳐 선발됩니까?
리시 마감일 전에… 감독님이 선발 대상자들의 내신 점수와 수능 점수를 갖고 옵니다. 제가 하는 일은 그걸 보고 학업 능력을 파악한 다음 선발 가능한 학생과 불가능한 학생을 가려내는 것입니다.

리시는 일부 선발 대상자의 학업 능력이 충분한지 의구심을 품었다고 밝혔다. 그래도 그녀는 해당 학생의 테니스 실력이 뛰어나면 기꺼이 타협했다.

> 리시 감독님은 "이 선수가 들어오면 우리 팀이 달라질 겁니다. 정
>   말 잘해요."라는 식으로 말했습니다. 그런 경우에는 학업 능
>   력이 약간 떨어지거나 우리가 기대하는 수준에 못 미쳐도
>   합격시킵니다. 팀에 큰 영향력을 미칠 수 있으니까요.
> 검찰 혹시 선발 대상자의 테니스 실력을 검증하는 조치를 취한
>   적이 있습니까?
> 리시 없습니다.
> 검찰 그러면 무엇에 의존하여 선발 대상자의 테니스 실력에 대한
>   믿음을 가졌습니까?
> 리시 감독님의 말입니다.
> 검찰 그렇게 한 이유가 뭐죠?
> 리시 인재를 선발하고 데려오는 게 감독이 하는 일이니까요. 제
>   가 하는 일은 성적표를 보고 학업 능력을 판단하는 것이었
>   습니다.

일반 지원자의 경우 엄청나게 꼼꼼한 평가와 심사를 수반하는 입학 사정 절차를 거쳐야 한다. 그래서 에세이, 내신 점수, 추천서, 입학사정 위원회 회의실에서의 긴 논쟁이 필요하다. 하지만 테니스 선수라면

이야기가 달라진다. 이 경우, 감독이 무엇을 원하느냐에 모든 것이 좌우된다. 감독에게 뛰어난 선수로 여겨지지 않았다면 제인이 조지타운에 들어갈 수 있었을까? 아마 들어가지 못했을 것이다. 리시는 이 점을 분명히 밝혔다.

> 검찰 테니스 특기생의 내신 성적은 일반 합격자와 비교할 때 어느 정도 수준입니까?
>
> 리시 훨씬 낮습니다.
>
> 검찰 테니스 특기생의 수능 성적은 일반 합격자와 비교할 때 어느 정도 수준입니까?
>
> 리시 훨씬 낮습니다.
>
> 검찰 그렇다면 왜 조지타운 대학교는 내신 성적과 수능 성적이 낮은 학생을 테니스 특기생으로 받아들였습니까?
>
> 리시 운동부 학생들은 조지타운 같은 학교에 뭔가 특별한 가치를 안겨주는 것 같아요. 그들은 재능과 자부심을 채워요. 모두가 우리 팀이 잘하기를 원해요. 또한 조지타운은 스포츠에 강하다고 전국적으로 알려져 있어요. 재학생과 동문들에게는 기분 좋은 일이죠.

이 전혀 설득력 없는 답변은 피츠시몬스 하버드 총장의 말과 똑같다! **운동부 학생들은 학교에 뭔가 특별한 가치를 안겨준**다. 정말 그럴까? 테니스팀 선수로서 해야 할 일에 대해 제인이 하는 말을 들어보자.

검찰 일주일에 며칠 동안 훈련합니까?

제인 월요일부터 금요일까지요.

검찰 모두 열심히 훈련합니까?

제인 그럼요. 훈련은 코트 안에서도 하고, 밖에서도 해요. 월요일
부터 금요일까지 매일 테니스 훈련을 할 뿐 아니라 일주일
에 2~3번 중량 운동도 해요.

검찰 1년 내내 합니까 아니면 시즌 동안만 합니까?

제인 거의 1년 내내 해요. 추수감사절부터 연휴가 끝날 때까지는
쉬어요. 그 후에 2학기가 시작되죠. 봄 시즌이 주요 시즌이
에요.

검찰 가끔 대회에 참가하려고 다른 도시로 가요?

제인 네. 주요 시즌인 봄에는 아주 많이 다녀요. 가을에도 전국에
서 여러 대회가 열려요.

검찰 훈련이나 대회 때문에 수업을 빠진 적이 있나요?

제인 그럼요. 대회나 경기가 어디서 열리느냐에 따라 가끔 하루
또는 며칠씩 훈련, 아니, 수업을 빠지기도 해요. 장소에 따
라 달라요.

테니스팀 선수들이 학교에 있지를 않는데 '학교에 뭔가 특별한 가치
를 안겨준다'고 믿기는 어렵다. 왜 조지타운은 어딘가에 있는 연습용
코트에서 백핸드를 치는 데 모든 시간을 들이는 학생들을 위해 기꺼이
입학사정 기준을 낮춘 걸까? 아주 뛰어난 테니스 선수는 뭐가 그렇게

특별한 걸까? 나는 이미 이 질문에 대한 답을 제시했다. 그들이 특별한 점은 **집이 부자이고, 컨트리클럽 근처에 산다는 것이다. 또한 부모 중 한 사람이 전국에서 열리는 대회에 자녀를 데려다줄 뿐 아니라 선수로 성공하는 데 필요한 코치와 트레이너, 물리치료사, 과외교사 등 작은 부대 수준의 사람들을 고용하고 관리할 시간이 있다는 것이다.**[*]

코우리 재판에서 가장 먼저 소환된 증인은 티머시 도너번Timothy Donovan이라는 사람이었다. 그는 아민 코우리와 조지타운 테니스팀 감독, 고든 언스트 사이에서 중개인 역할을 했다. 도너번은 1980년대 말에 브라운 대학교에서 고든 언스트, 아민 코우리와 같이 테니스팀에서 뛰었다. 그들은 모두 서로 아는 사이였다. 도너번은 도너번 테니스 스트래티지스Donovan Tennis Strategies 라는 컨설팅 회사를 운영했다. 이 회사는 포핸드와 백핸드를 연마하는 데 수십만 달러를 들이는 테니스 특기생들을 명문대가 세심하게 배정한 선망의 자리에 넣어주는 일을 했다.

    검찰 연간 고객 수가 대략 몇 명입니까?

    도너번 해마다 조금씩 다르지만 평균적으로 클래스마다 75명에서 80명입니다.

    검찰 비용은 어떻게 되죠?

    도너번 가격대가 있습니다. 세 가지 패키지가 있는데 현재 최저

● 주요 대학 스포츠라고 하면 우리는 대개 농구나 미식축구 같은 인기 스포츠에 초점을 맞춘다. 이 종목들은 분명 컨트리클럽 스포츠와 달라서 그만큼 경제적 장벽이 높지 않다. 하지만 농구와 미식축구가 하버드 같은 대학의 스포츠 부문에서 차지하는 비중은 아주 작다.

가는 4,600달러이고, 최고가는 약 1만 달러입니다.

검찰 다른 방식으로 보상을 받기도 합니까?

도너번 성공 보수를 받은 적이 세 번 있습니다.

검찰 성공 보수가 뭔가요?

도너번 일종의 보너스입니다. 고객의 자녀를 특정 대학에 넣어주
    는 대가로 받는 인센티브 같은 겁니다.

검찰 금액은 얼마나 되나요?

도너번 세 번 중에서 한 번은 1만 5,000달러, 다른 한 번은 5만 달
    러, 나머지 한 번은 20만 달러를 받았습니다. 20만 달러
    중에서 실제로 지급된 돈은 16만 달러입니다.

도너번은 회사 웹사이트에 지금까지 고객의 자녀들이 들어간 대학
들을 아래와 같이 모두 나열해놓았다.

애머스트 대학교

베이츠 대학교

보든 대학교

칼턴 대학교

카네기멜론 대학교

컬럼비아 대학교

코넬 대학교

다트머스 대학교

듀크 대학교

조지타운 대학교

잠깐만, 아직 끝이 아니다.

그리넬 대학교

해밀턴 대학교

그리고,

하버드 대학교

하버드 대학교에는 조지타운 대학교처럼 해마다 선수를 선발하는 테니스팀이 있다. 하지만 테니스팀은 인원이 적다. 해마다 소수의 선수만 새로 충원할 뿐이다. 재학생 비율을 실실석으로 바꾸려면 테니스처럼 안락한 배타성을 지니면서도 훨씬 많은 선수가 참가하는 스포츠가 필요하다. 펜싱은 좋은 출발점이다. 하버드 펜싱팀에는 14명의 남자선수와 11명의 여자선수가 있다. 요트도 좋다. 요트팀 선수단에는 34개의 자리가 있다. 최적의 스포츠인 조정은 중량급과 경량급으로 나뉜다. 여자팀과 남자팀 각각 중량급에 40개, 경량급에 20개의 자리가 있다. 중량급과 경량급의 중간인 미들급까지 신설해서 조정팀에 들어갈 만한 부잣집 고교 선수들을 위해 추가로 20개나 30개의 자리를 만들 수 있다면 완벽할 것이다. 하지만 대학 조정계에는 미들급이 존재하지 않는다. **아직은 말이다.** 하버드는 새로운 종목이 필요했다. 그들은 2013년에 그 답이 바로 눈앞에, 사립학교와 교외 스포츠 클럽에 있다는 사실을 깨달았다. 그것은 바로 여자 럭비팀이었다.

하버드 여자 럭비팀 선수단에는 33개의 자리가 있다!

비오는 날 프린스턴과 경기를 벌인 하버드 여학생들의 약력을 보면, 럭비가 약간의 추가적인 사회공학에 안성맞춤임을 쉽게 알 수 있다. 이 팀은 하버드의 다른 대다수 운동부와 마찬가지로 백인이 압도적으로 많다. 팀원들은 클리블랜드 외곽의 셰이커 하이츠, 샌프란시스코 북쪽의 마린 카운티, 텔아비브 외곽의 헤르츨리야, 피츠버그의 부자 동네 중 하나인 어퍼 세인트 클레어 등 세상에서 가장 살기 좋은 중상류층 동네 출신이다. 콜로라도에 있는 고급 스키 타운으로서 단독주택의 평균 집값이 100만 달러를 훌쩍 넘기는 서밋 카운티 출신도 두 명 있다. 아웃사이드 백outside back 포지션의 스타 선수는 토론토에 있는 캐나다 최고의 여자 사립학교 중 하나를 다녔다. 스크럼 하프scrum half 포지션의 스타 선수는 브리티시 컬럼비아에 있는 엘리트 기숙학교를 나왔다. 한 선수는 뉴저지에서 자랐지만 해마다 캘리포니아에서 열리는 전국 럭비 '인재 개발 프로그램'에 참가했다. 또 어떤 선수가 소속되었던 럭비 클럽은 '컨트리클럽 로드'라는 완벽한 이름의 거리에 있는 스포츠 복합시설에서 훈련했다. 또 다른 선수는 전 상원의원 딸이었다. 두 자매가 새크라멘토 교외 거주 학생들을 대상으로 하는 럭비 클럽에서 활동한 경우도 있었다. 이 럭비 클럽은 미국 명문 학교 학생들에게 서비스를 제공하는 다른 스포츠 클럽들처럼 웹사이트에 소속 선수들이 어느 대학 럭비팀에 들어갔는지 친절하게 기재해둔다.

보든 대학교

브라운 대학교

다트머스 대학교

UC 버클리

UC 샌디에고

육군사관학교

그리고,

하버드 대학교

그들이 말하는 '평등한 기회'는 정말 평등할까

2012년 10월, 미 대법원은 피셔 대 텍사스 대학교 소송의 구두 변론을 열었다. 구두 변론은 모든 대법원 소송의 핵심으로서, 국회의사당 맞은편인 퍼스트 스트리트에 있는 대법원 중앙 법정에서 열린다. 중앙 법정은 웅장한 신고전주의 복고풍 건물로서 위압적인 분위기를 풍긴다. 천장의 높이는 약 13미터나 되고, 24개의 도리아 양식 이탈리아산

대리석 기둥이 세워져 있다. 양측 변호사들은 자리에서 일어나 아홉 명의 판사로부터 질문 세례를 받는다. 그들은 모두 길고 높은 마호가니 테이블 뒤에 앉아 있다.

이 소송의 당사자는 텍사스 대학교로부터 입학을 거부당한 애비게일 피셔Abigail Fisher 라는 학생이었다. 그녀는 '자신의 자리'가 자격 없는 소수계 학생에게 돌아갔다며 텍사스 대학교를 고소했다. 학교 측은 로자베스 캔터의 논리를 그대로 내세워 대응했다. 즉, 견본 수준에 불과한 소수의 외부자만 받아들이는 것은 도움이 되지 않는다고 주장했다. 소수계 집단이 학교의 다양성에 의미 있게 기여하려면 충분한 인원을 받아들여야 했다. 그래서 흑인과 남미계 학생이 '임계량'critical mass에 도달해야 했다. 애비게일 피셔 같은 학생만 받아들이면 그걸 달성할 수 없었다.

피셔의 소송은 수십 년 동안 많은 미국 학교에서 따랐던 소수계 우대 관행에 가장 심각한 법률적 도전을 제기했다. 법정은 만원이었다. 피셔 측 변호사가 먼저 발언했다. 그가 한 문장을 마치기도 전에 판사들이 말을 끊고 연이어 질문을 던졌다. 이 소송에 걸린 대가는 엄청났다.

이제 대학 측이 발언할 차례였다. 대학 측 변호사는 그레고리 가르Gregory Garre 였다.

가르 감사합니다, 대법원장님. 변론을 시작하겠습니다. 두 가지 중요한 이유로, 판사님들 앞에 놓인 저희의 입학 계획은 대법원 판례에 비추어 합헌입니다.

가르가 한 문장을 더 말하기 전에 역시 판사들이 끼어들었다. 텍사스 대학교가 로자베스 캔터식 논리를 내세울 작정이라면, 판사들도 로자베스 캔터식 질문을 제기할 것이었다. 캔터는 유명한 논문에서 "정확한 임계점을 조사해야 한다."라고 썼다. 이 주문에 따라 사람들은 기업 이사회를 바꾸려면 얼마나 많은 여성을 받아들여야 하는지, 합의를 뒤집으려면 얼마나 많은 반대자가 나와야 하는지 파악하고자 노력했다. 그래서 텍사스 대학교 측이 임계량에 이를 만큼 소수계 학생들이 필요하다고 말했을 때, 대법관들은 즉시 의문을 제기했다. 임계량이 정확히 어느 정도를 의미하느냐고 말이다.

> 로버츠 대법원장 그 수치가 얼마인가요? 당신들이 목표로 삼는 흑
> 인 및 남미계 학생들의 비율은 얼마입니까?
> 가르 대법원장님, 수치를 갖고 있지는 않습니다.
> 로버츠 대법원장 그러면 이 계획이 해당 목표를 위해 세밀하게 조
> 성된 서라고 이렇게 말할 수 있죠?

텍사스 대학교는 임계점의 효과를 믿었다. 하지만 그 수치가 얼마인지는 밝히려 하지 않았다.

> 로버츠 대법원장 나의 임무는 당신들의 인종 기준 선발 방식이 중
> 대한 이익을 위해 세밀하게 조정된 것인지 판례
> 에 비추어 판단하는 것이라고 생각합니다. 당신

들이 제시하는 중대한 이익은 텍사스 대학교에서
소수계 학생의 임계량을 달성하는 것입니다. 하
지만 당신들은 그 수치가 얼마인지 말하려 하지
않습니다. 그러면 내가 어떻게 판례에 따라 마땅
히 해야 할 일을 할 수 있겠습니까?

가르 대법원장님, 저희가 이러한 규정을 정한 이유는 대법원 판례
에 따르면 임계량은 과소대표된 학생들이 환경적으로….

로버츠 대법원장 무슨 말을 하려는지 압니다. 하지만 언제 그 비율
에 이르렀는지 어떻게 알죠?

로버츠는 두어 번 더 질문을 던졌다. 이후 어색한 침묵이 찾아왔고,
앤서니 케네디Anthony Kennedy 대법관이 끼어들었다.

케네디 대법관 당신들이 경험을 토대로 임계량에 해당하는 어떤
수적 범주, 수적 기준, 수적 정의를 파악했다고 가
정합시다. 그걸 X퍼센트라고 하죠. 입학사정 절차
에서 거기에 얼마나 근접했는지 입학사정관들이
확인할 수 있습니까?

가르 그럴 수 없습니다, 대법관님. 저희는 그렇게 하지 않습니다.

텍사스 대학교는 왜 임계량의 의미를 밝히려 하지 않았던 것일까?
이번에도 그 답은 명백하다. 그랬다가는 소수계 비율 목표로부터 한참

동떨어져 있다는 사실이 분명해질 것이기 때문이다. 애비게일 피셔가 텍사스 대학교를 처음 고소한 시기는 2008년이다. 당시 흑인 학생 비율은 약 **4퍼센트**였다. 이는 25명으로 구성된 모든 반에 약 한 명의 흑인 학생이 있다는 뜻이다. 이런 상황에서 소수계 학생이 편안함과 자신감을 느낄 수 있다고 말한 로자베스 캔터의 경계에 도달하기는 어렵다.

만약 텍사스 대학교가 솔직해지기로 했다면 이런 식으로 말할 것이다.

> 저희 텍사스 대학교는 다양성 원칙이 지니는 가치를 믿습니다.
> 하지만 안타깝게도 소수계 학생들이 편안함과 자신감을 최대한
> 느낄 수 있도록 해주는 환경을 제공하지 못합니다. 그런 경험이
> 중요하다면 다른 학교에 다닐 것을 권합니다.

또는 이런 식으로 말할 것이다.

> 저희 텍사스 대학교는 다양성 원칙이 지니는 가치를 믿습니다.
> 거기에 대한 의지의 표명으로서, 소수계 집단이 보다 효과적으로
> 임계점을 달성할 수 있는 텍사스의 다른 기관에 상당한 금액을
> 기부할 것입니다.

물론 현실에서 이런 식으로 말할 대학은 없다. 그래서 텍사스 대학교는 변호사들을 앉혀두고 이런 엄격한 지시를 내렸다. "대법원 판사들에게 우리가 임계량에 이를 때까지 소수계 학생을 입학시키려는 강

한 의지를 가졌다고 말하세요. 다만 그게 무슨 의미냐는 질문에는 절대 대답하지 마세요. 그랬다가는 우리가 사실은 소수계 학생들에게 임계량의 혜택을 제공할 의지가 없다는 게 밝혀지니까요."

그레고리 가르는 전 미국 법무부 차관이자 전 대법원 서기로서 전대법원장 장례식에서 운구를 맡기도 했다. 가장 어려운 소송을 이기고자 할 때 찾아가는 변호사인 셈이다. 그런 그도 대답하지 못하는 척 말없이 앉아 있기만 했다. 대법관들은 답답한 나머지 마침내 도널드 베릴리Donald Verrilli 법무부 차관을 증인석으로 불러냈다. 그는 그날 텍사스 대학교를 응원하러 그 자리에 있었다.

로버츠 대법원장 차관, 목표로 한 임계량을 달성했는지 어떻게 알
수 있는가, 하는 문제에 대한 입장이 무엇입니까?
베릴리 차관 …임계량이 수치가 아니라는 제 친구의 입장에 동의
합니다. 제 생각에 그걸 수치라고 말하는 건 문제의
소지가 있습니다. 따라서….
로버츠 대법원장 알겠습니다. 임계량이 수치가 아니라는 이야기는
많이 들었습니다. 그럼 그게 **무엇**인지 듣고 싶습
니다. 이 인종 기준 선발 방식이 텍사스 대학교의
관점에 따른 임계량을 달성하기 위해 세밀하게
조정되었는지 판단하는 것이 우리의 책임이기 때
문입니다.
베릴리 차관 …수치가 존재한다고는 생각지 않습니다. 또한 대법

원이 그런 수치가 있다고 시사하는 게 신중한 처사라

고 생각지 않습니다.

마침내 가장 신랄한 대법관인 안토닌 스칼리아Antonin Skalia 가 입을

열었다.

스칼리아 대법관 그러면 그걸 더 이상 '임계량'이라고 부르지 말아

야 할 것 같네요. '량'이라는 건 특정한 크기나 무

게를 가리키는 숫자를 가정하니까요.

베릴리 차관 동의합니다.

스칼리아 대법관 그러니까 거기에 더 이상 '량'이라는 단어를 붙이

지 말아야 한다는 겁니다.

베릴리 차관 동의합니다.

스칼리아 대법관 그럼 그냥 '뜬구름' 같은 걸로 부르세요.[•]

그 순간 법정 여기저기서 어색한 웃음이 터져나왔다.

그로부터 반세기도 전에 로렌스 트랙트 주민들은 주택 부지를 백인

• 텍사스 대학교 측 변호사들은 이런 식으로 변호할 것이다. "대법원은 '캘리포니아 주립대
학 이사회 대 바키' 소송에서 인종 할당제를 금지했습니다. 따라서 우리가 어떤 수치를 제
시하면 해당 판결을 명백히 어기게 되며, 소송에서 지게 될 것입니다." 이는 말이 되지 않
는다. 첫째, 대법원이 수치를 요구했다. 이전 판결이 그런 요구를 금지했다고 생각했다면
그러지 않았을 것이다. 또한 텍사스 대학교는 그냥 캔터의 연구 결과나 집단 비율에 관한
다른 연구 결과를 인용하면서 그것이 자신들에게 어떻게 적용되는지 조사하는 중이라고
말할 수 있었다. 하지만 그들은 그렇게 하지 않고 바보처럼 행동했다.

가족과 흑인 가족 중 누구에게 팔지 논쟁을 벌였다. 그들은 "실험의 가치와 구매 희망자의 필요 및 행복 중에서 무엇이 더 중요한지 가늠해야" 했다. 이 두 가지 목표 중에서 하나를 결정하는 일은 전혀 쉽지 않았다. 하지만 사회적 결과를 조작하기 위해 임계점을 활용하고자 한다면 그 일을 해야만 한다. 하나의 숫자를 방어하기 위해 얼마나 멀리 나아갈 것인지 결정해야 한다. 그리고 거기에 대해 솔직해야 한다.

게다가 앞선 소송에서는 미국의 최고 법원에서 그 문제가 제기되었다. 소송 내용은 고등 교육이 직면한 가장 논쟁적인 사안의 합헌성을 따지는 것이었다. 이제는 그 결과가 실로 중대해졌다. 그런데 미국의 주요 대학을 대변하는 매우 명민한 변호사는 그저 어깨를 으쓱할 뿐이었다.

2022년, 대법원에서 소수계 우대 정책과 관련하여 또 다른 소송이 벌어졌다. 이번에는 '공정한 입학을 위한 학생들'과 하버드 총장 및 평의원회 사이에서 벌어진 소송이었다. 이 무렵 대법원은 미국 대학들 그리고 그들이 명시하지 않으려 하는 수치가 전체 입학사정 시스템의 토대가 될 수 있다는 가식적인 주장에 대해 인내심을 잃은 상태였다. 그래서 그냥 두 손을 들어버리고 모든 인종 기반 소수계 우대 제도는 위헌이라고 판결했다.

그들을 탓할 수 있을까?

여기에는 어마어마한 아이러니가 있다. 물론 하버드는 럭비팀, 조지타운은 테니스팀을 이용하여 벌이던 **수작** 역시 우대 정책이었다. 다만 그들은 성적이 낮은 취약계층 학생들을 받아들이지 않았다. 대신 체육특기자 우대 정책을 통해 **성적이 낮은 특권층** 학생들을 받아들였다. 그러나 대학들이 변호하려 들지 않은 것은 첫 번째 유형의 우대 정책뿐이었다. 또한 너무나 논쟁적이어서 결국에는 대법원까지 올라간 것도 첫 번째 유형의 우대 정책뿐이었다. 미국은 차별과 고난에 시달리는 사람들에게 혜택을 주려는 특별 대우는 필요 없다고 결론지었다. 다른 한편으로 자녀의 테니스 레슨에 수십만 달러를 쓸 수 있는 사람들에게 혜택을 주려는 특별 대우는 괜찮다고 결론지었다. 나는 여러분이 이 문제를 어떻게 생각하는지 모른다. 그래도 우리는 엉뚱한 우대 정책이 대법원에 올라갔다는 점에는 모두 동의할 수 있을 것이다. 그렇지 않은가?

대법원이 의견을 발표했을 때, 하버드 대학교는 아래와 같이 분노에 찬 성명을 발표했다.

> 우리 대학은 복잡한 세상을 헤쳐나갈 리더들을 양성하기 위해서는 인간 경험이 다양한 측면을 반영하고 체현한 학생들을 받아들이고 교육해야 한다고 믿습니다. 우리의 정체성을 이루는 어떤 요소도 결코 무의미할 수 없습니다.
> 우리 대학은 언제나 기회가 주어지는 곳, 오랫동안 거부당한 사람들에게 문을 열어주는 곳, 많은 학생이 부모나 조부모는 꿈꾸지 못한 삶을 살아갈 기회를 주는 곳이어야 합니다.

이 성명에 담긴 여러 층위를 이해하려면 예수회 수사 정도는 되어야 할 것이다. 그래도 한 번 시도해보자. 하버드는 "우리의 정체성을 이루는 어떤 요소도 결코 무의미할 수 없다."라고 적었다. 이 말은 하버드가 언제나 오직 하나의 집단만이 매직 서드를 넘어서는 곳이 되어야 한다는 의지의 표현이라고 볼 수 있다. 또한 "많은 학생이 부모나 조부모는 꿈꾸지 못한 삶을 살아갈 기회를 주는 곳"이라는 말은 동문 자녀들에게 부여하는 특별 대우에 대한, 자기들끼리만 아는 사소한 농담이라고 볼 수 있다(그 진정한 속뜻은 정반대다. 즉, 많은 학생이 부모와 조부모가 **이미 꿈꾸었던 삶을 다시** 살 수 있는 기회를 주는 곳이 하버드라는 것이다). "인간 경험의 다양한 측면"을 대표하는 학생들을 원한다는 말도 그렇다. 이 말은 컨트리클럽 운동장에서 대학 생활을 적절하게 대비한 학생들을 다수로 만들기 위해 특별한 노력을 기울인다는 뜻으로 볼 수 있다.

이래도 사회공학이 은밀하게 미국 기득권의 핵심 활동 중 하나가 되었다고 생각지 않는다면, 지금까지 내 말에 주의를 기울이지 않은 것이다.

제6장

미스터 인덱스와
메리어트 집단 감염 사태

"한 사람이 유발한 것으로 짐작됩니다."

공포의 워크숍

2020년 2월 26일, 생명공학기업 비이오젠Biogen 은 보스턴 다운타운 근처에 있는 메리어트 롱 와프 호텔에서 연례 리더십 워크숍을 열었다. 인근 케임브리지에 자리한 이 회사의 임직원은 약 8,000명이었다. 그중 보스턴으로 초내받은 175명이 전 세계에 있는 지사에서 비행기를 타고 날아왔다. 워크숍은 화요일 아침에 탁 트인 바다 전망이 보이는 하버 뷰 볼룸에서 조찬과 함께 시작되었다. 몇 달 동안 서로를 보지 못했거나 전화나 이메일로만 연락한 동료들이 악수와 포옹을 나누었다. 그들은 소음에 묻힌 서로의 말을 들으려고 가까이 몸을 기울였다.

그날 밤에는 몇 구역 떨어진 스테이트 룸이라는 행사장에서 만찬과 칵테일 파티가 열렸다. 이 자리에서는 회사에 탁월하게 기여한 여러 사람들에게 상도 주어졌다. 들뜬 분위기였다. 이익과 수익이 증가했고, 유망한 치료제가 여럿 개발되는 중이었다. 목요일 오후, 워크숍이 끝나고 참가자들은 공항이나 보스턴 근교의 집으로 흩어졌다.

이 워크숍의 기획과 운영에 관여한 모든 사람이 뒤늦게 깨달은 사실이 있다. 그것은 절대 열지 말았어야 할 워크숍이었다는 것이다. 하지만 그때는 2020년 2월 말이었다. 사스-코로나바이러스-2라는 어색한 이름으로 알려진 바이러스는 새로운 것이었다. 2019년 12월에 중국 중부 우한이라는 도시에서 생긴 이 바이러스는 유럽 전역과 다른 지역 여기저기서 이제 막 나타나기 시작한 터였다.

그게 중대한 문제로 바뀔 수 있었을까? 거의 20년 전, 사스SARS로 알려진 코로나19의 사촌격인 바이러스가 중국 남동부에서 출현하여 보건 관료들을 공포에 빠트렸다. 하지만 사스는 다른 지역에 폭넓은 피해를 입히기 전에 사그라들었다. 코로나19에 대한 우려 역시 또 다른 기우일 가능성이 있었다. 전 세계에서 사람들의 생활방식을 바꿔놓은 대규모 지역 봉쇄, 마스크 착용 의무화, 사회적 거리두기 규칙, 한밤중에 울리는 끝없는 구급차 사이렌 소리는 아직 몇 주, 몇 달 후의 일이었다. 2020년 2월에는 낙관파와 비관파가 공존했다. 바이오젠 경영진은 낙관파에 속했다. 그러니까, 워크숍을 다녀온 후 바로 맞은 주말에 임원 중 한 명이 독감 증상을 호소하며 보스턴 다운타운에 있는 매사추세츠 종합병원에 가기 전까지는 그랬다. 곧 같은 증상을 겪는 참가자들이 줄을 이었다. 급기야 50명 정도가 병상에 누웠다.

월요일이 되자 바이오젠 경영진은 불안에 휩싸였다. 모든 워크숍 참가자들에게 이메일이 발송됐다. 몸이 좋지 않으면 의사를 찾아가라는 내용이었다. 경영진은 화요일에 매사추세츠 공중보건과에 연락했다. 목요일에 두 명의 유럽 지사 직원이 양성 판정을 받았다. 이후 바이오젠은 전체 직원에게 집단 감염이 진행되는 중이라고 알렸다. 또한 그날 밤에는 보스턴 지역 직원들에게 매사추세츠 종합병원에 검사받으러 가지 말라고 통지했다. 그들이 "응급실을 마비시키고" 있기 때문이었다. 게다가 병원 보안팀은 바이오젠 직원들을 일체 들여보내지 않을 것이라고 경고했다.

모두가 바이러스 전파를 막으려고 절박하게 노력했다. 그러나 이미 늦어버린 때였다. 워크숍 참가자 중 여러 명이 거기서 코플리 플레이스에 있는 또 다른 메리어트 호텔에서 열리는 투자 콘퍼런스에 참석했다. 이제는 그 콘퍼런스에 참가했던 사람들도 아프기 시작했다. 또 다른 임원은 보스턴에서 비행기를 타고 플로리다 네이플스에서 열리는 콘퍼런스에 참석했다. PWC라는 컨설팅 회사가 주최하는 콘퍼런스였다. 그는 그곳에서 두통과 고열에 시달렸다. 그가 다른 사람들을 감염시켰을까?

노스캐롤라이나에서도 감염 사태가 일어났다. 롤리 외곽의 리서치 트라이앵글이라는 곳에 1,450명의 바이오젠 임직원이 일하는 제조 시설이 있었다. 여기서 파견된 인원들은 보스턴에서 돌아와 월요일에 출근한 후 병세를 보이기 시작했다. 그들이 얼마나 많은 사람을 감염시켰을까? 수많은 이메일이 주 보건 당국과 바이오젠 사이를 오가기 시작했다. 노스캐롤라이나 주지사도 이 문제에 끼어들었다.

거기서부터 상황은 악화일로를 걸었다. 메리어트 회합 참석자 중 너무나 많은 사람이 코로나19에 감염된 데다가 바로 비행기를 타고 다른 곳으로 갔다. 그들이 간 곳은 플로리다와 노스캐롤라이나뿐만이 아니었다. 바이오젠은 전 세계에 지사를 둔 다국적 기업이었다. 메리어트 회합 참석자들은 모든 곳으로 향했다. 그 이틀 동안 보스턴 다운타운에서 벌어진 일은 보건 재난이나 다름없다는 사실을 모두가 뒤늦게 깨달았다.

로렌스 트랙트와 하버드 럭비팀은 사회공학의 사례다. 임계점은 세상에 개입하고 싶은 참기 힘든 유혹을 불러일으킨다. 하지만 그 유혹은 아주 어려운 질문을 동반한다. 개인의 필요와 집단의 필요 사이에서 어떻게 균형을 잡을 것인가? 이 장에서는 사회공학이 초래하는 더욱 어려운 세 번째 문제를 다룰 것이다. 이는 메리어트 호텔에서 열린 바이오젠 회합이 제기하는 문제로, 전염병이 전파되는 양상이 지닌 심란한 현실과 관련이 있다. 코로나19 팬데믹을 다루는 모든 포괄적인 (그리고 궁극적으로는 피곤한) 논평들은 이 특정한 사안을 거의 거론하지 않는다. 그 이유는 해당 사안이 곤란한 질문을 너무 많이 제기하기 때문일 수도 있고, 대다수의 사람이 코로나19 팬데믹에 적용한 가정이 그냥 틀렸기 때문일 수도 있다. 하지만 또다시 치명적인 어떤 바이러스가 지구를 휩쓸 때는 해당 사안이 중심에 놓일 것이라 장담한다.

30만 명을 감염시킨 한 사람

보스턴 지역에서 최초로 코로나19 감염 사례가 확인된 시기는 1월 31일이었다. 매사추세츠 대학교에서 공부하는 한 중국인 학생이 코로나19 발원지인 중국 우한에서 비행기를 타고 보스턴으로 돌아왔다. 그때는 검역 규칙과 중국발 해외여행객 입국 금지 조치가 시행되기 직전이었다. 문제의 중국인 학생은 우한에서 상하이, 상하이에서 파리, 파리에서 보스턴 로건 공항까지 약 30시간을 여행했다. 그는 보스턴에 도착한 후 코로나19 확진 판정을 받았다.

당시는 팬데믹 초기였다. 누구도 한 달 후 흔해질 예방조치를 취하지 않았다. 그는 로건 공항에 내린 후 입국심사 줄에 섰다. 이후 공항에서 보스턴에 있는 집으로 갔다. 그에게 룸메이트가 있었을까? 어쩌면 있었을지도 모른다. 그랬다면 그들은 분명히 마스크를 쓰지 않았거나, 사회적 거리두기를 하지 않았을 것이다. 따라서 보건 재난이 진행되는 중인 세 확실했다.

하지만 그렇지 않았다. 그 학생은 다른 누구도 감염시키지 않았다. 실제로 너무나 별것 아닌 일이어서 보스턴 공중보건위원회 위원장인 리타 니에베스Rita Nieves 가 굳이 나서서 주민들을 안심시켰다. 그녀는 "지금은 보스턴 주민분들에게 평소와 다르게 행동하도록 요구하지 않을 것입니다. 일반 대중에게 미치는 위험은 여전히 낮습니다."라고 말했다.

그로부터 5주 후, 케임브리지 브로드 연구소 과학자들이 코로나19

검사 결과를 분석하는 최초의 시험소 중 하나를 만드는 방법을 알아냈다. 덕분에 진단한 모든 환자의 코로나19 바이러스가 지닌 유전적 특징을 분석할 수 있게 되었다. 그들은 코로나19 바이러스가 보스턴 지역에서 어떻게 전파되었는지 보여주는 거대한 지도를 만들었다. 그 결과에 따르면 감염 사태 초기 몇 달 동안 최소 120회에 걸쳐 누군가가 새로운 코로나19 변종을 보스턴 광역권에 들여왔다. 그러나 그중에서 다른 곳으로 전파된 경우는 소수에 불과했으며, 그조차 대부분 추가 감염이 차단되었다.

바이오젠 회합이 열린 지 약 한 달 후, 지역 요양원에서 최악의 집단 감염 사태가 발생했다. 97명의 입주자 중 사실상 전원이 코로나19에 감염됐다. 그중 24명이 사망했다. 직원 중 3분의 1도 앓아누웠다. 요양원은 그야말로 파괴되었다.

하지만 이 특정 변종이 다른 곳에도 피해를 입혔을까? 아니었다. 요양원은 수많은 사람이 드나드는 곳이었다. 그러나 요양원 전체를 휩쓸만큼 감염력 강하고 치명적인 변종도 바깥 세상에는 거의 흠집을 내지 못했다. 외부로 전파되기는 했지만 **임계점**에는 이르지 못했다. 당시 임계점에 이르렀다고 볼 수 있는 유일한 발원지는 메리어트 롱 와프에서 열린 바이오젠 회합이었다.

감염병 전문가로서 브로드 연구소 코로나19 연구팀의 일원인 제이콥 레미유Jacob Lemieux는 이렇게 말했다.

초기 감염 건의 연관성에 대한 정보들이 나왔습니다. 우리는 그 정보들을 꿰어 맞춰보기 시작했습니다. 특히 눈에 띄었던 특징은 초기 감염 건 중에 그 회합에서 시작되어 서로 이어지는 사례가 아주 많았다는 겁니다.

메리어트 회합에서 비롯된 감염 건들은 뚜렷한 유전적 특징을 지니고 있었다. 바로 'C2416T'라는 변종이었다. 이 변종은 메리어트 감염 사태 이전에는 미국에서 발견된 적이 없었다. 실제로 프랑스의 두 노인 환자에게서 발견된 게 전부였다. 그래서 레미유와 동료들은 바이오젠 변종, 즉 C2416T의 감염 경로만 추적하면 바이오젠 회합이 얼마나 큰 파급력을 미쳤는지 파악할 수 있었다.

레미유는 아래와 같이 이야기를 이어나갔다.

우리가 조사 결과를 발표하자 〈보스턴 글로브〉에서 연락이 왔습니다. 그들은 "정말 흥미로운 결과네요. 그런데 얼마나 많은 사람이 이걸로 영향을 받을까요?"라고 물었습니다. 우리는 "잘 모르겠네요. 아마 많을 겁니다."라고 말했습니다. 그들은 "많다는 게 몇 명인가요?"라고 물었습니다. 우리는 "그냥 많아요…."라고 대답했습니다. 우리는 자체 추정치를 계산해서 (그들에게) 알려줬습니다. 그랬더니 다음 날, (그게) 1면에 실렸어요. "과학자들이 문제의 기업 콘퍼런스로 2만 명이 감염될 것이라고 말하다."라는 내용이었어요.

결과적으로 그 추정치는 심하게 적은 수치였다. 전 세계의 과학자들은 유행하는 코로나19 변종의 유전적 특징을 보고했다. 이를 취합한 지도에서 바이오젠 변종의 전파 영역은 갈수록 넓어졌다. 이 변종은 미국의 29개 주를 넘어 멀게는 호주, 스웨덴, 슬로바키아 같은 나라들까지 모든 곳으로 퍼져나갔다.

> 전 세계에서 유전자 서열을 올렸는데 C2416T가 보였습니다. 결과적으로 보면, 아주 높다고 생각했던 초기 추정치는 사실 정말로 낮았습니다. 실제로 그 행사에서 시작된 연쇄 감염의 결과로 아마 수십만 명이 감염되었을 겁니다.

바이오젠 변종 감염자에 대한 최종 추정치는 30만 명 이상이었다. 이 감염 사태는 어떻게 시작되었을까?

레미유는 "아마도 한 사람이 유발한 것으로 짐작됩니다."라고 말했다.

한 번의 회합으로 30여만 명이 감염되었는데, 그 모든 건이 단 한 명에게로 거슬러 올라갔다. 그 한 명은 대체 무엇이 그렇게 특별했을까?[*]

---

[*] 한 가지 논리적 가능성은 바이오젠 회합에서 퍼진 특정 변종의 감염력이 이례적으로 강했다는 것이다. 하지만 그렇지 않다. 오미크론처럼 이후에 나온 변종의 감염력이 훨씬 강했다.

소수의 법칙이 '소수의 탓'으로 작용할 때

지금까지 우리는 전염의 두 가지 요소를 살폈다. 첫 번째 요소는 오 버스토리가다. 오버스토리는 땅에서 일어나는 모든 일에 그림자를 드 리운다. 두 번째 요소는 집단 비율이다. 이 비율은 해당 집단이 임계점 에 이를 가능성과 그 시기를 좌우한다. 이 두 요소는 포플러 그로브 연 쇄 자살 사태에서 드러났다. 포플러 그로브는 나름의 독특한 오버스토 리를 갖고 있었다. 극단적인 성취 윤리라는 이 오버스토리는 파괴적인 부작용을 초래했다. 또한 집단 비율도 완전히 잘못되어 있었다. 포플 러 그로브는 모노컬처였다. 그곳에는 학교의 규범에 짓눌린 학생들의 숨통을 틔워줄 대안적 정체성이 필요했다.

하지만 세 번째 요소도 있었다. 포플러 그로브 문제를 연구한 사회 학자 중 한 명인 세스 아브루틴의 말을 떠올려보라.

> 네 번의 연쇄 자살 중 석어도 세 번의 경우에는 매우 누드러지는 평판 높은 학생이 포함되어 있었어요. 그들은 포플러 그로브 재 학생의 이상적인 모습을 충실히 구현하는 학생이었죠. 자살한 청 소년 중 다수는 완벽해 보였어요. 하지만 난데없이 숙어버렸어 요. 그래서 다른 학생들은 '그 아이들도 이런 환경에서 살아남지 못하는데 내가 어떻게 살아남아?'라고 생각했죠.

포플러 그로브 연쇄 자살 사태를 초래한 요인 중 하나는 초기 자살

자들이 '특별한 위상'을 갖고 있었다는 것이다. 그들은 학교의 위계에서 상당한 자리를 차지하고 있었다. 나는 《티핑 포인트》에서 이 문제를 언급하면서 이를 '소수의 법칙'이라 불렀다. 우리가 다루는 많은 사회문제는 심히 비대칭적이다. 즉, 소수가 대부분의 '일'을 한다. 그리고 내가 말하는 '소수'는 정말, 정말 적다.

사례를 하나 들어보겠다. 오래전 나는 도널드 스테드먼Donald Stedman이라는 대단한 사람을 만난 적이 있다(그는 2016년에 사망했다). 그는 덴버 대학교의 화학자이자 명민한 발명가였다. 그가 고안한 많은 발명품 중에 고속도로를 달리는 차량의 배기가스를 적외선으로 즉시 측정하고 분석하는 장치가 있었다. 나는 덴버로 가서 그를 만났다. 우리는 차를 타고 25번 주간고속도로에 있는 스피어 대로 출구로 갔다. 거기에 대형 전광판에 연결된 그의 발명품이 설치되어 있었다. 제대로 작동하는 매연방지 장치를 갖춘 차가 지나가면 전광판에 '양호'라고 떴다. 반면 배기가스 허용치를 넘어서는 차가 지나가면 '불량'이라고 떴다.

우리는 족히 1시간 동안 그 자리에 앉아 지나가는 차들을 바라보았다. 곧 알게 된 사실은 '불량' 판정을 받는 차가 놀랄 만큼 드물다는 것이었다. 스테드먼은 그럼에도 그 소수의 차량이 덴버의 대기오염 문제를 초래하는 주범이라고 말했다. 차량 노후화, 부실한 수리, 소유자의 의도적 조작 등 이유가 무엇이든 간에 소수 차량이 일산화탄소 수치를 평균보다 최대 **100배**나 더 높이고 있었다.

스테드먼은 내게 이렇게 말했다.

15년 된 차가 있다고 합시다. 당연히 차가 오래될수록 망가질 확률이 높습니다. 사람과 마찬가지죠. '망가진다'는 건 기계적 장애를 뜻해요. 컴퓨터가 더 이상 작동하지 않거나, 연료 분사 밸브가 고착되거나, 촉매가 반응하지 않거나 하는 것들이죠. 이런 장애가 배기가스를 늘리는 건 드문 일이 아닙니다. 우리 데이터베이스를 보면 1마일당 70그램의 탄화수소를 배출하는 차가 적어도 한 대는 있어요. 그 차에서 나오는 배기가스로 혼다 시빅 한 대를 거의 몰 수 있는 수준이죠. 오래된 차만 그런 게 아닙니다. 택시처럼 새 차라도 주행거리가 많으면 그래요.

스테드먼이 발견한 바에 따르면 덴버의 경우 2006년 기준으로 주행 차량 중 5퍼센트가 자동차 대기오염의 55퍼센트를 초래했다. 이것이 아주 적은 수의 행위자가 아주 큰 문제를 초래하는 소수의 법칙이다.

스테드먼은 자동차가 야기하는 대기오염의 비대칭성을 이해하면, 기존 매연방지 제도는 합리적이지 않다는 사실이 명백해진다고 주장했다. 그는 매연 검사가 소수의 아웃라이어Outlier를 찾아내서 바로잡는 일을 전혀 잘하지 못한다고 말했다. 자동차 애호가들은 고출력 엔진을 얹어서 오염 물질을 많이 배출하는 스포츠카를 탄다. 알려진 바에 따르면 그들은 매연 검사를 받는 날에만 차에 깨끗한 엔진을 얹거나, 매연 검사를 하지 않는 먼 도시에 차를 등록한다. 또는 더러운 엔진이 깨끗하게 보이도록 만드는 좋은 방법으로서, 직전까지 고속도로를 빠르게 달린 후 소위 '뜨거운' 상태로 검사장에 들어가는 사람들도 있다. 그리고 합격할 수 없는 상태인데도 운 좋게 합격하는 경우도 있다. 더러운 엔진은 변동성이 심해서 짧은 시간 동안 깨끗하게 연료를 태우는 경우도 있기 때문이다. 다른 한편, 덴버에서 차를 모는 수십만 명의 운전자는 해마다 매연 검사를 받아야 한다. 그들은 거의 누구도 받을 필요가 없는 시험 때문에 따로 시간을 내고, 줄을 서고, 25달러를 내야 한다. 왜 굳이 그래야 할까?

스테드먼의 아이디어는 자신의 발명품을 덴버 곳곳에 설치하고, '불량' 판정을 받은 차만 단속하자는 것이었다. 그의 추정에 따르면 노변 매연 단속 장치를 대여섯 대만 설치해도 하루에 3만 대를 검사할 수 있다. 이 말을 풀이하자면 며칠 만에 덴버 지역의 대기오염을 35퍼센트에서 40퍼센트나 줄일 수 있다는 뜻이었다.

스테드먼의 선구적인 조사 이후 다른 연구자들도 전 세계에서 비슷한 작업을 진행했다. 그 결과는 언제나 같았다. 언제나 10퍼센트 정도의 차량이 자동차 대기오염의 절반 이상을 초래했다. 매연 차량의 분포는 LA 지역 차량에 대한 조사 결과에 사용된 구절을 빌리자면 "지극히 편중되어" 있었다.

또 다른 연구에서, 한 이탈리아 연구자들은 로마의 차량 중 10퍼센트를 전기차로 바꾸면 대기질이 얼마나 개선될지 계산했다. 짐작대로 대기질은 대폭 개선될 것으로 보였다. 뒤이어 연구진은 두 번째 계산을 했다. 최상위 1퍼센트의 오염 유발 차량을 전기차로 바꾸면 어떻게 될까? 이 경우에도 오염 물질이 줄어드는 양은 같았다.

도널드 스테드먼이 마술적인 장치를 발명한 지 거의 40년이 지난 지금, 거의 모두가 그의 의견에 동의한다. 그러면 스테드먼이 노변 실험을 시작한 후 덴버에는 어떤 일이 생겼을까? 아무 일도 없었다.[*] 콜로라도주는 여전히 대다수 차량이 정기 매연 검사를 받는다. 그리고 (2000년대만 해도 아주 좋았던) 덴버의 대기질은 지난 10년 동안 계속 악화되었다.

도시 지역의 대기오염은 소수가 초래하는 문제의 완벽한 사례다. 하지만 우리는 그것이 우리 모두가 초래한 문제인 것처럼 행동한다. 누구도 비대칭성에 대한 조치를 취하려 하지 않는다. 그 이유를 이해하기는 어렵지 않다. 소수의 오염 물질 대량 배출자를 골라내는 일은 덴버의 대기질을 걱정하는 사람들의 일을 훨씬 어렵게 만들기 때문이다. 적발되는 사람 중에 빈곤층이 압도적으로 많으면 어떻게 해야 할까? 그들에게 차를 수리할 돈이 없으면 어떻게 해야 할까? 조치를 따르지 않으면 차를 압수해야 할까? 경찰들이 현장에서 오염방지법의 집행을 망설이면 어떻게 해야 할까? 환경단체가 자신들의 손으로 문제를 해결하려고 스테드민의 검사 정지를 시들여서 지나가는 운전자들을 망신 주기 시작하면 어떻게 해야 할까?

문제가 '모두의 탓'이라는 입장에서 '소수의 탓'이라는 입장으로 옮겨가기는 **정말 어렵다.** 우리는 그 어려움을 감당할 수 없어서 차라리 더러운 공기를 마시기로 작정한 듯하다.

앞서 선의의 사회공학적 시도가 해결할 수 없는 문제에 부딪힌 사

● 스테드먼의 조언 중에 콜로라도가 따른 유일한 조치는 신차를 정기 매연 검사 대상에서 제외한 것이었다.

례들을 살폈다. 흑인을 돕기 위해 형성된 공동체를 구하는 유일한 방법이 흑인을 거부하는 것이라면 어떻게 해야 할까? 또한 하버드 럭비팀은 사회공학이 초래하는 두 번째 유형의 문제를 보여준다. 교육기관이 소수의 특권을 유지하기 위해 구성원 수를 은밀히 조작한다면 어떻게 해야 할까? 지금부터는 우리의 미래에 생길 훨씬 어려운 문제를 제시하고 싶다. 발전된 기술은 우리에게 특별한 소수가 누구인지 알아낼 능력을 부여할 것이다. 덴버의 노변뿐 아니라 팬데믹 초기에 대형 호텔 콘퍼런스 룸을 비롯한 온갖 장소에서 그런 일이 가능해질 것이다.

우리는 그 정보를 가지고 무엇을 할 것인가?

전 세계인이 마스크를 쓰게 된 과정

수많은 집단이 수많은 관점으로 바이러스와 전염병을 연구한다. 공중보건 종사자들은 질병이 특정 집단에 어떻게 영향을 미치는지 관심이 있다. 바이러스를 연구하는 학자들은 실제 감염원의 구체적인 속성에 관심이 있다. 면역학자들은 인체가 외부 물질에 반응하는 양상에 관심이 있다. 이는 시작에 불과하다. 거기서부터 다양한 전문 분야가 하위 전문 분야로 나누어지며, 하위 전문 분야는 다시 세부 전문 분야로 나누어진다. 세상에는 수만 종의 학계 저널이 있다. 이는 과학계가 얼마나 세분화되었는지 말해준다. 때로는 이 다양한 분야들이 서로 소통하고 서로의 연구 결과를 읽기도 한다. 그러나 대개는 그렇게 하지 않으며, 한 분야에서 일어나는 일을 다른 분야 과학자들은 알지 못한다. 코로나19의 경우, 연무질煙霧質을 연구하는 소수 과학자들 사이에서 이런 일이 일어났다.

연무질은 공기 중에 떠다니는 작은 입자로서 세상에 수십억 개가 존재한다. 그중에는 자연적으로 생성되는 것도 있고, 인위적으로 생성되는 것도 있다. 연무질 연구자들은 공학자나 화학자인 경우가 많은데, 도널드 스테드먼 역시 연무질 연구자였다. 그는 자동차 배기구에서 나오는 미세 입자를 측정하는 데 관심이 있었다. 이는 연무질 연구 분야에서 다루는 전형적인 문제다. 또 다른 문제로는 이런 것들이 있다. "프라이팬으로 베이컨을 구울 때 나는 좋은 냄새는 어떤 입자로 구성되어 있을까? 프라이팬에서 나오는 모든 입자는 해로울까? 크기는 얼마나 될까? 어디로 들어갈까? 연기를 빨아들인다는 주방 후드는 제 기능을 할까?"

이 분야의 대표 저널은 《에어로졸 사이언스 앤드 테크놀로지》Aerosol Science and Technology 다. 베리어트 집단 감염 사태가 발생한 시 한 달이 막 지났을 때, 이 저널은 주요 연무질 연구자들에게 세상을 휩쓰는 수수께끼 같은 전염병에 대한 의견을 요청했다.

그들의 논문은 2020년 4월 조에 '북서부 인도-샌시스 평원 지역의 교외 측정 장소에서 현장 보정을 통해 습도, 밀도, 유입구 흡입 효율을 보정하면 저가형 센서의 정확도가 개선된다'라는 제목의 논문과 함께 발표되었다. 해당 논문의 제목은 '코로나바이러스 전염병과 연무질: 코로나19는 호흡 시 나오는 입자를 통해 전파되는가?'였다. 관련 분야의 사람들을 제외하면 이 논문을 읽은 사람은 거의 없을 것이다. 이는 안타까운 일이다. 《에어로졸 사이언스 앤드 테크놀로지》는 코로나19 팬데믹을 정확하게 설명한 최초의 주요 과학 저널 중 하나였기 때문이다.

해당 논문 작성을 주도한 사람은 캘리포니아 북부에 자리한 UC 데이비스의 교수 윌리엄 리스텐파트William Ristenpart였다. 화학을 전공한 리스텐파트는 2008년에 우연히 인간 질병을 연구하게 되었다. 그는 "아주 저명한 전염병학자가 기니피그 간 인플루엔자 공기 전파를 연구한 논문을 접했다."고 말했다. 논문은 흥미로웠지만 그가 보기에는 불완전했다. 연무질 연구자에게는 자연스럽게 떠오를 질문을 제기하지 않은 채 전체 문제를 분석하려 하고 있었기 때문이다. 이를테면 유체 흐름이나 속도가 있는지, 어느 방향으로 나아가는지 같은 것들 말이다.

다시 말해서 그 전염병학자는 기니피그가 밀접한 신체 접촉 없이 다른 기니피그에게 독감을 옮길 수 있는지 **여부**에만 관심이 있었다. 그게 **어떻게** 일어나는지에 대해서는 알고 싶어 하지 않는 것 같았다. 하지만 연무질 연구자에게는 그 '어떻게'가 결정적인 부분이었다. 그래서 리스텐파트는 인간 질병의 세계에 발을 들이기 시작했다. 다만 그는 화학자의 관점을 취했다. 우리는 말하거나 호흡하거나 재채기를 할 때 공기를 내뱉는다. 이 과정은 어떻게 진행될까?

그는 "성대를 본 적이 있습니까? 저는 이 문제를 파고들기 전에는 본 적이 없습니다. 후두 전문의들은 모두 후두경을 씁니다. 코를 통해 광섬유 케이블을 넣으면 성대가 움직이는 모습을 볼 수 있죠."라고 말했다.

그는 후두경으로 찍은 자신의 성대 사진을 보여주었다. 성대는 후두 안에 나란히 자리한 두 줄의 조직으로서 미닫이 문처럼 열고 닫힌다.

> 성대가 같이 움직이는 모습은 볼 때마다 감탄스러워요. 저는 목소리가 약간 저음이라, 110헤르츠 정도 됩니다. 성대가 1초당 110번 서로 부딪힌다는 뜻이죠.

성대가 열릴 때마다 실 형태의 액체가 소량 형성된다. 리스텐파트가 내게 보여준 사진에서 그 실은 두 미닫이 문 사이를 가로지르는 작은 액체 다리처럼 보였다. 그는 뒤이어 "이 다리들이 끊어지면 작은 물방울들이 형성됩니다."라고 말했다.

우리가 숨을 내쉬면 그 작은 침방울들이 입에서 나온다. 병에 든 시럽 같은 액체를 불어서 풍선처럼 만든다고 생각해보라. 막대기를 그 병에 넣으면 끝에 얇은 액체막이 생긴다. 그것을 입으로 불면 사방으로 방울이 날아간다. 우리 입 안에서 바로 그런 일이 일어난다. 다만 방울이 수십 개가 아니라 수백만 개이며, 크기가 미세하다는 점이 다를 뿐이다.

코로나19 바이러스가 출현했을 때, 《에어로졸 사이언스 앤드 테크놀로지》는 리스텐파트와 세 명의 동료에게 의견을 구했다. 첫 번째 질문은 "이 방울들에 대해 우리가 아는 것은 무엇인가?"였다. 여러분은 팬데믹 초기에 들었던 말을 기억할 것이다. 2020년 3월 28일, 세계보건기구는 다음 내용을 소셜미디어 플랫폼에 올렸다.

팩트: 코로나19는 공기로 전파되지 않습니다.

코로나바이러스는 주로 감염된 사람이 기침이나 재채기 또는 말을 할 때 형성되는 방울을 통해 감염됩니다.

다음과 같이 자신을 보호하세요.

- 다른 사람과 1미터 거리를 유지하세요.
- 접촉 지점을 자주 소독하세요.
- 손을 깨끗이 씻으세요. 🙌
- 눈, 코, 입을 만지지 마세요. 👀 👃 👄

공기로 전파되지 않는다는 말은 우리의 코와 입에서 나오는 방울이 너무 무거워서 공기 중에 떠다닐 수 없다는 뜻이다. 그래서 감염된 사람과 거리를 두면 자신을 보호할 수 있는 것이다. 방울은 재채기나 기침의 힘이 밀어내는 곳까지만 도달할 수 있다. 세계보건기구의 메시지는 "신체 접촉을 피하라"는 것이었다.

하지만 연무질 연구자들은 이 메시지가 말이 되지 않는다고 생각했다. 성대가 열고 닫힐 때마다 액체 다리에 들어 있는 바이러스 입자가 작은 방울로 변한다면, 단발적인 기침이나 재채기에 초점을 맞추는 것은 어리석다. 진짜 문제가 생기는 순간은 **말할 때**다. 재채기를 2~3번할 때보다 10분 동안 대화를 나눌 때 훨씬 많은 입자가 방출된다. 리스텐파트는 이렇게 말했다.

의사를 비롯하여 모든 사람이 기침이나 재채기에 초점을 맞추었습니다. 상당히 두드러지는 현상이니까요. 침이 날아가는 게 보이잖아요. 그런 게 눈에 보이면 걱정하게 되죠. 반면에 말하는 건 일상적이에요. 우리는 하루 종일 다른 사람과 이야기를 나눕니다. 그렇죠?

보다 중요한 점은 말할 때 나오는 작은 방울들이 너무 무거워서 공기 중에 떠다닐 수 없다고 가정하지 말아야 한다는 것이다. 리스텐파트와 세 명의 공저자는 코로나19가 자신들이 평생 연구하던 연무질과 같은 종류에 속한다고 생각했다. 방울은 가벼워서 담배 연기처럼 떠다닌다. 또한 그것을 내뱉은 사람이 떠난 지 한참 후에도, 길게는 1시간 동안 한 자리에 떠 있을 수 있다.
리스텐파트와 동료들은 이렇게 썼다.

호흡 및 발성 시 나랑의 입사가 배출된다고 일려져 있다. 고보니19는 명백히 높은 전염성을 지닌다. 이를 감안했을 때 타당하고도 중요한 가설은 무증상 감염자와 얼굴을 맞대고 대화하면 서로 접촉하지 않으려고 신경 쓴다 해도 전염될 수 있다는 것이나.

바이오젠 사례는 처음 조사에 나선 공중보건 연구자들에게 수수께끼였다. 직접 접촉을 통해 전파되는 바이러스가 어떻게 참가자 대다수를 감염시켰는지 이해할 수 없었기 때문이다. 브로드 연구소의 레미유는 이렇게 말했다. "우리로서는 너무나 이해하기 힘든 일이었습니다. 이틀 동안 열린 콘퍼런스에서 수백 명이 감염되었어요. 다른 사람 얼굴에 대고 기침하는 건 사회적으로 꺼림칙한 일입니다. 그런데 어떻게 한 사람이 수백 명에게 기침을 할 수 있었을까요?"**

하지만 바이러스가 공기로 전파된다면 모든 것이 설명된다. 코로나19를 전파하기 위해서는 숨 쉬고 말하기만 하면 된다. 바이오젠 전염 사태의 핵심에 있던 사람은 메리어트의 넓고 답답한 콘퍼런스 룸에서 강연을 했다. 리스텐파트와 공저자들은 "크게 말할수록 더 많은 연무질 입자가 형성된다."고 썼다. 코로나19에 심하게 감염된 사람이 전체 군중 앞에 서서 족히 40분 동안 치명적인 바이러스가 가득한 연무질 입자를 내뿜었다. 이것으로 슈퍼전파자가 일으킨 집단 전염 사태가 설명되었다.**

● 코로나19 바이러스가 팬데믹 기간 동안 갈수록 능숙해진 일 중 하나는 연무질을 활용하는 것이었다. 2020년 말에 지배적 변종으로 자리 잡은 알파 변이에 대한 연구 결과를 보면 "알파 변이는 미세 연무질 바이러스 RNA가 43배 증가하는 것과 관련이 있었다." 이는 알파 변이의 경우 이전 변이보다 부유 입자에 바이러스가 43배나 더 많다는 뜻이다. 해당 논문은 뒤이어 "연무질 배출이 증가했다는 우리의 관찰 결과는 보다 효율적으로 연무질 생성이 가능한 SARS-CoV-2를 선택하는 진화압(생물들이 자신에게 가해지는 외부의 압력에 저항하는 방향으로 진화하는 과정—옮긴이)이 작용하고 있음을 시사한다."라고 밝힌다.

●● 그건 그렇고 코로나19가 공기로 전파된다는 사실을 세계보건기구가 공식 인정했는지 궁금하다면, 그 답은 '그렇다'이다. 그들은 몇 달 동안 '공기 전파'라는 표현을 두고 말장난을 하다가 결국에는 웹사이트에 올린 문구를 바꾸었다. 그 내용은 "공기 중으로 퍼지는 감염성 입자를 가까운 거리에서 흡입하면(이는 흔히 근거리 연무질 전파 또는 근거리 공기 전파라 부름)" 코로나19에 걸릴 수 있다는 것이었다. 또한 "밀집된 실내 환경에서는 원거리 공기 전파를 통해서도 전염이 이루어진다. 연무질은 공기 중에 떠 있거나, 대화를 나누는 거리보다 더 멀리 돌아다닐 수 있기 때문이다."라고 밝혔다. 세계보건기구가 홈페이지 문구를 바꾼 때는 연무질 연구자들이 주변에서 일어나는 일을 다른 가설로는 타당하게 설명할 수 없다고 말한 지 거의 2년이 지난 후였다.

아니면 아직 설명되지 않은 게 있을까?

밀폐된 공간에서 숨 쉬고 말하는 것만으로 바이러스가 간단하게 전파된다면 왜 메리어트 집단 감염 사태 같은 일이 수없이 발생하지 않았을까? 우리가 그 일에 대해 아는 이유는 그것이 독특한 사건이었기 때문이다.

왜 독특했을까?

전염병은 극소수의 법칙에 따라 움직인다

1970년대 초, 뉴욕주 로체스터 외곽에 자리한 초등학교에서 홍역이 퍼졌다. 60명의 아동이 앓아누우면서, 지역 보건당국은 조사를 시작하지 않을 수 없었다. 그들은 의료기록을 수집하고, 학교 구조를 분석하고, 환기 시스템이 작동하는 방식을 조사하고, 통학버스를 타는 학생과 타지 않는 학생을 분류하고, 감염된 모든 학생이 교실의 어디에 앉았는지를 파악했다. 이를 토대로 바이러스 전파 경로를 재구성할 수 있었다. 그 결과 집단 감염이 두 차례에 걸쳐 이루어졌다는 사실이 밝혀졌다. 1차 전파에서 28명의 학생이 감염되었고, 이후 이 학생들이 다른 31명의 학생에게 바이러스를 퍼트렸다. 여기까지는 흔히 있는 일이었다. 다른 아이에게서 홍역이 옮으면, 부모는 아이가 나을 때까지 집밖에 내보내지 않았다. 그러면 조만간 집단 감염이 사그라들었다.

그런데 이상한 점이 있었다. 그것은 28명의 아이를 홍역에 걸리게 만든 1차 전파와 관련이 있었다. 1차 전파는 2학년 여학생, **한 명**으로부터 시작되었다. 문제는 이 여학생이 홍역을 퍼트린 양상이 설명되지 않는다는 것이었다. 조사관들은 통학버스가 감염이 일어날 가능성이 가장 높은 곳이라고 생각했다. 하지만 이 여학생은 통학버스를 타지 않았다. 게다가 그녀는 자기 반 학생만 감염시킨 게 아니었다. 이 역시 전염성 바이러스가 전파되는 일반적인 양상과 달랐다. 그녀는 **14개 교실**에 걸쳐 홍역을 전파했다. 전염병학자들이 홍역 같은 질병의 전파를 이해하기 위해 활용하는 몇 가지 모형이 있다. 이 모형은 모든 감염자가 다른 사람에게 바이러스를 퍼트릴 가능성이 거의 같다고 가정한다. 하지만 이 여학생의 사례는 그 가정을 비웃었다. 불가사의한 1차 전파를 이해할 수 있는 유일한 길은 이 여학생이 일반적인 홍역 환자보다 10배나 많은 바이러스 입자를 뱉어냈다고 가정하는 것이었다.

조사관들은 "최초 감염자와 뒤이은 환자의 감염력에 **10배**나 되는 차이가 존재할 가능성에 흥미를 느꼈다."고 썼다.

'흥미를 느꼈다'는 절제된 표현이라 말해도 무방하다.

어떤 사람은 다른 사람보다 감염력이 뛰어나다는 생각이 과학계에 자리 잡기까지는 오랜 시간이 걸렸다. 마치 전염병학계의 UFO 목격담처럼 오랫동안 이와 관련된 내용이 의학 논문에 산발적으로 실렸다. 하지만 누구도 이런 사례를 어떻게 다루어야 할지 몰랐다. 전염병이 퍼지는 양상에 대한 기존 모형에 쉽게 들어맞지 않았기 때문이다. '슈퍼전파자'라는 개념은 1970년대 말까지 자주 쓰이지 않았으며, 그 후에도 이론적인 차원에서만 머물렀다. 아직 답을 찾지 못한 의문이 너무 많았기 때문이다. 가령 키가 198센티미터, 몸무게가 125킬로그램인 남성은 몸무게가 45킬로그램인 여성보다 호흡기 바이러스를 퍼트릴 위험이 더 크다는 점은 모두가 이해했다. 폐가 훨씬 크니까 말이다! 하지만 키와 몸무게만으로는 초등학교 2학년 학생이 급우들보다 10배나 많은 홍역 바이러스 입자를 내뱉었다는 사실을 설명하지 못한다.

로체스터 지역의 의사들은 당황스러웠다. 그들은 누가 슈퍼전파자인지 알았다. 하지만 그 여학생을 특별하게 만든 요소가 무엇인지 파악하지 못했다.[•]

이제 연무질 연구자들이 나설 차례였다.

연무질 학계에서 가장 중요한 도구 중 하나는 공기역학적 입자 크기 측정기aerodynamic particle sizer 또는 APS라고 불리는 장치다. 이 장치는 깔때기가 달린 상자 형태로서, 도널드 스테드먼이 차량 배기가스를 측정하기 위해 발명한 마술 상자의 인간 버전이라고 할 수 있다. 깔때기에 입김을 불어넣으면, 일련의 레이저가 모든 연무질 입자의 수를 세

[•] 또 다른 사례도 있다. 1950년대에 볼티모어 재향군인병원 의사들은 환기 시스템을 조작하여 결핵 병동에서 뽑아낸 공기를 기니피그가 가득한 방으로 뿜어냈다. 그들은 결핵 환자와 같은 공기를 마시는 것만으로 기니피그들이 병에 걸릴지 알고 싶었다. 당시는 감염원이 공기로 진파될 수 있다는 사실을 막 알아가던 시기였다. 앞선 실험 결과는 병에 걸린다는 것이었다. 이는 획기적인 발견이었다. 오늘날 연무질 연구자들이 하는 작업의 기원을 거슬러 올라가면 이 실험과 직결된다. 하지만 뒤이어 당혹스러운 부분이 나왔다. 결핵 변종은 저마다 다른 특성을 지닌다. 그래서 의사들은 새롭게 감염된 기니피그의 결핵균과 병동에 있는 환자의 결핵균을 비교했다. 이는 기니피그가 결핵 병동의 환자들로부터 감염되었다는 사실을 확인하기 위한 일반적인 절차였다. 실험에 참가한 의사들은 "세부적인 세균학적 문제가 특별한 관심사가 될 것이라고는 예상치 못했다."고 썼다. 하지만 너무나 놀랍게도, 결핵에 감염되어 변종을 확인한 22마리의 기니피그 중 19마리가 단 두 명의 환자에게 감염되었다는 사실이 드러났다.

고 그 크기를 측정한다. 윌리엄 리스텐파트의 연구실은 한 중요한 초기 실험에서 지원자들을 모아 APS에 입김을 불게 했다. 또한 모음을 반복하여 발음하게 하고, 고함치거나 속삭이게 하고, 여러 가지 '발성'을 하게 했다. 그 결과 오랫동안 나온 모든 UFO 목격담이 시사하는 바를 확인했다. 즉, 소수 샘플이 유난히 두드러졌다.

리스텐파트는 실험 결과에 대해 이렇게 말했다. "그게 우리가 말하는 '슈퍼배출자'입니다. 어떤 사람들은 동일한 크기의 소리를 내도 약 10배나 많은 연무질을 배출했습니다. 그건 전혀 몰랐던 사실이었습니다. 만약 다시 처음으로 돌아간다면 아마 사람마다 다른 크기의 분포를 보일 거라는 가설을 세웠을지도 모릅니다. 하지만 10배나 차이가 날 줄은 몰랐을 겁니다."라고 말했다.

또 다른 주요 연무질 연구자인 하버드 대학의 데이비드 에드워즈David Edwards도 같은 패턴을 확인했다. 그는 노스캐롤라이나주 애슈빌과 미시건주 그랜드 래피즈로 가서 주민들의 입김을 측정했다. 최종 실험 참가자 수는 194명이었다. 그중 대다수가 저전파자였다. 그들이 다른 사람을 감염시키기는 어려웠다. 반면 에드워즈가 '연무질 대량 생산자'라고 부른 34명이 있었다. 그중에서 18명은 슈퍼전파자였으며, 이 엘리트 집단에는 무려 1리터당 평균 3,545개의 입자를 내뿜는 사람이 한 명 있었다. 이는 가장 인원이 많은 저전파자의 **20배**가 넘는 수치였다. 끝으로 팬데믹 막바지에 결정적인 증거가 나왔다. 영국 연구진은 "인간 챌린지 연구"의 일환으로 36명의 지원자를 일부러 코로나19에 감염시켰다. 지원자는 모두 젊고 건강했다. 그들은 동일한 조건에,

동일한 시간에, 동일한 양의, 동일한 변이에 노출된 후 병원에 격리되었다. 연구자들은 모든 증상과 활력징후를 점검하고 검사하면서 면밀히 그들을 관찰했다. 리스텐파트와 에드워즈는 바이러스에 감염되지 않은 정상적인 사람의 입김을 측정했다. 반면, 영국 연구진은 코로나19에 **걸린** 사람들에게 무슨 일이 일어나는지를 최초로 살폈다. 그들이 발견한 것은 무엇일까? 감염된 지원자로부터 검출된 모든 코로나19 바이러스 입자의 86퍼센트가 단 **두 명**에게서 나왔다는 것이었다.

공기 전파 바이러스는 소수의 법칙에 따라 움직이지 않는다. 그것은 극소수의 법칙에 따라 움직인다.

슈퍼전파자를 특정하면 벌어지는 일

연무질 연구자들이 확인한 것은 무작위로, 가끔, 아무에게나 일어나는 그런 일이 아니었다. 리스텐파트와 동료들은 《에이로솔 사이언스 앤드 테크놀로지》에 실은 성명서에서 "불분명한 이유로 특정 개인은 평균보다 10배나 많은 연무질을 배출하는 '발화 슈퍼배출자'speech superemitter 다."라고 썼다. 다시 말해서 로체스터의 조등학교 여학생처럼 어떤 사람은 유전적 속성에 따라 더 많은 연무질 입자를 생성한다.

리스텐파트는 어떤 특별한 이유로 특이한 성질의 침을 가진 사람이 슈퍼전파자일지도 모른다고 생각한다. 그들의 침은 일반적인 침보다 더 탄력이 뛰어나고 점도가 높다. 즉, 더 진하고 끈적끈적하다. 그래서

성대 사이의 액체 다리를 뚫고 지나갈 때 더 많은 연무질을 생성한다.[•]

한편, 데이비드 에드워즈는 개인차가 얼마나 되든지 간에 적어도 호흡으로 배출되는 입자의 경우에는 수분 섭취 같은 단순한 요인만으로도 증폭될 수 있다고 믿었다. 그는 "상기도上氣道는 세차 기계와 비슷하고, 상기도를 지나는 공기는 차와 비슷합니다."라고 설명한다. 다시 말해 세차기가 제대로 작동하면, 우리가 들이마시는 공기 속에 든 작은 입자들이 대부분 씻겨나간다.

에드워즈의 설명을 계속 들어보자. "수분을 충분히 섭취하면 상기도는 항상 병원체를 포착해서 (20분 내지 1시간 안에) 내장으로 옮깁니다. 우리가 그걸 삼켜서 제거하는 거죠. 하지만 수분이 부족하면 세차기에 물이 말라버립니다." 세차기가 고장 나면 바이러스 입자 같은 것들이 상기도의 세척 구간을 그냥 지나쳐 폐로 들어간다. 수분이 부족하면 감기나 독감 또는 코로나19에 더 잘 걸리는 이유가 거기에 있다. 또한 감염된 상태에서 숨을 내쉬면 바이러스 입자가 다시 밖으로 나온다. 그러면 바이러스에 감염되기만 하는 게 아니라 그것을 퍼트릴 가능성도 높아진다. 건조한 상기도에 부딪힌 바이러스 입자는 해변에 부딪히는 큰 파도처럼 농축된 거품 같은 분말로 흩어진다. 그렇게 해서 1리터당 3,545개의 입자가 생기는 것이다.

● 리스텐파트는 이렇게 말했다. "원한다면 이를 아주 명확하게 확인할 방법이 있습니다. 침을 묻힌 두 손가락을 벌려보세요. 작은 실처럼 늘어날 겁니다. 그런 성질을 '염주형 불안정성'이라 부릅니다. 맹물로는 안 되지만 점탄성viscoelastic을 가진 액체로는 가능하죠. 그래서 슈퍼배출자의 침이 비정상적인 점탄성을 지녔을지 모른다는 가설을 세울 수 있는 것입니다."

그러면 어떤 사람들이 상기도를 건조하게 만드는 경향이 있을까?

에드워즈는 입김 데이터를 살피다가 연무질 다량 생성에 대한 최대 예측 지표가 연령과 체질량지수임을 확인했다.

> 나이가 들수록, 체질량지수가 높을수록 수분이 부족해지는 경향
> 이 있습니다. 그리고 코로나19에 감염되어도 수분이 부족해지는
> 경우가 많습니다. 결국 이 세 집단의 공통분모는 수분 부족 문제
> 입니다.[**]

아직은 이런 설명들 중 (맞는 것이 있다면) 어느 것이 맞는지 모른다. 하지만 언젠가는 과학자들이 반드시 사실을 알게 될 것이며, 그 발견은 도널드 스테드먼의 노변 배기가스 측정 계획이 제기하는 딜레마의 산업 규모 버전을 초래할 것이 분명해 보인다. 이 지식을 활용하여 미래에 발생할 전염병의 경로를 통제하려는 욕구는 로렌스 트랙트와 하비드 대학교의 사례만큼 강할 것이다. 다만 이번에는 그에 따른 합병증이 훨씬 더 나쁠 것이다.

연령과 비만이 정말로 슈퍼전파의 양대 예측 지표가 **맞다면** 어떻게 될까? 팬데믹이 발생했을 때 승객들은 비행기에서 뚱뚱한 사람 옆에

●● 미국인 대상 대규모 표본의 수분율을 살핀 한 연구는 이렇게 결론짓는다. "우리가 확인한 결과는 (…) 체질량지수가 높으면 부적절한 수분 섭취로 이어지는 행동을 하게 된다는 것을 시사한다. 비만인은 정상인보다 더 많은 수분을 필요로 한다. 수분에 대한 필요는 신진 대사율, 체표면적, 체중에 좌우되기 때문이다. 체질량지수가 높으면 에너지 요구량, 음식 섭취량, 대사산물이 늘어나기 때문에 수분 전환율이 높아진다."

앉기를 거부할까? 끈적끈적한 타액이 원인임이 확인되고, 누군가가 상위 1퍼센트의 점도를 지닌 타액을 10초 만에 판별할 수 있는 방법을 고안한다면 어떻게 될까? 레스토랑이나 영화관 또는 교회가 문앞에서 타액 검사를 요구하고, 극단적인 수치가 나오는 사람을 돌려보내는 게 정당화될까?•

스테드먼은 반대자들에게 이렇게 답할 것이다. 모든 반발이 타당하지만, 언젠가는 덴버시가 얼마나 진지하게 대기 정화 문제에 임할지 결정해야 하는 때가 올 것이라고. 이는 다음에 치명적인 연무질 바이러스가 퍼질 때도 마찬가지일 것이다. 우리는 더 많은 생명을 구하기 위해 어떤 극단적인 조치까지 취할지 결정해야 할 것이다.

영국 연구진은 이렇게 조사 결과를 정리했다.

감염되기 전이라도 바이러스 고배출자를 예측하거나 식별하는 일은 중요하다. 전파 차단을 위해 정부나 기관이 그들에게 우선적으로 개입할 수 있기 때문이다.

향후 슈퍼전파자를 찾아내는 일이 그저 '중요할' 것이라는 표현은 약하다. 그 일은 확실히 그리고 엄청나게 중요한 일이 될 것이다.

• 전염병학자인 애덤 쿠차르스키Adam Kucharski는《수학자가 알려주는 전염의 원리: 바이러스, 투자 버블, 가짜뉴스-왜 퍼져 나가고 언제 멈출까?》에서 "위험군에 속하는 사람을 특이하거나 다르게 보는 시선은 '그들과 우리'를 나누는 태도를 촉진할 수 있다."고 썼다. 그는 슈퍼전파자에 초점을 맞추는 것은 "격리와 오명으로 이어진다."며 위험하다고 말한다. 그의 말이 맞다! 문제는 자연이 정치적으로 편리한 경로를 따르지 않는다는 것이다.

그날, 그때, 그곳에 미스터 인덱스가 있었다

이제 2020년 2월 26일에 메리어트 롱 와프 호텔에서 생긴 일에 대한 이론적 설명을 시도할 수 있을 듯하다.

코로나19 감염이 한창 진행되던 때에 어떤 사람이 북적이는 회합에 참석했다. 그 최초 감염자의 이름은 모른다. 하지만 논의를 간단히 하기 위해 그 사람이 남성이고, 이름이 미스터 인덱스Mr. Index(모든 집단 감염의 원인이 되는 사람을 '초발 환자'index case 라 부른다)라고 가정하자.

미스터 인덱스는 슈퍼전파자다. 물론 본인은 그 사실을 모른다. 다른 모든 사람도 마찬가지다. 대부분의 경우, 그러한 사실은 그에게 평생 별 문제가 되지 않았다. 최소한 그가 독감에 걸리면 모두가 독감에 걸린다는 사실을 누구도 알아낸 적이 없다. 하지만 지금 그는 치명적인 바이러스를 품고 있다.

그가 걸린 바이러스인 C2416T는 프랑스에서 처음 포착되었다. 그러니 미스터 인덱스가 바이오센 서유럽 지사에서 일했다고 추기로 가정하자. 그는 보스턴으로 떠나기 직전에 감염되어 아직은 잠복기에 있었다. 그래서 비행기에서는 누구도 감염시키지 않았다. 문제는 그것이 거의 9시간이나 걸리는 장거리 비행편이라는 것이었다. 그는 화장실에 가려고 자주 일어나는 게 싫어서 물을 충분히 마시지 않았다. 아마 와인 한 잔을 마시고(알코올은 탈수 상태를 앞당긴다) 잠들었을 것이다. 익히 알려진 대로 기내 공기가 건조한 것도 문제를 악화시켰다. 비행기가 착륙한 후 그는 입국심사대를 통과하기 위해 한참을 기다렸다.

건조한 공기를 흡입하여 상기도의 수분 유지 시스템이 "하향 조정"
되는 데는 약 12시간이 걸린다. 미스터 인덱스는 비행 시간과 여권 검
사 시간을 지나고 호텔에 도착할 무렵, 이 시점을 훌쩍 넘겼다. 그는 나
이가 많고 몸집이 커서 다른 사람들보다 물을 아주 많이 마셔야 했다.
하지만 그는 이 사실을 몰랐다. 이제 훨씬 심해진 감염과 수분 부족으
로 연무질을 대량 생성하는 타고난 경향이 훨씬 악화되었다. 그의 상
기도는 길고, 건조한 사막의 고속도로와 같았다. 그의 타액은 진득한
시럽처럼 변했다. 또한 성대 사이에 너무 많은 타액 다리가 생겨서 후
두가 런던 시내를 굽이쳐 흐르는 템스강처럼 보였다.

미스터 인덱스는 메리어트 롱 와프 호텔에 도착한다. 그는 하버 뷰
볼룸에서 다른 참가자들과 아침을 먹는다(뒤늦은 얘기지만 볼룸의 통창
을 열어두었다면 큰 도움이 되었을 것이다. 하지만 통창은 닫힌 상태였다. 그
리고 어차피 코로나 초기에는 누구도 환기의 중요성을 생각지 않았다). 미스
터 인덱스는 아침 식사 후 다른 모든 사람과 같이 아래층에 있는 그랜
드 볼룸으로 향한다. 볼룸 바깥 로비는 길고 좁으며, 휴식시간에는 사
람들로 붐빈다. 미스터 인덱스가 그날 첫 발표자로 나섰다고 가정하
자. 발표 내용은 바이오젠의 유럽 사업 현황이다. 그는 전체 참가자 앞
에 선다. 그리고 넓은 공간에서 발표하는 사람들이 대개 그렇듯 큰 목
소리로 말한다. 유럽 소식이 이례적으로 좋은 데다가 그가 흥분한 상
태라서 수백만 개의 연무질 입자가 쉴 새 없이 뿜어져 나온다.

미스터 인덱스는 한참을 이야기하고 질문에 답변한다. 이후 동료들
이 올라와 잘했다며 포옹(또는 악수나 볼키스)을 한다. 그는 잔뜩 들떠

서 행사장을 떠난다.

미스터 인덱스는 며칠 후 심한 고열과 두통에 시달리며 잠에서 깨어난다. 그는 자신이 심한 병에 걸렸다는 사실을 갑작스레 깨닫는다. 그리고 어쩌면 그 결과로 다른 수많은 사람도 아주 심한 병에 걸렸을지 모른다는 더욱 끔찍한 사실을 뒤이어 깨닫는다.

REVENGE OF THE TIPPING POINT

제3부

오버스토리

제7장

LA 생존자 모임

"아이들한테도 홀로코스트 이야기는 하지 않았어요."

순교자 기념 박물관의 탄생

제2차 세계대전이 터졌을 때, 프레드 디아멘트Fred Diament 는 베를린 외곽에 있는 작센하우젠 강제 수용소에 이어 아우슈비츠로 보내졌다. 그의 나이는 열다섯 살이었다. 그는 초기에 수용소로 보내졌음을 뜻하는 '낮은 번호' 수용자였다. 그의 아버지는 맞아 죽었고 형은 목매달려 죽었다. 그는 수용소에서 다섯 번의 겨울을 견뎠고, 아우슈비츠 지하 레지스탕스에서 투쟁했으며, 1945년에 아우슈비츠를 떠나는 죽음의 행군에서 살아남았다. 이후 팔레스타인으로 가는 배에서 미래의 아내를 만났고, 이스라엘 독립 전쟁에 참전했으며, 1956년에 벌어진 시나이 전투에 다시 참전했다. 이후 LA로 이주했고, 야간 대학에 들어가 학위를 땄으며, 여성 의류 회사의 CEO에 올랐다. 그의 키는 165센티미였다. 하지만 그는 거인처럼 행동했다. 모두가 그를 '프레디'라 불렀다.

레이첼 리스고우Rachel Lithgow는 "프레디는 화가 많았어요. 웃기기도 했죠. 또 유머감각이 대단했어요. 어두운 유머이기는 했지만요. 아우슈비츠를 '컨트리클럽'이라고 불렀어요."라고 말했다. 그녀는 스티븐 스필버그가 설립한 쇼아 재단Shoah Foundation(홀로코스트 생존자와 목격자의 증언을 기록하고 보존하기 위해 세운 비영리단체—옮긴이)에서 일할 때 프레디와 그 주변의 홀로코스트 생존자들을 만났다.

프레디의 가장 가까운 친구는 지그프리트 할브라이히Siegfried Halbre-ich였다. 그들은 작센하우젠과 아우슈비츠에 같이 있었다. '지그'는 아우슈비츠 레지스탕스의 리더 중 한 명이었다. 또한 전쟁 전에 약사로 일했기 때문에 죄수들의 의사이기도 했다. 그는 1960년에 LA로 이주하여 산타모니카에 맞춤식 액자 가게를 열었다. 그와 프레디는 뗄 수 없는 사이였다. 리스고우는 "랄프 크램든과 노튼(〈더 허니무너스〉The Honeymooners라는 시트콤에 등장하는 인물들로, 항상 말다툼을 벌이는 단짝이다.—옮긴이)을 보는 것 같았어요. 하루 종일 하는 일이라고는 말다툼뿐이었어요. 우스꽝스러웠죠. 지그는 굉장히 딱딱하고 격식을 차리는 독일 남자였어요. 딱 한 번 넥타이를 매지 않았을 때가 제가 본 가장 캐주얼한 모습이었죠."라고 말했다.

프레디는 2004년에 사망했다.

장례식에 가보니 사람들로 가득했어요. 동네 사람 모두가 거기 있었죠. 프레디를 싫어하거나 프레디가 싫어했던 사람도 조의를 표하러 참석했어요. 평생 가장 가까운 친구였던 지그 할브라이히가 추도사를 했어요. (…) 지그는 앞에 나가더니 굉장히 극적인 행동을 했어요. 그는 가장 좋은 정장을 입고 강한 독일식 억양으로 "프레드 디아멘트에 대해 어떤 말을 할 수 있을까요?"라고 말했어요.

그는 뒤이어 가장 좋아했던 친구의 관을 향해 몸을 돌렸다.

지그는 그에게 손을 흔들었어요. 우리에게 등을 돌린 채 그저 손을 흔들었어요. 아주 격정적인 동작이었어요. 무슨 말을 하는지 한 마디도 들리지 않았어요. 그러다가 다시 뒤로 돌아서서 연단을 잡더니 아주 극적인 목소리로 "운트 다트 바스 프레드Und dat vas Fred(프레드는 그런 사람이었습니다)."라고 말했어요. 그 말에 다들 정신을 차리지 못했어요. 웃음이 멈추지 않았죠.

마샤 로엔Masha Loen 이라는 생존자도 있다. 마샤는 리투아니아인으로, 나치가 폴란드 그단스크 바로 외곽에 세운 슈투트호프 강제 수용소에서 살아남았다. 그녀는 두 번이나 발진티푸스에 걸렸다(이후 그녀는 "발진티푸스들"에 걸렸다고 말했다). 수용소가 해방될 당시 그녀는 시체 더미 속에 파묻힌 채 손을 흔들었다. 누군가가 그걸 보고 그녀를 구해주었다. 그녀는 평생의 연인을 만나 전쟁 이후 LA로 이주했다. 그녀는 불굴의 의지를 가진 여성이었다.

리스고우는 "얼마나 대단한 사람인지 몰라요. 그녀는 제 비서였어요. 우리는 언젠가 페사흐Pesach 때 우편 발송 작업을 하고 있었어요. 모두가 같이 있었죠."라고 말했다.

페사흐는 유월절을 말한다. 이날 유대인은 교리에 따라 발효된 빵을 먹지 않는다. 마샤는 유대교 율법을 따르는 유대인이었다.

"갑자기 마샤가 보이지 않는 거예요. 그래서 쓰지 않는 사무실로 가서 문을 열었더니 마샤가 치즈버거를 먹고 있었어요. 페사흐 날에 말이에요."

치즈버거는 유월절에 절대 먹어선 안 될 매우 부적절한 음식이었다. 리스고우는 끔찍하다는 몸짓을 취하며 말했다. "제가 이렇게 하니까 그녀는 저를 노려보며 '문 닫아'라고 말했어요. 그러더니 '잘 들어. 난 착한 유대인이야. 죽음의 행진과 발진티푸스들로부터 살아남았어. 그런데 우리 조상들이 사막을 방랑했다는 이유로 2주 동안 변비에 시달려야 해?'라고 말하더군요. 저는 그냥 그녀를 쳐다보기만 했어요. 그러자 그녀는 '당장 나가. 만약 날 여기서 봤다고 우리 남편이나 다른 사람한테 말하면 죽여버릴 거야'라고 말했어요. 그래서 저는 그냥 천천히 뒷걸음질쳤죠."

프레디, 지그, 마샤는 LA 생존자 모임의 핵심 멤버였다. 그들은 같이 할리우드 고등학교에서 야간 영어 강습을 받았다. 이 모임에 대한 소문이 퍼져 나갔다. LA 지역에 사는 생존자들이 하나둘씩 모임에 참여했다. 한 교사가 이 사실을 알고 교실을 제공했다.

리스고우는 당시 상황에 대해 이렇게 말했다.

그들은 서서히 서로에게서 자신의 모습을 보기 시작했어요. 강습이 끝난 후 한데 모여서 이야기를 나누었죠. 그러다가 이런저런 물건들을 가져왔어요. 그것들을 서로에게 보여주며 "우리 엄마를 마지막으로 찍은 사진이에요."라거나 "베르겐-벨젠에서 해방되었을 때 내가 입고 있던 죄수복이에요. 이걸 버릴 수도 없고, 1초도 더는 우리 집에 둘 수 없어요. 어떻게 해야 할지 모르겠어요."라고 말했어요.

그래서 프레드 디아멘트가 로스앤젤레스 유대인 협회에서 일하는 지인에게 연락해서 "우리가 갖고 있는 물건들을 보관할 장소를 빌려줄 수 있어요? 이것들을 간직하고 싶기는 한데 집에 두고 싶지가 않아요."라고 말하게 된 거죠.

디아멘트가 연락한 사람이 누구였는지는 모른다(리스고우는 결국 알아내지 못했다). 어쨌든 그 사람은 디아멘트에게 그냥 보관하기보다 그 물건들로 소규모 전시회를 여는 게 어떻겠냐고 말했다.

그들은 온갖 물건들을 모아놓고 〈LA 타임스〉에 아주 작은 광고를 냈습니다. "홀로코스트 생존자들이 당시 물품들을 전시할 예정입니다. 일요일 몇 시와 몇 시 사이에 협회에 오면 구경하실 수 있습니다."라는 내용이었죠. 그랬더니 수천 명이 찾아왔어요. 생존자들은 '야, 우리 물건들이 대단한 것이었네'라고 생각했죠.

로스앤젤레스 유대인 협회는 생존자들에게 윌셔 대로에 있는 건물 1층에 전시 공간을 마련해주고, '순교자 기념 박물관'이라는 이름을 붙였다. 1961년에 문을 연 이곳은 미국 최초의 홀로코스트 박물관이었다. 훗날 리스고우는 박물관장이 되었다.

이후 수십 년 동안 순교자 기념 박물관은 리스고우의 표현에 따르면 "윌셔 대로의 유목민"이 되어, 이리저리 작은 공간들로 옮겨 다녔다. 항상 자금이 부족했고 임대료가 밀렸지만 그래도 버텼다. 시간이 지나면서 그들의 뜻은 미국 전역으로 퍼졌다. 이제는 뉴욕, 댈러스, 시카고, 휴스턴, 마이애미 등 사실상 미국의 모든 주요 도시에 홀로코스트 기념관이나 박물관이 있다.

순교자 기념 박물관은 현재 LA 홀로코스트 박물관으로 불리며, 할리우드 페어팩스 지역의 팬 퍼시픽 공원 내 아름다운 새 건물에 자리잡고 있다. 혹시 LA에 갈 일이 있다면 꼭 방문해보길 바란다. 거기서 열리는 이벤트에도 참석해보라. 리스고우는 "우리 박물관 행사는 국가나 하티크바Hatikvah (이스라엘 국가)를 부르는 것으로 끝나지 않아요. 대신 이 노래를 해요."라고 설명했다. 뒤이어 그녀는 이디시어로 '파르티잔 송'Partisan Song을 불렀다. 홀로코스트 생존자들의 비공식 국가인 이 노래는 빌나 게토Vilna Ghetto (리투아니아 빌니우스에 세워졌던 유대인 게토─옮긴이)에 갇혔던 히르쉬 글릭Hirsh Glick 이 1943년에 만들었다.

Zog nit keyn mol, az du geyst dem letstn veg,

(절대로 말하지 마라, 이것이 마지막 길이라고.)

Khotsh himlen blayene farshteln bloye teg.

(납빛 하늘이 푸른 날들을 가린다 해도)

Kumen vet nokh undzer oysgebenkte sho,

(우리가 기다려온 약속의 시간이 곧 오리니,)

S'vet a poyk ton undzer trot: mir zaynen do!

(우리의 행진 소리가 울려 퍼진다: "우리가 여기 있노라!")

그녀는 "숲속에 있을 때나 밤에 막사에서 사기를 충전시키려고 부르던 노래예요."라고 말했다.

박물관을 나서면서 당신은 어쩌면 하나의 의문이 떠오를지 모른다. 그것은 방금 경험한 것에 비하면 사소하지만 나름대로 중요한 의문이다. "왜 제2차 대전이 끝난 지 15년이 지난 1961년이 되어서야 미국에 홀로코스트 기념관이 처음 생긴 걸까?" 그리고 이보다 더 혼란스러운 의문은 "왜 기념관을 만들어야겠다는 생각이 미국 전역에 퍼지는 데 그토록 오랜 시간이 걸린 걸까?"이다. 프레디, 지그, 마샤가 만든 것에서 영감을 얻어서 생긴 모든 박물관의 목록을 보라. 그리고 그 개관 연도에 주목해보라.

첫 번째 기념관은 1961년에, 두 번째 박물관은 1984년에 설립됐다. 하지만 홀로코스트가 끝난 지 반세기가 지난 1990년대까지 홀로코스트를 기념한다는 생각은 전국에 걸쳐 자리 잡지 못했다. 그 이유는 무

개관 연도	주	이름
1961	캘리포니아	순교자 기념 박물관
1984	일리노이	일리노이 홀로코스트 박물관 겸 교육관
1984	미시건	제켈먼 홀로코스트 센터
1984	텍사스	댈러스 홀로코스트 및 인권 박물관
1984	텍사스	엘파소 홀로코스트 박물관 겸 연구 센터
1986	플로리다	플로리다 홀로코스트 기념 자원 및 교육 센터
1989	워싱턴	홀로코스트 휴머니티 센터
1992	플로리다	플로리다 홀로코스트 박물관
1992	뉴욕	낫소 카운티 홀로코스트 기념 및 관용 센터
1993	캘리포니아	관용의 박물관Museum of Tolerance
1993	워싱턴 D.C.	미합중국 홀로코스트 기념 박물관
1995	인디애나	캔들스 홀로코스트 박물관 겸 교육 센터
1995	미주리	세인트루이스 카플란 펠드먼 홀로코스트 박물관
1996	텍사스	휴스턴 홀로코스트 박물관
1997	뉴욕	유대인 유산 박물관: 살아 있는 홀로코스트 기념관
1997	버지니아	버지니아 홀로코스트 박물관
1998	뉴멕시코	뉴멕시코 홀로코스트 및 불관용 박물관
2000	텍사스	샌안토니오 홀로코스트 기념 박물관

엇일까?

지금까지 우리는 이 책에서 우리를 둘러싼 열병과 전염이 우리의 책임이라는 생각, 전염병의 형태를 좌우하는 것은 (의도했거나 하지 않은, 공개적이거나 은밀한) 우리의 행동이라는 생각을 탐구했다. 우리가 살핀 사례들은 마이애미, 포플러 그로브, 로렌스 트랙트, 하버드처럼 하나의 지역이나 공동체에 결부되어 있었다. 그리고 이 모든 장소는 나름의 매우 구체적인 오버스토리를 지녔다.

지금부터는 오버스토리에 대한 논의의 폭을 넓혀 전체 문화 및 국가를 덮는 유형에 대해 살펴보고자 한다. 이런 유형의 오버스토리는 독일인들이 말하는 '자이트가이스트'Zeitgeist에 더 가까운 의미를 지닌다. 자이트가이스트는 말 그대로 '시대정신'이라는 뜻으로서, 더 넓고 더 높다. 그래서 아래에 있는 땅에 훨씬 긴 그림자를 드리운다. 내가 던지고 싶은 질문은 이것이다. "시대정신이라는 오버스토리를 변화시키려면 무엇이 필요할까? 그만한 규모의 이야기를 다시 쓰고 상상하여 아래에 있는 사람들이 생각하고 느끼는 방식을 바꿀 수 있을까?"

나는 그 답이 '그렇다'일 것이라 믿는다. 심지어 지난 세기에 가장 거대한 규모로 오버스토리를 변화시킨 사람의 이름까지 댈 수 있다.

다만 그러기 전에 좀 더 살펴봐야 할 이야기들이 있다.

아무도 말하지 않고, 아무도 알지 못했던 사건

홀로코스트에 대한 우리의 기억은 역사학자인 피터 노빅Peter Novick 의 표현에 따르면 이상한 '리듬'을 지닌다.* 제1차 세계대전을 소재로 한 대표적인 소설은《서부 전선 이상 없다》All Quiet on the Western Front 이 다. 이 책은 수백만 권이 팔렸으며, 수십 개 언어로 번역되었다. 이 책이 나온 해는 전쟁이 끝나고 10년 후인 1928년이었다. 이 기억의 '리듬'은 아주 전형적이다. 또 다른 예를 보자. 미국은 1973년 베트남에서 발을 뺐다. 베트남 전쟁과 관련하여 가장 큰 문화적 영향력을 미친 두 영화는 각각 1978년과 1979년에 나온 〈디어 헌터〉The Deer Hunter 와 〈지옥의 묵시록〉Apocalypse Now 이다. 1982년에는 워싱턴 D.C. 내셔널 몰에 대규모 베트남전 기념비가 세워졌다.

하지만 홀로코스트는 달랐다. 1950년대에《안네 프랑크의 일기》를 소재로 했음에도 이상하게 밝은 분위기의 인기 브로드웨이 연극이 거의 2년 동안 공연된 이후 영화판이 나왔다. 1960년대에는 시드니 루 멧Sidney Lumet 이 강제 수용소 생존자의 이야기를 다루어 호평을 받은 〈전당포〉The Pawnbroker 라는 영화를 만들었다. 하지만 이 영화는 미미한 흥행밖에 거두지 못했으며 일부 유대인 단체는 이 영화를 보이콧했다. 여기저기서 소수의 다른 소설과 영화가 나왔다. 그러나 문화적 파장을 일으킨 작품은 하나도 없었다. 사람들이 홀로코스트는 일어나지 않았

* 해당 주제를 다룬 노빅의 책《미국인의 삶에 투영된 홀로코스트》The Holocaust in Ameri- can Life 는 1999년에 발표되어 엄청난 호평을 받았다.

다고 부정했기 때문이 아니었다. 원인은 사람들이 홀로코스트를 잘 모르거나 알아도 거기에 대해 이야기하지 않으려는 데 있었다.

1961년에 하버드 대학의 저명한 역사학자인 스튜어트 휴즈H. Stuart Hughes 가 《현대 유럽사》Contemporary Europe: A History 를 펴냈다. 1914년부터 1950년대 말까지 유럽에서 일어난 일들을 긴 분량으로 담아낸 책이었다. 하지만 524페이지에 걸친 전체 내용에서 '홀로코스트'라는 단어는 한 번도 사용되지 않았다. 단지 강제 수용소에서 어떤 일들이 있었는지 229페이지의 한 문장, 237페이지의 한 문단, 331페이지의 두 문단에서 단 세 번 언급될 뿐이었다. 휴즈는 클래식 작곡가인 아널드 쇤베르크Arnold Schönberg 와 무조주의atonality (일정한 조성 없이 연주되는 형식의 곡—옮긴이) 및 12음계의 부상에 더 많은 분량을 할애했다.

이듬해인 1962년, 새뮤얼 모리슨Samuel Morison 과 헨리 코매저Henry Commager 가 두 권짜리 교과서인 《미국 공화국의 성장》The Growth of the American Republic 개정판을 펴냈다. 모리슨은 퓰리처상을 두 번이나 받은 인물로, 전후 미국의 주요 역사학자 중 한 명으로 손꼽힌다. 1950년대와 1960년대에 미국에서 대학교를 다녔다면 역사학 시간에 《미국 공화국의 성장》을 읽었을 가능성이 높다. 짐작하겠지만 모리슨과 코매저는 제2차 대전에 대해 할 말이 많았다. 역사적 사건이 아닌 두 사람이 살아 있는 동안 일어난 일이기 때문이다. 하지만 홀로코스트는 어떨까? 단 한 문단에서 몇 문장에 걸쳐 다루어질 뿐이다. 게다가 홀로코스트를 초래한 노골적인 반유대주의는 그다지 강조되지 않는다. 그 내용은 이렇다. "이 잔혹한 수용소들은 1937년에 유대인, 집시, 반나치 독일인 및 오스트리아인을 대상으로 세워졌다. 전쟁이 일어나자 나치는 모든 국적의 포로들, 민간인 및 군인, 남성 및 여성, 아동과 더불어 이탈리아, 프랑스, 네덜란드, 헝가리에서 잡아들인 유대인을 가두는 데 이 수용소들을 활용했다."

뒤이어 몇 문장에 걸쳐 추가 설명이 나오다가 이런 내용이 이어진다.

> 하지만 히틀러의 명령으로 죽임을 당한 민간인의 수가 600만 명을 넘어선다는 확실한 증거가 있다. 그들 중 가장 연약한 존재 중 하나였던 **독일 소녀, 안나 프랑크**의 일기에는 비통한 이야기가 담겨 있다. 이 일기는 나치 사상에 내재된 증오를 엄중한 전후 재판보다 더 효과적으로 전 세계 사람들에게 알리는 역할을 했다.

그들은 이것으로 해당 사안을 마무리하고, 루스벨트 대통령이 조지아주 웜스프링스에 있는 겨울 별장으로 떠나는 이야기로 넘어간다. 안나 프랑크가 실은 '안네' 프랭크인 점은 그렇다 치자. 그녀가 엄밀히 말해 독일에서 태어난 것은 맞다. 하지만 일기를 쓰던 때 그녀는 암스테르담에서 살고 있었다. 가족이 나치로부터 도망쳤기 때문인데, 이는 언급할 가치가 있는 정보라고 생각된다. 게다가 세상에, 그녀는 **유대인**이었다. 이 점을 빼버리면 '안나' 프랑크 이야기의 전체적인 요점을 놓치게 된다.

역사학자이자 홀로코스트 생존자이기도 한 게르트 코만Gerd Korman은 1970년에 전후 시대를 다룬 주요 역사서를 10권 넘게 읽은 후 이렇게 지적했다.

> '아우슈비츠'나 '강제 수용소'는 거의 언급되지 않는다. 한 미국
> 사 교과서를 쓴 저자는 '강제 수용소' 뒤에 '(쿠바)'라고 덧붙이는
> 수고를 들인다. 그는 뒤이어 제2차 대전 시기에 미국과 유럽에
> 서 일어난 일들을 살피는 동안 일관되게 해당 단어나 수용소 명
> 을 절대 언급하지 않았다. 또 다른 책은 한 유대인이 운영하는 가
> 게의 창문을 찍은 사진을 실었다. 그 창문에는 여러 기호와 '다하
> 우'Dachau 라는 핵심 단어가 하얗게 칠해져 있다. 하지만 색인이
> 나 본문에는 가게 주인이 '휴가차 갔다'는 다하우가 어떤 곳인지
> 밝히지 않는다.(다하우는 1933년 나치 독일이 만든 첫 번째 강제수용
> 소가 있는 곳이다.―옮긴이)

유대인 공동체, 특히 생존자들도 과거에 일어난 일을 공개적으로 이
야기하기를 주저했다.*

다음은 LA 생존자 모임의 또 다른 핵심 멤버인 르네 파이어스톤Renée
Firestone 이 자신에게 일어난 일을 공개적으로 인정하기까지 걸린 기나
긴 시간에 대해 증언한 내용이다.

---

* 노빅은 이렇게 적었다. "1957년에《뉴 리더》New Leader 는 18편의 개인적인 에세이를 연
재했다. 기획 의도는 '히로시마 핵폭탄 투하 이후 대학을 졸업한 500만 미국인들이 마음
속에 품은 생각'을 알아보자는 것이었다. 기고자 중 적어도 3분의 2는 유대인이었다. 그들
은 자신의 철학을 형성한 계기로 대공황부터 냉전까지 다양한 역사적 사건을 들었다. 그
러나 홀로코스트를 언급한 기고자는 한 명도 없었다.

저는 패션 디자이너로 아주 화려한 삶을 살았습니다. 그러던 어느 날, 시몬 비젠탈 센터Simon Wiesenthal Center로부터 저의 이야기를 들려달라는 요청을 받았습니다. 저는 쿠퍼Cooper 랍비에게 웃으며 이렇게 말했어요. "이것 보세요. 그렇게 오랜 세월이 흘렀는데 왜 이제 와서 그 끔찍했던 날들에 대해 이야기해야 하죠?" 그러자 그는 그날 저녁에 샌퍼낸도밸리에서 한 유대인 묘지가 훼손되었고, 한 회당에는 나치 문양이 그려졌다고 말했어요. 나치 문양이라는 말을 들으니 미칠 것 같았어요. 그래서 생각을 좀 해봐야겠다며 전화를 끊었죠. 그날 밤에 밤새도록 수용소로 다시 돌아가는 악몽을 꾸었어요. 다음 날 아침, 자리에서 일어나 쿠퍼 랍비에게 전화를 걸어서 "말할 준비가 됐어요."라고 말했죠.

여러분이 이해해주었으면 하는 게 있어요. 여기 처음 와서 사업을 시작했을 때 가족에게 집중해야 한다는 것, 우리가 열다섯 살에서 마흔 살 사이의, 아이도 어른도 없는 아주 특이하고 작은 집단에 속해 있다는 것, 우리 민족을 새롭게 재건해야 한다는 사실을 깨달았어요. 그래서 우리는 그 일에 집중했고, 저도 그랬어요. 그리고 저는 홀로코스트에 대한 이야기를 하지 않았어요. 심지어 제 아이들한테도요.

다음은 LA 생존자 모임의 또 다른 멤버인 리디아 부드고르Lidia Budgor의 이야기다. 부드고르는 우치 게토, 아우슈비츠, 슈투트호프, 죽음의 행진, 발진티푸스로부터 살아남았다. 그리고 사실상 모든 가족이 나치에게 죽임을 당하는 것을 두 눈으로 지켜보았다. 상상할 수 있는 가장 끔찍한 전쟁 경험을 한 셈이다. 인터뷰어는 그녀의 아들, 베노Beno에 대해 물었다.

> 인터뷰어 베노가 성장하는 동안 홀로코스트에 대해 이야기해주었나요?
>
> 부드고르 네, 이야기했어요.
>
> 인터뷰어 몇 살 때죠?
>
> 부드고르 고등학생 때요.
>
> 인터뷰어 뭐라고 하던가요?
>
> 부드고르 제가 항상 그와 관련된 일에 참여하고 있다는 걸 알았어요.
>
> 인터뷰어 생존자 자녀로서 어떻게 받아들이던가요?
>
> 부드고르 아무런 반응이 없었어요. 전혀 영향받지 않았어요.[*]

아무런 반응이 없었다? 도대체 어떤 식으로 이야기했길래? 슈투트호프 생존자인 마샤 로엔Masha Loen은 이렇게 말했다.

> 처음 (이야기하기) 시작했을 때는 홀로코스트가 있었다는 사실조

---

[*] 부드고르는 자신의 경험과 관련하여 말한(또는 말하지 않은) 것을 이야기하기 전에 아들에 대해 이렇게 말했다(그녀는 어쨌든 유대인 어머니다). "우리 아들이 이중 교과과정 교육을 받을 것이고, 머리가 따라줄 거라는 사실을 알았어요. 예상대로 전 과목 우등생에 수석으로 당당하게 예시바yeshiva(정통파 유대교 학교—옮긴이)를 졸업하고 UCLA에 들어갔어요. 미래가 보장되어 있었죠. 실제로 많은 것을 이루었어요."

차 모르는 사람들이 있었어요. 유대인 중에도 모르는 사람이 있었다니까요. (⋯) 난데없다는 반응이었어요. 홀로코스트가 있었다는 사실에 충격을 받더라고요. 저와 아주 가까운 친구들이 말이에요.

오늘날 우리는 제2차 대전 동안 유럽에서 벌어진 대학살을 대문자 'H'를 붙여 '홀로코스트'Holocaust 라 부른다. 이 잔학 행위는 **이름**을 얻었다. 이 대문자 홀로코스트는 히브리어 '쇼아'shoah를 에둘러 번역한 것이다. '쇼아'는 이스라엘에서 오랫동안 나치 대학살을 가리킬 때 사용하던 단어다. 그러나 전쟁 이후 해당 주제가 제기되기라도 하면, 강제 수용소에서 일어난 일은 "나치의 잔학 행위"나 "끔찍한 일" 또는 나치들이 쓰던 "최종 해결책"으로 지칭되었다(일종의 도덕적 거리를 두기 위해 항상 따옴표가 사용되었다). 일상 대화에서 '홀로코스트'라는 단어를 썼다면, 누구도 무슨 말인지 몰랐을 것이다.

《뉴 리퍼블릭》The New Republic 에 실린 다음 그래프를 보라. 이 그래프는 지난 200년 동안 소문자 'h'를 쓴 '홀로코스트'holocaust 와 대문자 'H'를 쓴 '홀로코스트'Holocaust 가 얼마나 자주 사용되었는지 보여준다. 일반적인 소문자 버전은 아주 적은 수준에서 조금 늘어나는 수준에 그친다. 반면 대문자 버전은 1960년대 말까지 거의 사용되지 않는다. 심지어 1960년대 말에도 미미한 수준에 불과하다.

그런데 잠깐. 1978년 무렵, 뭔가 극적인 일이 일어났다. 그렇지 않은가? 대문자 '홀로코스트'의 사용 빈도가 거의 수직으로 상승한다. 대체

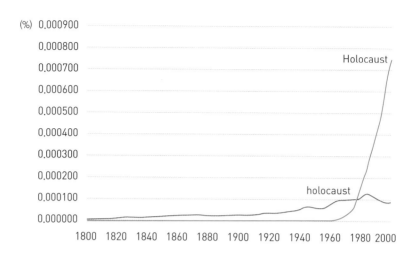

1978년에 무슨 일이 일어났길래 상황이 급변할 것일까?

모든 것을 바꾼 한 편의 미니시리즈

1976년, NBC 방송의 두 고위 임원이 한 서점 옆을 지나가다가 진열대에 전시된 책을 보게 되었다. 제2차 대전 동안 유대인들이 겪은 일을 다룬 책이었다. 두 고위 임원 중 한 명은 편성 책임자인 폴 클라인Paul Klein 이었다. 다른 한 명은 그의 상사로서 기획국장인 어윈 세겔스타인Irwin Segelstein 이었다. 두 사람은 어떤 프로그램을 방송할지 결정하는 사람들이었다.

세겔스타인은 책을 보다가 클라인을 향해 "한 번 해볼까?"라고 물었다.

클라인은 "그래야죠."라고 대답했다.

세겔스타인은 불그스름한 턱수염을 길렀으며, 커다란 사각형 안경을 끼고 다녔다. 그는 뚱뚱한 체구에 활력이 넘쳤으며 위쪽 단추를 푼 꽃무늬 셔츠에 캐주얼 정장을 입고 다녔다. 그는 광고계에서 경력을 시작했다. 한 번은 〈새터데이 나이트 라이브〉Saturday Night Live 방송 초기에 기획자인 론 마이클스Lorne Michaels 가 세겔스타인을 찾아가 그만두겠다고 협박한 적이 있었다. 방송에서 할 수 있는 일과 할 수 없는 일을 두고 상사들과 끝없는 다툼을 벌이는 게 답답하고 피곤하다는 이유였다. 세겔스타인은 조용히 듣기만 하더니 TV 역사상 가장 대단한 열변 중 하나를 토했다. 그는 마이클스에게 아무 데도 갈 수 없다며 이렇게 말했다.

계약서를 잘 봐. 프로그램의 길이는 90분이고, 비용이 얼마라고 되어 있을 거야. 그게 예산이야. 프로그램을 잘 만들어야 한다는 구절은 어디에도 없어. 자네가 너무 고지식해서 프로그램을 잘 만들기 위해 스스로를 몰아붙여야 한다는 압박감을 느낀다고? 그럼 우리한테 와서 프로그램을 잘 만들어보려 하는데 우리가 방해를 해서 부당하다고 말하지 마. 우리는 그런 요구를 한 적이 한 번도 없으니까. 자네가 프로그램에 집착하는 건 우리한텐 덤일 뿐이야. 우리가 하는 일은 거짓말하고, 속이고, 훔치는 거야. 그리고 자네가 하는 일은 그냥 프로그램을 만드는 거야.

클라인은 매일 아침 자신의 벤츠로 세겔스타인을 회사까지 모셔갔다(수위는 클라인이 세겔스타인의 운전기사인 줄 알았다). 세겔스타인은 클라인에 대해 "폴과 나는 기본적인 것 말고는 모든 것에 동의해요."라고 말한 적이 있다. 클라인은 둘 중 더 똑똑한 사람이었다. 그는 "미국 시청자 중 절반은 멍청이"라고 말한 걸로 유명했다. 그는 자신의 발언이 논란이 되자 오히려 더 세게 나가서 **모든** 시청자가 멍청이일지도 모른다고 말했다. 그는 소위 반감 최소화 프로그램 제작Least Objectionable Programming 이론 또는 'LOP'를 내세운 것으로 알려져 있다. 이는 불쾌감을 느끼는 사람이 얼마나 적으냐에 따라 프로그램의 성공이 좌우된다는 이론이었다. 또한 그는 경쟁사인 ABC의 지나치게 선정적인 방송을 지적하기 위해 '외설 방송'jiggly 이라는 용어를 고안하기도 했다.

클라인과 세겔스타인은 엄격한 사상적 의도를 가진 사람들이 아니었다. 그저 미국의 시대정신을 이해한 사람들일 뿐이었다. 그들이 하는 일은 대중이 무엇을 원하는지 알아내는 것이었다. 그들은 그 일을 아주 잘했다. 세겔스타인은 아우슈비츠에서 삼촌과 고모, 세 명의 사촌을 잃었다. 그는 유럽에서 어떤 일이 일어났는지 **잘 알았다.** 세겔스타인이 진열대의 책을 가리키며 클라인에게 한 말의 의미는 '미국 대중이 마침내 그 일에 대한 이야기를 들을 준비가 되었다고 생각하나?'였다. 그리고 클라인의 대답은 '그런 것 같습니다'라는 의미였다.

이 대화의 결과물이 〈홀로코스트: 바이스 가족 이야기〉Holocaust: The Story of the Family Weiss 라는 미니시리즈였다. 이 미니시리즈는 베를린에 살던 부유한 유대인 가족인 바이스 가족과 떠오르는 나치 간부인 에릭

도르프_{Erick Dorf}의 이야기를 담고 있었다. 주연은 제임스 우즈와 젊은 시절의 메릴 스트립이었다. 제작비는 600만 달러가 들었고(당시로서는 상당한 액수) 촬영에만 100일이 넘게 소요됐다. 대부분의 장면은 오스트리아에 있는 마우트하우젠 강제 수용소에서 촬영되었다.

메릴 스트립은 훗날 실제 죽음의 수용소에서 촬영하는 것이 너무나 버거웠다고 털어놓았다. 힘든 촬영이었다. 그녀는 뒤이어 이렇게 말했다.

> 길모퉁이를 돌아가면 호프브로이(카페 스타일의 레스토랑—옮긴이)가 있었어요. 술에 취한 나이 든 군인들은 늦은 밤이 되면 전쟁 기념품들을 꺼냈어요. 정말 이상하고 기이했어요.

감독인 마빈 촘스키_{Marvin Chomsky}는 수용소 수감자 역할을 할 보조 출연자들을 고용했다. 그는 그들에게 옷을 벗은 채 기관총에 맞아 죽는 역할을 할 거라고 미리 알려주었다. 그는 그때의 일을 이렇게 회고했다.

> 그 장면을 찍고 있을 때 아주 젊은 카메라맨이 제게 와서 이렇게 말했어요. "감독님, 이거 진짜 있었던 일이 아니라 지어낸 거죠?" 그 자리에 총기 사용 허가증을 가진 사람이 한 명 있었어요. 저는 최선을 다해 독일어로 "이거 진짜 있었던 일이에요, 아니에요?"라고 물었어요. 모두의 눈길이 그에게로 향했죠. 그는 잠시 생각

하더니 "진짜 있었던 일입니다."라고 말했어요. 그 말을 듣고 젊은 친구들은 모두 엉엉 울면서 달려갔어요.

촘스키는 현지 스태프들의 불신에 거듭 직면해야 했다. 그들은 오스트리아 북부까지 와서 실제 강제 수용소 현장에서 촬영했다. 그럼에도 여전히 그 이야기가 진짜라고 믿지 못했다. 그들은 수용소가 해방되던 때에 찍힌 사진들을 보고 고개를 저었다. 촘스키의 기억에 따르면 그들은 이렇게 말했다.

이건 전부 미국이나 영국 사진사들이 조작한 거야. 모조리 조작되고 꾸며진 거야. 절대 이런 일은 일어나지 않았어. 절대 아냐. 베르겐-벨젠(강제 수용소)에 시체가 쌓인 적은 없었어.

이 미니시리즈의 최종 편집본은 9시간 30분 분량으로, NBC가 의도한 것보다 훨씬 길었다. NBC는 긴장할 수밖에 없었다. 연초에 마틴 루터 킹 주니어에 대한 긴 미니시리즈를 방영했는데 시청률이 완전 바닥이었기 때문이다. 〈홀로코스트〉는 4일 연속 밤 시간에 방영되었다. 다음은 2화에 나오는 한 장면이다. 제작진은 나치의 '최종 해결책'을 순화하지 않았다.

두 독일 장교가 거대한 구덩이가 있는 풀밭을 걸어간다. 구덩이에는 12명이 한데 모여 있다. 그들은 벌거벗은 채 떨고 있다.

한 병사가 장교 중 한 명인 블로벨Blobel 대령에게 말한다.

병사 오늘은 수가 많지 않습니다, 대령님. 마을들이 다 청소되었
    습니다.

두 번째 장교인 에릭 도르프 대위는 별로 멀지 않은 곳에 서 있는
마을 사람들을 손으로 가리킨다. 그는 SS 고위 장교로, 베를린에
서 사열을 하러 방문했다.

도르프 대위 병장, 저 사람들은 민간인인가?
병사 우크라이나인들입니다. 이걸 구경하길 좋아합니다.
도르프 사진을 찍고 영상을 촬영하는 사람들은 누구지?
블로벨 대령 대대 기록물을 찍는⋯.
도르프 마음에 들지 않네요. 전부 그래요.
블로벨 마음에 들지 않는다니? 자네는 이게 무슨 발레 같은 건 줄
    아나? 지금 우리는 유대인 없는 러시아를 만들고 있지 않
    은가?
도르프 깔끔하지가 않아요.
블로벨 깔끔하지 않다 이거지? 그럼 깔끔한 걸 보여주지.

블로벨은 병사들을 향해 말한다.

블로벨 줄 세워!

두 명의 병사가 사람들을 한 줄로 세운다. 어떤 일이 벌어지는지 알게 되기도 전에 총소리와 비명소리부터 들린다. 카메라는 쉬지 않고 총을 쏴대는 병사에게 옮겨가고, 뒤이어 땅에 쓰러지는 사람들이 보인다.

홀로코스트 생존자이자 활동가인 엘리 비젤Elie Wiesel은 〈뉴욕 타임스〉에 실은 글에서 NBC의 〈홀로코스트〉를 "사실과 다르고 불쾌한 싸구려"이자 "죽은 사람들과 살아남은 사람들 모두에 대한 모욕"이라 평가했다. 어떤 의미에서 그의 말은 옳았다. 그것은 역사의 드라마 버전이었다. 하지만 비젤이 놓친 중요한 사실이 있다. 대다수 미국인이 그 드라마를 통해 홀로코스트에 대해 처음 알게 되었다는 사실 말이다.

블로벨과 도르프가 등장하는 장면은 불편할 정도로 길게 이어진다. 병사들은 대수롭지 않게 죽은 사람들의 물건을 훔친다. 구경꾼들은 축구 경기라도 보듯 술을 마시고 담배를 피운다. 도르프는 블로벨을 향해 말한다.

도르프 상부의 명령은 은밀하고 체계적으로 처리하라는 것이었습니다. 그런데 대령님은 구경거리로 만들고 있군요.

블로벨은 도르프의 총을 움켜잡더니 그의 손에 쥐여주며 대꾸한다.

블로벨 염병할. 그럼 자네가 내려가서 깔끔하게 정리해.

도르프는 몸을 돌려 구덩이 가장자리로 걸어간다.

블로벨 도르프 대위, 이건 면을 먹는 것과 같아. 한 번 시작하면
　　　　멈출 수 없어.

카메라는 피를 흘리며 쌓여 있는 시체 쪽으로 향한다.

블로벨 병사들한테 물어보게, 대위. 10명의 유대인을 쏘고 나
　　　　면 다음 100명을 쏘는 건 더 쉬워져. 100명을 쏘고 나면
　　　　1,000명을 쏘고 싶어지지.

도르프는 블로벨의 설교를 들으며 구덩이로 걸어 내려간다. 신음
소리가 들린다. 적어도 한 명은 여전히 살아서 고통스러워한다.
한 병사가 그에게 총을 겨눈다. 아직 그 사람은 카메라에 비치지
않는다.

병사 저놈입니다.

도르프는 총을 위로 들었다가 낮추더니 주위를 둘러본 후 두 번
발사한다.

블로벨 잘했네. 두 번 쏘는 걸로 충분해, 도르프 대위. 줄루족 전

사들은 창에 묻은 피를 씻기 전에는 진정한 남자가 아니

라고 말하지.

앞선 그래프는 이전에는 거의 쓰이지 않던 '홀로코스트'라는 단어가
1978년 초에 자주 쓰이는 단어로 바뀌는 양상을 보여준다. 〈홀로코스
트〉는 언제 방영되었을까? 1978년 4월 16일이었다.*

공통의 경험은 얼마나 큰 힘을 발휘하는가

지금은 텔레비전 방송 때문에 세상이 바뀔 수 있다는 생각을 받아
들이기가 쉽지 않다. 시청자는 케이블 방송, 스트리밍 서비스, 게임 등
수많은 매체로 흩어졌다. 가령 2010년대에 가장 많은 인기를 끈 시트
콤은 패서디나에 사는 젊고 똑똑한 친구들의 이야기를 담은 〈빅뱅이

• 나치의 잔학 행위와 관련하여 '홀로코스트'라는 단어가 사용된 빈도를 조사하는 과정에
서 대부분의 작업을 한 연구자는 조너선 페트리Jonathan Petrie 다. 그가 확인한 바에 따르
면 '홀로코스트'라는 단어는 1938년 11월부터 유대인 지도자들과 학자들 사이의 사적 서
신에서 산발적으로 사용되었다. 가령 1941년 10월 3일자 〈아메리칸 히브루〉The Ameri-
can Hebrew 를 보면 토라 두루마리를 옮기는 두 프랑스 유대인의 사진 아래에 "홀로코스
트 이전"이라는 설명이 달려 있다. 이후 '홀로코스트'라는 단어는 주로 유대인 관련 잡지
나 논문에서 갈수록 자주 등장한다. 그러면 임계점은 무엇이었을까? 페트리는 이렇게 쓴
다. "1978년 봄에 1억 명이 넘는 미국인이 〈홀로코스트〉라는 제목의 NBC 미니시리즈를
시청했다. 이 프로그램의 방영은 중대한 문화적 사건이었다. 즉각적인 결과로, 대문자 'H'
로 시작하고 수식어가 붙지 않은 'Holocaust'가 히틀러의 유대인 학살을 가리키는 공인
된 용어로 인식되었다. 또한 미국 사회는 그 비극에 대해 새로운 감수성을 갖게 되었다.

론〉The Big Bang Theory 이었다. 이 시트콤은 열두 시즌 동안 방영되었고, 그중 일곱 시즌에서 시트콤 부문 최고 시청률을 기록했다. 2019년 봄에 방영된 최종회는 1,800만 명의 시청자를 끌어모았다. 이는 미국 시청자 중 5.4퍼센트에 해당하는 수치다. 겨우 5.4퍼센트? 미국인 중에 달 착륙이 사기라고 생각하는 사람의 비율도 그 정도는 된다.

하지만 한 세대 전만 해도 상황이 많이 달랐다. 1983년에 당대의 〈빅뱅이론〉인 〈매시〉M.A.S.H 의 최종회가 방영되었을 때, **1억 6,000만 명**이 이를 시청했다. 이는 미국 인구의 45퍼센트가 넘는 수치였다. 1983년 2월 28일, 〈매시〉 최종회인 '잘 자요, 안녕 그리고 아멘'이 방영되던 황금시간대에 미국 모든 도시의 거리는 텅 비어 있었을 것이다.[•]

그만큼 텔레비전의 힘은 강했다.

반세기 동안 텔레비전의 힘을 연구한 래리 그로스Larry Gross USC 교수는 이렇게 말했다.

당시는 세 방송사가 대중문화를 지배하던 시기였어요. 각 방송사

의 최정상 프로그램은 현재 모든 매체의 시청률을 압도하는 시청

률을 꾸준히 기록했죠. 가장 인기 많은 텔레비전 프로그램의 시

청률은 지금 슈퍼볼 시청률보다 더 높았어요. 방송사는 노년층와

● 프로그램 / 연도 / 시청자 수(100만 명) / 최종회 시청자 비율
매시 / 1983 / 106 / 45.5
치어스 / 1994 / 80.4 / 30.9
사인필드 / 1998 / 76 / 27.5
프렌즈 / 2004 / 52.5 / 17.9
빅뱅이론 / 2019 / 18 / 5.4

청년층, 고학력자와 저학력자, 남성과 여성, 소수계 등을 아우르는 시청자들을 끌어모았습니다. 말 그대로 용광로 같았죠. (…) 방송은 산업화 이전의 종교와 비슷했어요. 전체 공동체가 한데 모여서 같은 메시지를 흡수했습니다.

그로스는 여러 동료 연구자들과 함께 그 시대의 텔레비전이 무엇을 할 수 있는지 증명하는 흥미로운 연구를 진행한 적이 있다. 그는 대규모 집단에게 1970년대의 가장 민감한 인종 관련 사안에 대한 생각을 묻고 그 답변을 분석했다. 질문 내용은 학생들을 통합하기 위해 새로운 학교로 통학시켜야 하는지, 주택 임대나 매매에 있어서 인종에 기반한 차별을 허용해야 하는지, 인종 간 결혼을 금지하는 법을 만들어야 하는지 등이었다. 각 질문에 대해 진보파, 중도파, 보수파는 크게 다른 입장을 보였다. 이는 놀라운 일이 아니었다. 뒤이어 그로스는 텔레비전을 많이 시청하는 사람들의 답변을 골라냈다. 그러자 모든 것이 바뀌었다. 대부분의 경우, 진보파, 중도파, 보수파는 **텔레비전을 많이 시청하지 않았을 때만** 민감한 사안에 대해 강한 이견을 보였다. 반면 이념적 성향이 다르더라도 텔레비전을 더 많이 시청할수록 더 많은 부분에서 동의하는 모습을 보였다. 즉, 대규모 집단이 매일 밤 같은 이야기를 텔레비전으로 접하면 생각이 비슷해졌다.

그로스에 따르면 "그 이유는 미디어가 그런 효과를 내는 버튼을 눌렀기 때문이 아니라, 세상이 돌아가는 방식과 그 규칙에 대한 문화적 의식을 창조했기 때문"이었다. 텔레비전이 들려주는 이야기는 사람들이 생각하는 문제, 그들이 나누는 대화, 그들이 중시하는 가치, 그들이 경멸하는 대상을 좌우했다. 이 공통의 경험은 너무나 강력하고 변혁적이었다. 그래서 텔레비전을 얼마나 많이 보느냐가 지난 선거에서 어디에 투표했는지보다 시사 현안에 대한 시각을 더 잘 예측하는 지표가 되었다. 그로스는 이렇게 말했다. "제가 즐겨 인용하는 스코틀랜드 작가 앤드류 플레처Andrew Fletcher 의 말이 있어요. 바로 '한 나라의 사람들이 부르는 노래를 만들 수 있다면 법을 누가 만드는지는 신경 쓰지 않는다'라는 말입니다."•

우리는 우리가 부르는 노래에 더 주의를 기울여야 한다.

차마 말하지 못했던 사람들

그러면 1950년대 말, 할리우드 고등학교 야간반에 다니던 LA 생존자 모임으로 다시 돌아가 보자. 그들은 끔찍한 경험을 이겨낸 아직 젊은 사람들이었다. 그들이 지난 경험에 대해 저마다 다른 반응을 보이리라는 건 쉽게 상상할 수 있다. 그것을 온 세상에 알리고 싶어 하는 사람도 있을 것이고, 잊어버리고 싶어 하는 사람도 있을 것이다. 하지만 LA 생존자 모임에는 그런 이견이 없었다. 그 무렵 그들 사이에는 '그것에 대해 말하지 말자'는 일종의 합의가 있었다.

• 정확한 문장은 "한 나라의 사람들이 부르는 노래를 만들게 해달라. 그러면 누가 법을 만드는지는 신경 쓰지 않겠다."이다.

홀로코스트에 대한 기억에는 이상한 '리듬'이 있다는 역사학자 노빅의 말이 뜻하는 바가 그것이다. 그는 오버스토리의 효과에 대해 말하고 있었다. 그 오버스토리의 내용은 무엇이었을까? 노빅은 제2차 대전이 끝나갈 무렵 미국 유대인 위원회American Jewish Committee 가 주최한 한 콘퍼런스를 소개한다. 이 콘퍼런스는 당대 최고 학자들을 초빙하여 얼마 전까지 유럽 전역에서 끔찍한 결과를 초래한 유대인 혐오와 싸우는 방법을 배우는 자리였다. 전문가 위원회의 공통된 의견은 유대인은 약하다는 인식이 반유대주의로 이어졌다는 것이었다. 이 관점에서 보면 반유대주의자는 약자를 괴롭히는 일종의 못된 일진과도 같았다. 그래서 위원장은 이런 결론을 내렸다.

> 따라서 유대인 단체는 유대인을 나약하고 고통받는 피해자로 표현하는 일을 피해야 합니다. (…) 유대인들이 피해를 당하는 끔찍한 이야기를 없애거나 최소한 줄여야 합니다. (…) 유대인의 이미지를 정상화해야 합니다. 전쟁 영웅 이야기가 아주 좋습니다. (…) 유대인은 여타 민족과 다른 민족이 아니라 **비슷한** 민족으로 표현되어야 합니다. 유대인은 약하다는 이미지를 없애야 합니다.

1940년대 말, 뉴욕시에 홀로코스트 기념관을 짓자는 제안이 있었다. 노빅은 이후에 일어난 일에 대해 이렇게 썼다. "1946년, 1947년, 1948년 세 차례에 걸쳐 미국 유대인 위원회, 반명예훼손연맹Anti-Defamation League , 미국 유대인 회의American Jewish Congress , 유대인 노동 위원회Jewish Labor Committee, 유대인 참전용사회Jewish War Veterans 대표인단은 만장일치로 이 제안에 반대했을 뿐 아니라 이를 사실상 무산시켰다. 그들은 기념관이 건립되면 유대인을 피해자로 보는 시각이 굳어질까 우려했다. 기념관은 '유대인의 나약함과 무력함을 영구적으로 각인시킬 것'이며, 이는 '유대인에게 도움이 되지 않는다'는 논리였다."

이런 태도는 충분히 이해할 만하며 과거에는 이 같은 행동이 필요하기도 했다.[*] 지그 할브라이히가 1959년에 클리블랜드에서 LA로 이주한 이유 중 하나는 자신의 과거에 대한 불편한 관심으로부터 멀어지기 위해서였다. 그는 "사람들이 너무나 많은 질문을 해댔어요. 하지만 저는 제가 겪었던 일에 대해 그다지 이야기하고 싶지 않아요."라고 말한 적이 있다. 그를 탓할 수 있을까? 생존자 모임이 처음 결성되었을 때, 홀로코스트에 대한 이야기는 사적인 것이었다. 그것은 같은 경험을 한 사람하고만 나눌 수 있는 그런 이야기였다.

리스고우 박물관장의 이야기를 들어보자. "그들은 서로 그 이야기를 했어요. 하지만 여전히 두려움이 남아 있었어요. (…) 제 입으로 말하고 싶지는 않지만 그들은 어느 정도 그걸 부끄러워하기도 했어요. 자신들의 억양과 문신을 부끄러워했고, 아이들의 학교 연극 공연 때 다른 아이들처럼 조부모나 친척이 오지 않는 걸 부끄러워했어요. 그게

● 1950년대에 〈오늘의 여왕〉Queen for a Day 이라는 인기 프로그램이 있었다. 여러 여성이 나와서 불운했던 인생사를 들려주면 방청객의 투표로 '우승자'를 결정하여 왕관을 씌워주는 프로그램이었다. 한 번은 비르케나우 강제 수용소 출신 생존자가 우승자가 되었다. 그녀는 "왼쪽 팔에 새겨진 문신을 볼 때마다 끔찍했던 과거가 떠올라요. 문신을 없앨 수 있으면 좋겠어요."라고 말했다. 그녀는 우승했고, 방송사는 문신 제거 비용을 대주었다.

왜 그런 식으로 그들의 내면에 작용했는지 모르지만 어쨌든 그랬어요. 그들은 어떤 이유에서인지 거기에 대해 수치심을 느꼈어요."

이것이 바로 생존자들이 받치고 있던 오버스토리였다. 수용소에서 일어난 일은 너무나 엄청났고, 공포에 대한 어떤 과장된 상상조차 실제에 비할 수 없었다. 그들이 감정적으로 취할 수 있는 유일한 길은 앞으로 나아가는 것이었다. 동시에 그런 경험을 겪지 않은 사람들에게도 나름의 오버스토리가 있었다. 홀로코스트를 두어 문장으로 처리한 1960년대의 교과서를 쓴 사람들은 정치, 경제, 통계 그리고 다른 분야의 자료들을 다룰 줄 알았다. 하지만 수용소에서의 경험을 포착할 언어나 상상력은 갖고 있지 않았다.

전후 할브라이히는 당시 유럽 연합군 총사령관이던 아이젠하워 장군의 통역사로 일했다. 아이젠하워는 할브라이히의 팔에 새겨진 수용소 문신('68233')을 알아보고 이렇게 물었다. "팔에 이걸 새길 때 많이 아프지 않던가?"

할브라이히는 그 일에 대해 이렇게 말했다. "속으로 이렇게 생각했어요. '세상에. 미국인들은 대체 어떻게 된 사람들이지? 그들은 여기서 벌어진 일, 시체 더미, 죽은 사람들을 봤어. 그런데도 문신을 새기는 게 아팠냐고 물어?' 하지만 나중에는 아이젠하워 장군이 잘 몰랐다는 사실을 이해했어요. 미국인들에게는 이런 게 낯설었을 겁니다."

가장 깊은 침묵이 흐른 곳은 독일이었다. 독일인들은 나름의 수치심에 대응해야 했다. 프랑스 국경 근처로서 강제 수용소가 있던 비징엔의 경우, 전후 지역 당국자들은 피해자들이 묻힌 묘지 앞에 어떤 표지판을 세워야 할지 논쟁을 벌였다. 그들이 결정한 명칭은 '추모 묘지'를 뜻하는 '에렌프리도프'Ehrenfriedof 였다. 지역 정부는 "국가사회주의의 범죄에 대한 기억을 지역 주민들 사이에 보존하는 것이 절대적으로 필요한 일이기 때문"이라고 설명했다. 다만 그들은 "국제적 교통로인 27번 연방고속도로를 많이 지나다니는 외국인들에게도 국가사회주의의 범죄를 알릴 이유는 없다"고 밝혔다.

뒤이어 주민들은 곧 수용소의 일부를 뒤덮을 수천 그루의 나무와 울타리를 심었다. 비징엔 축구 클럽은 수감자들이 이판암으로 채워야 했던 숯 가마터 위에 경기장을 지었다. 대신 근처에 작은 돌 피라미드가 세워졌다. 거기에는 이런 내용이 새겨져 있었다. "여행자여, 이곳을 지나거든 의미 있게 살아가기도 전에 삶을 빼앗긴 사람들을 기억해주오." 주민들은 거기서 어떤 일이 있었는지 암시할 수는 있어도 크게 말하지는 못했다.

1970년대 중반에 홀로코스트를 세상에 알리려던 사람이 어떤 기분을 느꼈을지 상상해보라. 전쟁이 끝난 지 30년이 지났다. 30년이면 일반적으로 과거 사건을 돌아보고 성찰하기에는 너무 오래 지난 시점이다. 역사학자들은 홀로코스트라는 주제를 무시했다. 생존자들도 거기에 대해 이야기하려 하지 않았다. 할리우드는 대체로 침묵했다. 독일에서는 축구팀이 버려진 강제 수용소 부지에서 훈련을 했다. 미국이 가진 것은 LA 윌셔 대로에 있는 임시 박물관이 전부였다. 그마저도 수감자 출신들이 차마 집에 둘 수 없는 물건들을 모아놓은 곳에 불과했다. 홀로코스트는 이를 부르는 **명칭**조차 없었다. 전쟁 동안 독일에서 생긴 일들은 부수적인 사건으로 치부될 듯 보였다. 이런 결과는 거의 바꿀 수 없을 것 같았다.

하지만 다시 돌아보면, 마이애미는 1980년에 세 번의 충격적인 변화를 겪은 후 결코 이전으로 돌아가지 못했다. 포플러 그로브는 안전지대였다가 전혀 다른 곳으로 변했다. 볼더의 심장 전문의들은 버팔로로 가더니 완전히 달라졌다. 어쩌면 그 당시 던졌어야 할 더 나은 질문은 세상이 홀로코스트를 생각하는 방식을 바꿀 수 있을지 **여부**가 아니라 그 **방식**에 대한 것이었을지도 모른다.

오버스토리를 변화시키는 데는 많은 사람이 필요하지 않다

그렇게 해서, 생존자 모임은 월셔 대로의 한 귀퉁이에 작은 박물관을 열었다.

리스고우는 "그들은 아무도 신경 쓰지 않을 줄 알았을 거예요. 그런데 사람들이 관심을 보이니까 정말 놀랐던 것 같아요. 관심을 보인 사람들은 그들의 말에 귀를 기울였어요."라고 말했다.

실제로 사람들은 관심을 보였다. 홀로코스트 생존자들은 말할 수 없는 일을 말하는 것이 실로 가능하다는 사실을 알게 되었다. 그들의 팔뚝에 새겨진 번호는 창피스러운 것이 아니었다. 기억을 되새기는 일은 나약하다는 표시가 아니었다.

이후 20년 동안 이런 생각이 월셔 대로에서 전국으로 서서히 퍼져

나갔다. 시카고 외곽에서는 제프 바이스Zev Weiss라는 아우슈비츠 생존자가 학생들에게 홀로코스트를 가르쳐야 한다고 대학들을 설득하기 시작했다. 그의 기억에 따르면 그는 처음에 "회피와 지연, 전반적인 무관심"에 직면했다. 그래도 그는 포기하지 않았다. 그는 전국을 돌며 대학들을 설득했다. 때로는 차에서 자기도 했다. 그는 교수들의 연구실을 찾아가 강의 시간에 홀로코스트를 다루어야 한다고 주장했다. 그의 친구는 당시 일을 이렇게 기억한다. "그가 했던 요구 중에는 약간 극단적인 것도 있었습니다. 게다가 그는 논쟁하기 쉬운 사람이 아니었어요. 그가 질문하기도 전에 그냥 맞다고 대답하는 게 더 쉬웠어요."

1970년대 중반, 여러 유대인 단체는 의회와 협력하여 잭슨 바닉 개정안Jackson-Vanik Amendment을 통과시켰다. 이 법은 소련이 이전에는 생각할 수 없던 일을 하도록 압박하기 위한 것이었다. 그것은 바로 이민 규정을 완화하여 수십만 명의 러시아 유대인이 이스라엘과 미국으로 이민갈 수 있도록 허용하는 일이었다. 이는 한 역사학자의 표현에 따르면 "자랑스럽고 강력한 유대인적 특수성"의 승리였다. 뒤이어 1977년에 한 신나치 단체가 일리노이주 스코키를 지나 행진할 수 있게 해달라고 요청했다. 스코키는 유대인이 많이 사는 시카고의 교외 동네였다. 주민들은 처음에는 무시하다가 나중에는 맞서 싸웠다. 이처럼 미국 유대인 공동체 안에서 뭔가가 바뀌었다. 그리고 이 변화는 폴 클라인과 어윈 세겔스타인이 서점 진열대 앞에 멈춰서서 운명적인 결정을 하게 만들었다.

두 사람은 유대인 공동체 외부에서도 같은 변화의 증거를 찾을 수 있을지 기다리지 않았다. 위험에 대비한 보험을 들거나, 변죽을 울리지도 않았다. 그들은 현대사에서 가장 충격적이고 대담무쌍한 역사 세미나를 만들었다. 〈홀로코스트〉는 1978년 4월 16일부터 4일 연속으로 방영되었고, **미국 인구의 절반**인 1억 2,000만 명이 이를 시청했다.

이듬해 1월에 〈홀로코스트〉가 방영된 독일의 경우 그 파장은 더 엄청났다. 방영은 늦은 밤에 시작되어 자정 가까운 시간에 끝났다. 게다가 시청자가 많지 않은 지역 방송국에서 방영되었다. 그럼에도 방영이 끝날 때까지 서독 국민의 4분의 1에 해당하는 1,500만 명이 시청했다. 이는 "1970년대 독일 방송업계의 일대 사건"으로 불렸다. 잡지와 신문은 〈홀로코스트〉 특별판과 특별란을 만들었다. 수천 명의 시청자가 (그중 일부는 눈물을 흘리며) 지역 방송국에 전화를 걸었다. 신나치 단체는 방영을 막으려고 코블렌츠와 뮌스터 지역 방송국에 폭탄을 설치했다. 죄책감에 사로잡힌 퇴역 군인들은 자살하겠다고 위협했다. 전직 SS 장교는 2회를 본 후 아내와 네 명의 자녀로부터 "늙은 나치"라는 말을 듣고 버림받았다고 밝혔다. 당시는 전범 처벌에 관한 공소시효 기간이 끝나가던 때였다. 〈홀로코스트〉 방영 이후 서독 의회는 생각을 바꿔서 공소시효를 폐지했다. 한 독일 저널리스트는 이에 대해 이렇게 말했다.

〈홀로코스트〉는 지식인들이 하지 못한 방식으로 히틀러 이후 독
일 사회를 뒤흔들었다. 다른 어떤 영화도 가스실로 향하는 유대
인들의 고통을 그토록 생생하게 그려내지 못했다. (…) 〈홀로코

스트〉가 방영된 덕분에 대다수 국민이 '유대인 문제에 관한 최종 해결책'이라는 끔찍하고 어리석은 기획의 이면을 알게 되었다.

현재 비징엔에는 이전 수용소 자리에 제대로 된 박물관이 있다. 이는 이후 독일 전역에 세워진 수천 개의 홀로코스트 기념관 및 박물관 중 하나다.

고유명사가 된 홀로코스트

수년이 지난 후, 전 NBC 사장인 허버트 슐로서Herbert Schlosser 는 〈홀로코스트〉가 방영된 과정에 대한 질문을 받았다. 클라인과 세겔스타인의 상사였던 그는 자신은 그저 '위층에 있던 사람'이라며 마땅히 그들의 공을 인정했다. 다만 그가 기여한 중요한 부분이 하나 있었다. 기획 초기에 대본에는 〈홀로코스트〉라는 제목이 붙어 있었다. 그러나 완성본이 나왔을 때는 그 단어가 빠져 있었다. 어쨌든 1970년대 중반까지는 특별한 의미가 없는 단어였기 때문이다.

슐로서는 이렇게 당시를 회고했다. "어느 날 엄청나게 두꺼운 원고 뭉치가 올라왔어요. 제가 딱 하나 거기에 기여한 건… 읽었다는 겁니다. 읽다 보니 제목이 〈홀로코스트〉가 아니라 〈바이스 가족〉으로 바뀌어 있더군요. 드라마에서 홀로코스트를 겪는 가족의 이름이었죠. 그래서 프로듀서에게 전화를 걸어서 '이 제목은 안 돼'라고 말했습니다."

슐로서는 처음 붙였던 제목으로 돌아가기를 원했다. 그래서 프로듀서에게 "〈홀로코스트〉로 가."라고 지시했다.

그렇게 해서 모두가 홀로코스트를 '홀로코스트'_{Holocaust} 로 부르게 된 것이다. 앞서 나온 미국의 홀로코스트 박물관 목록을 다시 보라. 1978년 이후 거의 **모두가** '홀로코스트'라는 단어를 이름에 썼다. 윌셔 대로에 있던 첫 박물관도 '순교자 기념 박물관'에서 '로스앤젤레스 홀로코스트 박물관'으로 이름을 바꾸었다. 누구도 어떻게 이야기해야 할지 몰랐던 집단 학살이 이제 이름을 얻었다. 그 이유가 무엇일까? 한 방송사 사장이 〈바이스 가족〉보다 더 나은 제목이라고 생각했기 때문이다.

이것이 스토리텔러들이 할 수 있는 일이다. 그들은 오버스토리를 바꿀 수 있다.

제8장

메이플 드라이브에서의 감옥 생활

"일부러 차를 도로 밖으로 몰았어요."

혁명은 아무도 예상하지 못한 시점에 찾아온다

소련 붕괴 후 겨우 4년이 지난 1995년, 정치학자인 티무르 쿠란Timur Kuran은 '미래에 일어날 갑작스런 혁명적 변화의 불가피성'The Inevitability of Future Revolutionary Surprises 이라는 유명한 논문을 썼다. 이 논문은 이렇게 시작된다. "지식인들은 많은 것에 대해 이견을 보인다. 그래서 동유럽 공산주의 몰락 이후 여러 논쟁이 벌어진 것은 이례적인 일이 아니다. 특기할 점은 이 결정적인 전환이 전 세계의 허를 찔렀다는 사실에 대해 만장일치에 가까운 동의가 이루어졌다는 것이다."

쿠란은 혁명의 도래를 예측할 수 있었지만 그러지 못했던 사람들의 명단을 나열했다. 그 첫 번째는 "언론인, 외교관, 정치인, 미래학자, 연구자"들이었다. 그들은 세상사를 이해하는 일을 하는 전문가들이었다. 하지만 무방비 상태로 당하고 말았다. 동유럽의 일반인은 어떨까? 베를린 장벽이 무너진 직후 동독에서 설문이 진행되었다. 질문 내용은 "1년 전에 이런 평화스러운 혁명이 일어날 것을 예측했나요?"였다. 불과 5퍼센트만 '예측했다'고 답했다. 18퍼센트는 '예측했지만 그렇게 빨리 일어날 줄 몰랐다'고 답했다. 그리고 설문 대상자의 4분의 3에 해당하는 나머지는 전혀 예측하지 못했다고 답했다.

쿠란은 계속 명단을 제시했다. 공산당 지도부는 어떨까? 그들의 권력과 생계는 자기 나라의 상태를 파악하는 일에 좌우되었을 게 당연하다. 그럼에도 그들은 몰랐다. 심지어 한 세대 동안 소련을 물리치려고 투쟁했던 반체제 인사들도 불시에 변화를 맞았다. 쿠란은 극작가 출신으로 나중에 체코 공화국 초대 대통령이 되는 바츨라프 하벨Vaclav Havel 을 예로 들었다. 하벨은 1978년에 쓴 에세이《힘 없는 자들의 힘》The Power of the Powerless 에서 소련 제국이 보이는 것처럼 난공불락이 아니라고 (정확하게) 예측했다. 그는 소련이 "사회운동"이나 "시민 소요의 폭발" 또는 "획일적으로 보이는 권력 구조의 내부에서 벌어지는 극심한 갈등"으로 전복될 수 있다고 말했다. 그가 내린 결론도 놀라운 예지력을 담고 있었다. "보다 밝은 미래가 이미 오랫동안 도래해 있었는데도 우리가 오직 무지와 나약함 때문에 주위를 보지 못하고 그 미래를 실현하지 못한 것 아닐까?"

하지만 하벨은 자신이 예측한 바로 그 혁명이 실제로 시작되었을 때 그 사실을 인지했을까? 그는 인지하지 못했다. 당시 소련 지도자인 미하일 고르바초프Mikhail Gorbachev가 체코를 방문하여 연설했다. 이는 러시아가 위성 국가들에 대한 통제의 끈을 늦추리라는 분명한 초기 신호 중 하나였다. 하지만 하벨은 국민들이 고르바초프에게 환호하는 것을 보고 분노했다.

"서글프다. 이 나라는 결코 과거로부터 배우지 못한다. 외부의 힘이 문제를 해결해주리라 철석같이 믿었던 때가 얼마나 많은가? (…) 그런데도 우리는 지금 다시 같은 실수를 저지르고 있다. 국민들은 고르바초프가 우리를 해방시키러 왔다고 생각하는 것 같다…."

그들은 동유럽의 역사와 문화를 그 누구보다 잘 알았다. 지식인들은 중요한 책들을 모두 읽었고, 가늠할 수 있는 모든 것을 가늠했다. 동유럽 사람들은 매일 소련의 지배 아래 살아가고 있었다. 반체제 인사들은 기억할 수 있는 가장 오랜 시절부터 자유를 위해 투쟁했다. 그들이 한 집단으로서 알지 못한 것은 없었다. 다만 쿠란이 말하는 요점은 크든 작든 모든 혁명에는 '우리를 당황시키는 요소'가 있다는 것이었다. 한 집단의 사람들이 흥분에 휩싸여 다같이 행동이나 믿음을 급작스럽게 바꿀 때, 우리는 말이나 이해력을 갑자기 잃어버린다. 쿠란은 "1917년 2월에 러시아 혁명이 일어나기 겨우 몇 주 전에" 투쟁의 설계자인 레닌이 "러시아의 거대한 폭발은 먼 미래에 일어날 것이며, 그는 자신이 살아생전 그것을 보지 못할 것이라 말했다."라고 썼다. 레닌 자신이 일으킨 혁명인데도 말이다!

내 생각에 마이애미와 〈홀로코스트〉 미니시리즈의 이야기는 우리가 계속 갑작스런 변화를 겪는 이유에 대한 부분적인 해답을 제공한다. 오버스토리는 보기보다 훨씬 변동성이 강하다. 다만 이 장에서는 두 번째 이유를 살펴보고 싶다. 내 생각에 이 두 번째 이유는 우리를 지속적으로 당황시키는 변화를 이해하는 데 추가적인 도움을 준다. 우리가 변화의 '신호'를 놓치는 이유는 엉뚱한 곳에서 그것을 찾기 때문이다. 21세기 초에 성년이 된 사람이라면 모두가 이 맹시盲視, 즉 분명히 눈앞에 있지만 그것을 인지하지 못하는 현상의 거의 교과서적인 사례를 겪었다. 동성 결혼을 둘러싼 다툼이 그것이다.

그들은 왜 목전의 승리를 보지 못했을까

에반 울프슨Evan Wolfson 은 1980년대 초에 로스쿨에 들어간 후 역사학자 존 보스웰John Boswell 이 쓴 책을 읽었다.《기독교, 사회적 관용, 동성애》Christianity, Social Tolerance, and Homosexuality 라는 제목의 학술서였다. 당시 울프슨은 20대 초반으로, 서아프리카에서 평화봉사단 활동을 마치고 막 돌아온 참이었다. 그는 거기서 커밍아웃을 했다. 그는 "저는 항상 게이로 알려져 있었어요. 하지만 그때 실제로 섹스를 하기 시작했고, 공개적 게이로 사는 삶이 어떨지 실제로 상상하기 시작했어요."라고 말했다. 보스웰의 책은 그의 눈을 뜨게 해주었다. "그 책을 사서 겉을 가짜 표지로 덮었어요. 그리고 조부모님 집이 있는 플로리다의 해변으로 가져갔어요."

울프슨이 보스웰에게 배운 것은 "동성애자가 항상 같은 대우를 받지 않았으며, 사회마다 동성애를 대하는 방식, 성 문제를 이해하고 처리하는 방식이 달랐다"는 점이었다. 그에게 이 메시지는 엄청난 도움을 주었다. "과거의 인식이 지금과 달랐다면 앞으로 다시 달라질 가능성도 충분히 있기" 때문이었다. 그는 세상이 동성애자를 바라보는 시각을 바꾸려면 무엇이 필요한지 생각하기 시작했다.

저는 '왜 동성애자는 과거의 다른 사회들과 달리 우리 사회에서 차별과 억압에 시달리는 걸까?'라고 자문했어요. 그리고 그것을 배척으로, 우리가 사랑하는 방식과 대상에 대한 차별로 이해하는 것이 맞다고 판단했어요. (…) 뒤이어 이렇게 자문했죠. '좋아, 그렇다면 우리 사회가 사랑을 가르치고, 이해하고, 뒷받침하는 중심 구조는 무엇이지?' 물론 우리 사회에서 그것은 사실상 다른 모든 사회와 마찬가지로 '결혼'이었어요. 그래서 결혼할 수 있게 해달라고 투쟁하고 요구하면 우리가 동등하고, 중심적이며, 가치 있는 존재라는 주장을 강력하게 할 수 있겠다고 판단했어요.

울프슨은 결혼이 "비동성애자들이 동성애자들을 이해하는 방식을 바꿀 변화의 엔진" 역할을 할 거라 믿었다.

그때는 1980년대 초였다. 지금은 울프슨의 판단이 당시 얼마나 급진적인 것이었는지 이해하기 어려울 수 있다. 동성 결혼은 어떤 사회적, 정치적 의제의 일부도 아니었다. 오버스토리는 결혼 제도의 범위를 동성 커플에게까지 확장해야 한다는 생각과 동떨어져 있었다. 당신의 부모(또는 조부모)와 당시의 성 인식에 대해 이야기를 나눠보라. 그들은 거의 확실히 1960년대 후반에 나온《당신이 성에 관해 항상 알고 싶었던(하지만 물어보기를 주저하던) 모든 것》Everything You Always Wanted to Know About Sex But Were Afraid to Ask이라는 책을 떠올릴 것이다. 데이비드 루벤David Reuben이라는 캘리포니아 정신과 전문의가 쓴 이 책은 최초의 현대적 성 지침서로서, 51개국에서 베스트셀러 1위에 올랐다. 또한 1년 넘게 〈뉴욕 타임스〉 베스트셀러 목록에서 정상을 지켰다. 우디 앨런Woody Allen은 이 책을 소재로 엄청나게 성공한 코미디 영화를 만들었다. 루벤은 자니 카슨Johnny Carson의 〈투나잇 쇼〉에 10여 차례 출연하면서 미국의 친근한 성 상담사 역할을 했다.《당신이 성에 관해 항상 알고 싶었던 모든 것》은 시대정신을 정의했다. 다음은 루벤이 "남성 동성애"에 할애한 장에서 한 말이다.

대다수 게이는 상대를 물색할 때 구애 과정을 생략한다. 그들에게는 발장난을 치거나 화장지에 사랑의 메모를 쓸 시간조차 없다. 동성애는 서두르지 않으면 안 되는 절박함을 수반하는 것으로 보인다.

루벤은 동성애자들이 화장실에서 은밀한 만남을 갖는 것을 전형적인 행태로 묘사했다. 또한 그들이 흔히 저녁에 많게는 다섯 번의 성교를 하고, 그 지속 시간은 약 6분이라고 말했다. 그의 지적에 따르면 동성애자들은 "위험을 즐기며, 대중에게 자신의 섹스를 과시하려는 충동을 지녔다." 그리고 그들이 코스튬을 좋아하고, 음식에 집착하며, 협박을 하는 성향이 있고, 모험적인 성적 관행을 따른다고 늘어놓았다.

뒤이어 이런 대목이 나온다. 이 책에서 루벤은 일련의 질문을 던진 다음 간략한 대답을 제시하는 방식으로 이야기를 이어간다.

> 그러면 오랫동안 같이 행복하게 사는 동성애자들은 어떻게 된 것일까?
> 어떻게 된 거냐고? 그들은 동성애자 무리에서 아주 드문 사람들이다. 게다가 "행복하게" 산다는 부분도 따져봐야 한다. 이성애자 부부 사이의 심한 말다툼도 동성애자 커플 사이의 대화에 비하면 열정적인 사랑 노래다. 같이 사는 건 맞다. 하지만 행복하게? 그럴 리 없다.
> 그들의 "결혼"이 행복과 맞지 않는 다른 부분도 있다. 그들은 다른 상대를 찾는 일을 결코 멈추지 않는다. 그들이 같이 살림을 차릴 수는 있다. 하지만 그 후로도 대개 페니스의 퍼레이드는 끊임없이 이어진다. 다만 이번에는 질투, 협박, 투정, 상호 배신이 덤으로 끼어들 뿐이다. 두 사람에게 다행스러운 점은 관계의 기대 수명이 짧다는 것이다.

이것이 전체 세대가 게이 남성의 삶을 바라보는 관점이라면 이런 상황에서 도대체 어떻게 혼인 평등을 위해 싸울 수 있을까? 동성애자들의 결혼이 이럴 것이라고 생각한다면 이성애자들 입장에서 가장 중요한 사회제도를 공유하도록 해줄 이유가 있을까? 울프슨은 동성 결혼을 주제로 로스쿨 학위 논문을 쓰기로 결심했다. 하지만 논문 작성을 도와줄 지도교수를 찾을 수 없었다.

그는 "거물급 진보 인사나 동조적인 성향의 교수들을 찾아갔지만 하나같이 거절 당했어요."라고 당시를 회고했다. 그들은 모두 데이비드 루벤의 영향 아래서 성장했다. 그들에게 울프슨의 말은 터무니없이 들렸다. "그들은 그 일이 너무 어렵거나 가치 있는 목표가 아니라고 생각"했다.●

울프슨은 로스쿨을 졸업한 후 주의회 단위에서 법을 개정하려고 싸우면서 오랫동안 고생했다. 하지만 동성애 활동가들이 이룬 모든 진전은 반발에 직면했다. 조지 부시 대통령이 2004년 2월에 한 유명한 연설이 그 정점이었다.

> 부시 대통령 남성과 여성의 결혼은 인류 사회에서 가장 오래 유지
> 된 제도로서 모든 문화와 종교로부터 존중되고 권장
> 되었습니다. 인류의 오랜 경험은 서로 사랑하고 섬기
> 려는 부부의 의지가 아동의 복지와 사회의 안정을 촉
> 진한다는 사실을 가르쳤습니다.

● 마침내 울프슨이 찾아낸 지도교수는 "특별할 것 없고, 진보적이지도 않고, 동성애자도 아닌 데이비드 웨스트폴David Westfall 이라는 이름의 평범한 가족법 교수"였다. 웨스트폴은 그에게 B학점을 주었다.

부시는 국민 앞에 나서서 동성 결혼에 대한 주장은 그만하면 됐다고 말했다.

> 결혼을 그 문화적, 종교적, 자연적 뿌리로부터 단절시키면 사회
> 에 미치는 좋은 영향력이 약화됩니다. 오늘 저는 결혼을 남성과
> 여성이 부부로 결합하는 것으로 정의하고, 이를 보호하는 헌법
> 수정안을 의회가 즉각 통과시키고 비준을 위해 각 주에 송부할
> 것을 요청합니다.

주의회들은 연이어 헌법 수정안을 통과시켜서 동성 결혼을 불가능하게 만들었다. 절망감이 활동가들을 짓눌렀다. 울프슨은 당시를 회고하며 이렇게 말했다. "물러나라고, 포기하라고, 그만두라고, 속도를 늦추라고 하는 요구가 많았습니다. 심지어 우리 진영의 핵심 인사들 중 일부도 그런 요구를 했습니다." 인권캠페인Human Rights Campaign 지도부는 신중을 기할 것을 촉구했다. 오랜 우군이었던 다이앤 파인스타인Dianne Feinstein 캘리포니아 상원 의원도 마찬가지였다. 그녀는 "모든 사안이 너무 과하게, 너무 빨리, 너무 이르게 제기되었다."고 말했다.

2004년은 오랜 노력이 무산되던 해였다.

당시 동성애자 인권 운동의 리더였던 매트 콜스Matt Coles 는 이렇게 말했다.

> (우리 진영에서) 실로 절망한 사람들이 많았어요. 주로 연방의회

나 주의회에 초점을 맞추던 단체들은 도저히 가망이 없다고 생각했어요.

결국 활동가들은 맨해튼의 강 건너편인 뉴저지주 저지 시티에서 대표자 회합을 가졌다. 그들은 동성애자 인권 운동을 위한 장기 계획을 수립했다. 세심하고, 조심스럽고, 신중한 계획이었다. 그들은 일단 주의회 단위에서 발판을 확보한 다음, 거기서부터 다시 천천히 나아가기로 결정했다. 그들이 출발점으로 삼은 것은 동거 관계에 대한 인정처럼 덜 논쟁적인 사안들이었다. 그런 다음에 민권 문제로 나아갈 참이었다. 이 두 전투에서 이겨야만 혼인의 자유라는 더 큰 목표를 위해 싸울 수 있었다.

콜스는 당시 모든 주에서 혼인 평등을 얻기까지 얼마나 걸릴 것 같냐는 질문을 받았다면 주저 없이 이렇게 대답했을 거라고 말했다. "2005년에 그런 질문을 받았다면… 20년에서 25년이라고 대답했을 겁니다." 그는 잠시 말은 멈춘 후 덧붙였다. "어쩌면 30년이나 40년이라고 대답했을지도 몰라요."

그와 모든 동료 활동가의 예측은 틀렸다. 10년 안에 동성 결혼에 대한 반발은 그냥 사그라들었다. 혼인 평등 투쟁의 역사를 담은 대표적인 책《교전》The Engagement 을 쓴 사샤 아이젠버그Sasha Issenberg 는 이 승리에 대해 이렇게 말했다.

내가 살면서 봐왔던 모든 사건에서 동성 결혼은 하나의 사안에 대한 미국 대중의 여론이 가장 크게 바뀐 사례였다. 15~16년에 걸쳐 지지 여론이 1.5배 이상 늘었다. 게다가 모든 인구학적, 정치적 집단에 걸쳐 이런 일이 일어났다. 청년층, 노년층, 백인, 흑인, 남미계, 복음주의자 등 모두가 한 방향으로 나아갔다.

활동가들은 투쟁에 열중하느라 사실은 승리가 목전에 있다는 사실을 알지 못했다. 티무르 쿠란의 말을 빌려 표현하자면 "지식인들은 많은 것에 대해 이견을 보인다. 그래서 동성 결혼 투쟁 이후 여러 논쟁이 벌어진 것은 이례적인 일이 아니다. 특기할 점은 이 결정적인 전환이 전 세계의 허를 찔렀다는 사실에 대해 만장일치에 가까운 동의가 이루어졌다는 것이다."

그들은 온통 엉뚱한 곳에서 변화의 신호를 찾고 있었다. 그러니 과거로 돌아가 다시 살펴보도록 하자.

'게이 내러티브'에 담긴 세 가지 규칙

TV용 영화 〈메이플 드라이브에서의 감옥 생활〉Doing Time on Maple Drive 은 1992년에 폭스 TV에서 방영되어 에미상 세 개 부문 후보에 올랐다. 평범한 TV용 영화보다 훨씬 뛰어나다는 평가를 받은 셈이다. 이 영화는 아름다운 동네에 사는 부유한 카터 가족의 이야기를 들려준다. 아버지는 성공한 요식업자다. 그와 그의 아내는 장성한 자식 셋을 두고 있다. 딸은 결혼했고 두 아들 중 막내인 매트는 잘생기고 똑똑한 총 아로서 예일대를 졸업했다. 영화 초반부에서 매트는 약혼녀를 집으로 데려와 처음으로 가족들에게 소개한다. 그녀는 아름답고 돈이 많으며 매트를 많이 사랑한다.

당시의 TV용 영화를 많이 본 적이 있는 사람이라면 앞으로 어떤 일이 생길지 짐작할 수 있을 것이다. 카터 가족은 전혀 완벽하지 않다. 형은 알코올 중독자다. 아버지는 고압적이고 난폭하다. 어머니는 현실을 부정한다. 결혼한 딸은 남편 몰래 낙태를 시도한다. 그리고 곧 알게 되겠지만 매트는 끔찍한 비밀을 숨기고 있다.

진실을 가장 먼저 알게 되는 사람은 매트의 약혼녀다. 그녀는 그의 침실에서 비밀을 드러내는 편지를 발견한다. 그녀는 눈물을 흘리며 매트에게 따지고, 뒤이어 차를 타고 급히 떠나버린다. 그러고선 두 번 다시 등장하지 않는다. 그날 저녁, 매트를 위한 총각 파티가 열린다. 그는 태연한 표정을 짓는다. 하지만 파티 후 집으로 차를 몰고 가다가 갑자기 도로를 벗어나 전신주를 정면으로 들이받는다. 그는 부모에게 갑자기 튀어나온 동물을 피하려고 핸들을 꺾었다며 자세히 해명한다. 하지만 의문이 쌓이는 가운데 그의 어머니는 우아한 거실에서 아들에게 따진다.

엄마 제대로 설명하는 게 좋을 거야. 무슨 일이 있었는지 알아야
     할 것 아냐!
매트 이미 알잖아요. 정확하게 알고 있잖아요. 내 입으로 말해야

겠어요?

엄마 나한테 그런 식으로 말하지 마.

매트 싫어요! 내 입으로 말해요? 그러기를 바라는 거예요? 걔를
　　　피하려고 핸들을 꺾은 게 아니에요. 이런 삶을 피하려고 핸
　　　들을 꺾은 거예요!

아마 이제는 매트의 비밀이 무엇인지 짐작할 수 있을 것이다.

매트 엄마한테 말하느니 차라리 죽는 게 낫다고 생각했어요….

엄마 됐어. 그만하면 충분히 들었어.

매트 아뇨, 엄마! 엄마는 아직 듣지 않았어요. 내가 자살하려 했
　　　다고요!

엄마 아냐, 넌 그러지 않았어. 그건… 사고였어.

매트 아니라니까요! 죽는 게 낫다고 생각했어요.

엄마 아냐! 그건 그냥….

매트 엄마! 차라리 죽는 게 낫다고 생각했다니까요.

엄마 아냐….

이 부분에서 〈메이플 드라이브에서의 감옥 생활〉을 시청하던 수백
만 명의 시청자들은 목이 메이기 시작했다.

매트 맞아요! 차마 내가 게이라고 말할 수 없었어요! 그래서 일

부러 차를 도로 밖으로 몰았어요. 일부러 그랬다고요, 엄마.

일부러요.

수많은 시청자들은 〈메이플 드라이브에서의 감옥 생활〉에서 무엇을 얻었을까?

〈홀로코스트〉의 경우, 문화적 사건이 오버스토리를 바꾼 양상을 쉽게 파악할 수 있다. 미국 인구의 절반이 동시에, 4일 연속으로 강렬하고 단호한 역사 강의를 지켜보았다. 〈홀로코스트〉는 세상 사람들이 그때까지 금기시되었던 사안에 대해 말하고 이야기할 수 있도록 허락해 주었다. 나는 이런 과정이 훨씬 은근한 방식으로도 진행된다고 생각한다. 앞 장에서 소개한 USC 교수 래리 그로스의 연구 결과를 다시 떠올려보자. 그중에서 다음과 같은 말은 반복할 만한 가치가 있다. "그 이유는 미디어가 그런 효과를 내는 버튼을 눌렀기 때문이 아니라, 세상이 돌아가는 방식과 그 규칙에 대한 문화적 의식을 창조했기 때문이다." 오버스토리에서 그 규칙은 끊임없이 다시 쓰이고 고쳐진다.

한 예로 〈홀로코스트〉와 같은 시기에 일련의 '페미니즘' 드라마가 방영되었다. 〈메리 타일러 무어 쇼〉The Mary Tyler Moore Show 가 그 선구자였다. 뒤이어 〈필리스〉Phyllis, 〈모드〉Maude, 〈로다〉Rhoda, 〈한 번에 하루씩〉One Day at a Time, 〈캐그니와 레이시〉Cagney Lacey, 〈머피 브라운〉Murphy Brown 등이 나왔다. 이 드라마들이 명시적으로 내세운 메시지는 명확했다. 그 핵심에는 강인하고, 유능하고, 전문성 있는 여성이 있었다. 이 드라마들은 여성도 어느 모로 보나 남성만큼 능력을 발휘할 수 있다는 사실을 분명히 보여주었다. 텔레비전의 힘은 우리에게 **무엇을** 생각할지가 아니라 **어떻게** 생각할지를 말하는 데 있다는 것을 기억하라. 이 드라마들의 묵시적 규칙은 무엇이었을까? 그것은 성공한 여성은 거의 언제나 나이가 많고, 백인이고, 이성애자이고, **독신**이라는 것이었다.

보니 다우Bonnie Dow는 이런 TV 프로그램의 흐름을 분석한 뛰어난 책을 썼다. 그녀는 이렇게 주장한다.

> 그래서 페미니스트는 결혼할 수 없고, 아이도 가질 수 없다는 것이다. (…) 이 프로그램들이 가정하는 바는 하나였다. 이런 정치적 입장을 가졌다면, 기꺼이 앞에 나서서 여성의 평등권을 내세우려 한다면, 제대로 된 관계를 맺기가 아주 어렵다는 것. 그것이 규칙 중 하나였다.

이 프로그램들은 여성의 진전을 경력 측면에서의 성공, 즉 "남자처럼 성과를 내는 것"에 따라 엄격하게 정의했다. 다우는 이렇게 논의를 이어간다.

> 이 프로그램들이 중시하는 것은 여성이 남성과 같은 기회를 얻고, 남성과 같은 성취를 이루는 것이다. 물론 여성은 무엇보다 임신과 출산을 하기 때문에 다른 측면이 있으며, 다른 종류의 일터가 필요할 수도 있다는 점을 인정할 가능성은 모두 제거된다.

이 프로그램들이 형성한 오버스토리는 어딘가 흐릿하고 모호했다. 이 프로그램들은 여성의 권리에 대해 생각하는 데 있어서 직업적으로 성공하기 위해 여성이 치러야 하는 엄청난 희생만을 강조했다. 그래서 〈메리 타일러 무어 쇼〉나 〈한 번에 하루씩〉에 빠진다고 해서 페미니스트가 되지는 않았다. 오히려 자식과 가족을 원한다면 페미니스트가 될 수 없다는 생각을 갖기 쉬웠다.

그러면 〈메이플 드라이브에서의 감옥 생활〉로 다시 돌아가 보자. 이 TV용 영화는 에반 울프슨 같은 사람들이 동성 결혼 투쟁을 막 시작하던 무렵에 나왔다. 이런 영화들(당시에는 동성애를 다룬 TV용 영화가 놀라울 만큼 많았다)의 이야기가 거기에 도움이 되었을까 아니면 방해가 되었을까?

보니 다우는 이 문제도 분석했다. 그 결과 페미니스트 시트콤의 규칙과 마찬가지로 1980년대와 1990년대의 게이 내러티브에 내재된 일련의 규칙을 확인했다.

규칙 1. **동성애자는 결코 명목적으로 동성애자를 다룬다는 프로그램의 중심에 서지 않는다.** 실질적으로 이는 게이 캐릭터가 연속극에서 단발성으로, 즉 단역으로 등장한다는 것을 뜻했다. 다우의 지적에 따르면 그들이 주요 배역을 맡는 경우에도 "그들의 커밍아웃이 이성애자 캐릭터, 친구 및 가족, 동료와의 관계에 영향을 미치는 내용을 다루는 경향이 있다."

규칙 2. **동성애자의 성적 지향은 부수적인 사실이 아니라 그들의 삶을 정의하고 복잡하게 만드는 유일한 사실이다.** 다우가 말한 대로 게이 캐릭터는 "이성애자 친구들의 삶에서 해결해야 할 일종의 문제가 된다."

영화역사학자인 비토 루소Vito Russo 는 1910년대부터 1980년대 초반까지 출시된 영화에서 게이 캐릭터가 죽는 방식을 모두 정리한 적이 있다. 거기에 해당하는 캐릭터는 43명이었다. 그중 27명은 살해당했고 13명은 자살했다. 또한 한 명은 처형당했고, 다른 한 명은 거세당한 후 죽었으며, 나머지 한 명은 노환으로 죽었다. 이것이 동성애가 **해결해야 할 문제**라는 말의 의미였다.

규칙 3. **게이 캐릭터는 고립된 모습으로만 보여진다.** 다우는 "그들이 다른 게이 캐릭터와 같이 있는 모습으로 보여지는 경우는 매우 드물다. 그들은 대개 게이 친구가 없고, 게이 이벤트에 가지 않는다."라고 말한다. 이 세 번째가 가장 중요한 규칙이었다. 에반 울프슨과 다른 게이 활동가들이 오랫동안 싸운 가장 큰 난관이었기 때문이다. 게이 캐릭터가 고립된 모습으로만 보여지는 데는 이유가 있었다. 동성애자들이 '진정한 관계'를 맺을 수 있다는 것이 문화적으로 받아들여지지 않았기 때문이다. 데이비드 루벤이 언급한 대로 동성애자의 삶은 그저 "페니스의 퍼레이드"일 뿐이었다.

그러면 우리는 〈메이플 드라이브에서의 감옥 생활〉에서 무엇을 찾을 수 있을까? 언뜻 이 영화는 동성 결혼 문제에 도움을 주는 것처럼 보인다. 매트의 비밀스런 정체성을 가족이 고통스럽지만 솔직하게, 사랑하는 마음으로 대처하는 이야기이기 때문이다. 하지만 사실은 도움이 되지 않았다. 실제로는 보니 다우가 제시한 세 가지 규칙을 그대로 구현하고 있었기 때문이었다.

첫째, 〈메이플 드라이브에서의 감옥 생활〉은 '동성애자로 산다는 것의 의미'를 다루지 않는다. 그보다 이성애자가 '가족이 동성애자임을 알게 된다는 것의 의미'를 다룬다. 매트가 사고를 낸 후 영화는 매트가 가족 한 명, 한 명에게 자신의 비밀스런 정체성을 털어놓는 과정을 보여준다. 이야기의 동력은 매트가 그들에게 보이는 반응이 아니라 **그들이** 매트의 고백에서 보이는 반응에서 나온다.

둘째, 동성애는 해결해야 할 문제다. 매트가 자살을 시도한 이유는 자신의 성적 정체성을 감당할 수 없었기 때문이다. 한 장면에서 그는 어머니에게 이렇게 말한다.

> 이건 내가 선택한 게 아니에요. 그냥 이렇게 된 거예요. 내가 다른 모든 이와 다른 사람이 되는 걸 선택했을 거라고 생각해요? 엄마와 아빠를 이렇게 속상하게 만드는 걸 선택할 거라고 생각해요? 앨리슨처럼 예쁘고 멋진 여자를 잃는 걸 선택할 거라고 생각해요? 에이즈는 또 어떻고요? 게이가 되고 싶었던 사람들이 있었다고 쳐요. 그들이 지금도 게이가 되고 싶어 할까요?

매트조차 자신의 성 정체성을 해결해야 할 문제로 본다! 대체 누가 선택으로 게이가 될까?

한편, 에이즈에 대한 한 줄의 대사는 세상에 있는 다른 게이 남성들에게 일어나는 일에 대한 유일한 언급이다. 이는 "게이 캐릭터는 고립된 모습으로만 보여진다"는 다우의 세 번째 규칙을 충족한다. 우리는 매트에게 카일이라는 전 남친이 있다는 사실을 알게 된다. 하지만 카일의 모습은 매트를 병문안할 때 스치듯 나올 뿐이다.

다우는 1970년대, 1980년대, 1990년대에 걸쳐 대중문화에서 가장 강력한 영향을 미치는 매체가 동성애를 이런 식으로 다루었다고 지적했다. 〈메이플 드라이브에서의 감옥 생활〉 같은 영화는《당신이 성에 관해 항상 알고 싶었던 모든 것》만큼 동성애에 대놓고 적대적이지 않다. 그럼에도 여전히 동성애자가 진정한 관계를 유지할 수 있다는 사실을 부정한다. 세상이 동성애자(및 동성 결혼)에 대해 달리 생각할 준비가 되었는지 알고 싶다면, 선거 결과나 소송 결과 또는 여론조사 결과만 봐서는 안 된다.

이런 자료들은 나름대로 유용하다. 하지만 문제의 본질에 이르지는 못한다. 그보다는 **오버스토리의 규칙이 바뀌고 있는지 살펴야 한다.** 그리고 실제로 그런 일이 일어나고 있었다. 그 계기가 된 드라마의 제목을 당신도 들어본 적이 있을 것이다. 바로 〈월 앤 그레이스〉Will&Grace 다.

오버스토리의 규칙을 깨트리다

〈월 앤 그레이스〉는 LA에서 같이 자란 두 각본가, 데이비드 코한David Kohan 과 맥스 머치닉Max Mutchnick 의 작품이다. 그들은 시트콤계의 베테랑이었다. 하지만 스토리와 관련하여 그들이 결코 해결하지 못한 문제가 있었다.

다음은 그에 대한 머치닉의 말이다.

시드니 폴락Sydney Pollack은 데이비드의 멘토였어요. 그는 우리에게 러브 스토리에 대해 많은 걸 가르쳐줬죠. 어느 날 우리는 그의 사무실에 놀러 갔어요. 우리가 그때 시트콤을 쓰고 있다는 걸 알고 있던 시드니가 이런 조언을 해주더군요. "소년과 소녀가 키스하면 러브 스토리는 끝나버려. 그러니까 그들이 키스하지 않는 러브 스토리를 들려주는 방법을 알아내면 아주 오래 가는 드라마를 만들 수 있지."

폴락은 당대의 가장 뛰어난 감독 중 한 명이었다. 그의 요지는 러브 스토리에는 '마찰'이 필요하다는 것이었다.

코한은 "그렇지 않아요?"라며 끼어들었다(두 사람은 서로의 말을 대신 끝맺는다). "두 사람이 함께하지 못하도록 막는 장애물이 그럴듯해야 해요. 시드니가 그것 때문에 고민하던 모습을 기억해요. '인종은 더 이상 장애물이 아냐. 계급도 그렇고'라고 하더군요. 1990년에 〈초대받지 않은 손님〉Guess Who's Coming to Dinner?(사랑에 빠진 백인 여성과 흑인 남성을 둘러싸고 두 집안의 갈등을 다룬 영화―옮긴이) 같은 영화를 만들 수는 없었어요. 그러면 어떤 장애물이 있을까요? 맥스가 저와 같이 작업을 시작하며 '좋은 아이디어가 있어'라고 말하더군요."

그 아이디어는 머치닉과 그의 고등학교 시절 여친인 재닛 아이젠버그Janet Eisenberg의 관계를 탐구하는 것이었다.

머치닉 유대계 학교에서 만난 여자친구였어요. 신기한 인연이었
던 게, 하필 그녀의 아버지가 당뇨병을 앓던 저희 할아버
지의 다리를 절단한 외과의사였어요. 그녀와 저는 아주
이상하게 이어진 인연이었던 거죠. 그래도 우리는 바로
친구가 되었어요.

코한 맥스는 재닛의 집에 가면 그녀의 아버지에게 "그 다리들은
어디로 갔어요? 그걸로 뭘 하셨어요?"라고 말했어요.

머치닉 아이젠버그 아저씨는 그 농담을 별로 좋아하지 않았어요.
그래도 부정할 수 없는 일이었죠. 재닛은 제게 매우 헌신
적이었고, 관심이 많았어요. 저는 그녀를 좋아했고요. 그
리고 저는 그때 저의 본모습을 대면할 준비가 되어 있지
않았어요…. 그래서 재닛과 저는 그냥… 그건 엄청난 비
밀이었어요. 사실 당시에 커밍아웃을 하지 않은 동성애자
는 '어떻게 풀어나가야 하지? 어디서 이중 생활을 해야 할
까?'라고 생각했어요. 제가 동성애자라고 털어놓자 그녀
는 "모든 걸 다시 생각해야겠어."라고 말했어요.

할리우드는 언제나 표준적인 방식으로 이런 (커밍아웃하지 않은 동성
애자 남성과 이성애자 여성 사이의) 문제를 해결했다. 머치닉은 "동성애
자 남성은 여성에게 자신이 어떤 사람이고, 누구를 사랑하는지 털어놓
은 후 추방되고 처벌받아요. 그녀는 피해자가 되죠."라고 설명했다.*
하지만 머치닉과 코한은 그 일련의 방식에서 벗어나 서로 사랑하는

동성애자 남성과 이성애자 여성의 이야기를 만드는 다른 방식이 있음을 깨달았다. 여성이 피해자가 아니고, 남성이 처벌받지 않는다면 어떻게 될까?

〈윌 앤 그레이스〉의 오리지널 버전은 1998년부터 2006년까지 NBC의 유명한 목요일 밤 '절대 놓치면 안 될 프로그램' 시간에 방영되었으며, 당대의 가장 인기 있고 시청률 높은 프로그램 중 하나가 되었다.** 윌은 동성애자 변호사였고, 그레이스는 이성애자 인테리어 디자이너였다. 그들은 뉴욕시의 한 아파트에서 그레이스의 조수이자 활기 넘치는 캐런, 윌의 동성애자 친구인 잭과 같이 살았다. 이 네 명은 말다툼을 벌이고, 관계를 시작했다가 끝내고, 우스운 온갖 조합을 이루며 서로에게 키스했다. 이 모든 이야기는 첫 회에 제시된 설정하에 진행되었다. 그레이스는 한 남자와 결혼을 하려 하고, 윌은 그러지 말라고 설

● 참고로 〈메이플 드라이브에서의 감옥 생활〉에서 바로 그런 일이 일어났다. 매트의 약혼녀인 앨리슨이 우연히 본 편지는 매트의 옛 남친, 카일이 보낸 러브 레터였다. 큰 충격을 받은 그녀는 울며 매트에게 따진다.

앨리슨 어떻게 말을 꺼내야 할지 모르겠어. 매트, 난 널 사랑해.
매트 나도 널 사랑해.
앨리슨 하지만 이렇게는 안 돼. 밤새 한숨도 못 잤어. 그냥 깨어 있었어⋯. 침대에 앉아서 계속 생각했지⋯. 고민해봤는데, 미안하지만 우린 안 될 것 같아.
매트 잠깐, 잠깐만, 앨리슨⋯.

매트는 앨리슨을 달래보지만 소용없다.

앨리슨 있잖아, 웃기는 게 뭐냐면 마음 한구석으로는 항상 그런 생각을 했다는 거야⋯. 네가 게이일지도 모른다고 말이야. 그런 생각을 하는 나 자신이 싫어서⋯. 내가 잘못하는 거라고 생각했으니까.
●● 오리지널 버전보다 덜 성공한 리메이크 버전은 2017년부터 2020년까지 방영되었다.

득한다. 그녀는 결국 결혼식 도중에 식장을 떠나버린다. 그녀와 윌은 술집으로 가서 술로 슬픔을 달랜다. 그녀는 여전히 웨딩드레스를 입고 있다. 손님들이 그들을 부추긴다.

> 손님 1 (윌에게) 어이, 아름다운 새 신부에게 건배하는 게 어때?
> 손님들 (환호하며) 그래! 좋아!

그들은 즉석에서 혼인 서약을 한다.

> 손님 1 두 사람 뭐해? 키스해야지.
> 손님들 (입을 모아) 키스해! 키스해! 키스해! 키스해! 키스해! 키스해!

그들은 서로를 바라보며 '어쩌면 느낌이 올지도 몰라'라고 생각한다. 윌은 그레이스에게 키스한다.

> 그레이스 아무 느낌 없어? 전혀?
> 윌 미안. 아무 느낌 없어. 그냥, 음….

〈윌 앤 그레이스〉를 본 사람은 코한과 머치닉이 영리한 설정을 했다는 데 동의할 것이다. 게다가 프로그램 자체도 아주 웃겼다. 겉으로만 보면 혁명적인 요소는 전혀 없는 것처럼 보였다. 그저 맨해튼의 아파트에 사는 한 무리의 젊은 싱글들이 나오는 시트콤일 뿐이었다. 당대에 큰 인기를 끈 다른 두 시트콤, 〈사인필드〉나 〈프렌즈〉와 다를 게 없었다. 코한과 머치닉은 기획과 제작 단계에서 광고주와 시청자가 불편하지 않도록 모든 민감한 부분들을 매끄럽게 다듬었다. 그들이 게이 주인공으로 발탁한 배우는 에릭 맥코맥Eric McCormack 이었다. 맥코맥은 실제로는 이성애자이며 전통적인 미남이다. 그가 연기하는 인물인 윌은 기업 변호사다. 1990년대의 고정관념에 따르면 기업 변호사는 동성애자로 설정될 직업이 전혀 아니다.*

첫 시즌의 연출자는 지미 버로우스Jimmy Burrows 였다. 그는 할리우드 베테랑 연출가로서 〈필리스〉, 〈로다〉, 〈솔로몬 가족은 외계인〉3rd Rock from the Sun , 〈프렌즈〉, 〈프레이저〉Frasier 등 1970년대 이후 사실상 모든 시트콤의 여러 에피소드를 연출했다. 그는 훗날 당시의 일을 이렇게 회고했다.

> 저는 중부 지역에서 동성애를 받아들이기가 얼마나 어려운지 알았습니다. 그래서 맥스와 데이비드에게 "첫 시즌에는 윌이 마음을 바꿔서 그레이스와 결혼할 것처럼 꾸미는 게 좋을 것 같아요."라고 말했어요. 그게 〈윌 앤 그레이스〉의 핵심이니까요. 섹스 없는 성적인 관계에 대한 이야기 말이죠. 윌과 그레이스가 이야기를 나누는 장면은 남편과 아내처럼 보이게 만들고, 파일럿에 키

• 머치닉은 "카슨 크레슬리Carson Kressley 는 윌 역할을 하지 못했을 겁니다."라고 말한다. 크레슬리는 외향적이고, 웃기고, 나긋나긋한 말투를 쓰는 게이 연예인으로 〈퀴어 아이〉Queer Eye for the Straight Guy (각 분야 전문가로 이루어진 게이 남성 다섯 명이 평범한 이성애자들의 삶을 송두리째 바꾸어주는 프로그램—옮긴이)를 통해 유명세를 얻었다.

스도 넣고… 최종회에서는 후파chuppah(유대식 결혼식에서 쓰는 차
양—옮긴이) 아래에서 키스하게 만들자고 했어요.

〈윌 앤 그레이스〉는 게이 남성에 대한 이야기였다. 하지만 버로우즈
는 처음에는 윌이 **지나치게** 게이처럼 보이지 않기를 원했다.

〈윌 앤 그레이스〉가 처음 방영되었을 때 일부 동성애자들은 바로 그
이유 때문에 이 드라마를 싫어했다. 평론가들도 비판을 가했다. 한 저
널에 실린 평론의 제목은 '퀴어스럽지 않은 퀴어 드라마'였다. 이 평론
은 윌이 다른 남자와 같이 침대에 있는 장면이 한 번도 나오지 않는다
는 점을 지적했다. 같은 맥락에서, 〈윌 앤 그레이스〉는 에이즈 전염 사
태가 한창일 때 방영되었는데도 거기에 대해 거의 언급하지 않았다.
첫 방영 이후 〈뉴욕 타임스〉에는 이런 평론이 실렸다.

지극히 평범하다. 배우들에게는 상당히 호감이 간다. 하지만 각
본이 그들의 발목을 잡는다. 제작진은 윌과 그레이스가 같이 '2
만 5,000달러 피라미드(1970년대에 방영되었던 퀴즈 프로그램으로
연예인과 일반인이 한 팀이 되어 단어를 맞춘다.—옮긴이)'를 아주 잘
하는 모습을 보여주는 게 영리하다고 생각하는 모양이다. 게다가
주인공들을 둘러싼 조연들도 짜증스럽다. 윌의 게이 친구인 잭
(션 헤이즈)은 포커를 치며 뮤지컬 노래를 부르는 명랑한 바보다.
그는 모든 전형적인 매너리즘을 드러낸다. 그래야 윌이 그걸 모
두 피할 수 있기 때문이다. 그게 뭐가 대담한가?

맞는 말이다. 이것이 당시 〈월 앤 그레이스〉에 대한 평가다. 〈월 앤 그레이스〉의 대담한 설정은 너무나 희석되어서 다른 시시한 시트콤과 구분할 수 없는 지경이 되었다. 그러나 이런 전반적인 평가는 틀린 것으로 드러났다. 〈월 앤 그레이스〉는 사실 상당히 전복적이었다. 왜 그럴까? **다우가 제시한 오버스토리의 규칙을 모조리 깨트렸기 때문이다.**

게이 캐릭터가 이야기의 중심인가? 그렇다. 월과 잭이 없으면 이야기가 성립되지 않는다.

동성애가 해결해야 할 문제로 보여지지 않는가? 그렇다.

〈월 앤 그레이스〉가 전하는 메시지는 사실상 이것이다. "여기 월을 보세요. 재미있고, 호감가고, 성공한 사람이에요. 그는 사랑하고, 사랑받을 수 있어요. 그의 사람됨을 말해주는 건 주위 사람들과 맺은 끈끈한 관계예요. 그는 평범한 사람이랍니다. 그냥 성적 지향이 게이일 뿐인 거죠."

머치닉은 "이야기의 중심에 커밍아웃한 게이를 넣었다는 사실부터가 이미 성공한 셈이었습니다. 그걸 통해서 대중을 상대로 우리의 음모를 서서히 진행한 거죠."라고 말했다.

이 말은 농담이었다. 하지만 마냥 농담이지는 않았다.

시간의 무게가 만들어낸 극적인 변화

제4장에서 우리는 데이먼 센톨라의 이름 맞추기 게임에서 드러난

임계점의 기이한 역학에 대해 살펴보았다. 센톨라는 다수가 도달한 합의를 무너트리려면 얼마나 많은 '청개구리'가 필요한지 알고자 했다. 그가 찾아낸 답은 많은 수가 필요하지 않다는 것이었다. 어떤 집단이든 구성원의 25퍼센트만 새로운 이름을 밀기 시작하면, 나머지 구성원은 재빨리 포기하고 그들에게 합류한다. 이런 변화는 점진적이지 않다. 청개구리 비율이 20퍼센트일 때 일부 전향자가 나오고, 22퍼센트일 때 약간 더 나오고, 마침내 25퍼센트일 때 모두가 전향하는 게 아니다. 청개구리 비율이 25퍼센트가 될 때까지 아무 일도 일어나지 않다가 한순간에 모든 게 바뀌어버린다.

이런 변화를 초래하는 심리에 대해 생각해보라. 센톨라는 "임계점 바로 아래, 그러니까 20퍼센트 수준에 있을 때는 임계점이 얼마나 가까운지 알지 못한다."고 말한다. 가령 20명이 참가하고 그중 네 명이 청개구리인 게임의 경우, 아무런 변화도 일어나지 않았다. 하지만 청개구리를 한 명 더 추가하여 마법의 25퍼센트 지점에 이르자, 합의가 갑자기 바뀌었다. 센톨라는 "1~2명만 더 넣으면 임계점에 이른다는 사실을 전혀 알 수 없었다."고 말한다. 변화가 점진적으로 일어나면 목표에 점차 가까이 다가간다는 사실을 알 수 있다. 그래서 목표에 이르렀을 때 놀라지 않는다. 반면 아무 변화도 없다가 갑자기 모든 게 변해버리면 어떻게 될까? 오랜 기간 동안 아무런 변화도 일어나지 않았다는 사실에 낙담하다가 모든 것이 변할 때 깜짝 놀라는 이상한 입장에 처하게 된다.

동성 결혼 활동가들이 침울한 저지 시티 회합에 모였을 때 바로 그런 상황에 놓여 있었다. 그들은 승리를 향해 점차 가까이 다가가고 있었다. 하지만 그들은 패배하고 있다고 **느꼈다.** 오버스토리에서는 자신들에게 유리한 방향으로 조용히 상황이 변하고 있다는 사실을 알지 못했다. 물론 아이러니한 점은 활동가 중 다수가 (다른 수백만 명과 마찬가지로) 매주 목요일 밤에 〈윌 앤 그레이스〉를 시청했다는 것이다. 조류가 바뀌고 있다는 증거가 그들 눈앞에서 버젓이 방송되고 있었다. 다만 화면에서 펼쳐지는 이야기와 그걸 시청하는 사람들의 태도 사이를 서로 연결할 수 있어야 했다. 활동가들은 그렇게 하지 못했다. 그들을 탓하고 싶지는 않다. 당시에는 **누구도** 그렇게 할 수 없었다. 저 멀리 높은 곳에 위치한 형체 없는 임관층이 아래에 있는 우리 모두에게 그림자를 드리운다는 생각, 텔레비전 시트콤에서 그 오버스토리에 대한 단서를 찾을 수 있다는 생각은 받아들이기에 너무 어려워 보인다. 하지만 4일 밤 동안 방영된 〈홀로코스트〉 미니시리즈가 시대정신을 바꿀수 있다면, 열한 시즌 동안 친숙해진 윌이 그냥 평범한 사람이 되지 못할 이유도 없지 않은가?

동성 결혼 투쟁의 실질적 지도자인 에반 울프슨은 2012년이 전환점이었다고 말한다. 그때까지 동성 결혼 허용안이 여러 주에서 표결에 부쳐졌지만 30번 넘게 패배했다. 하지만 2012년부터는 이기기 시작했다.

> 우리는 마침내 방법을 알아냈어요. 덕분에 4전 4승을 거두었고,
> 메인주가 그중 하나였어요. 우리는 2009년에 메인주 투표에서
> 진 적이 있었어요. 그때 다시는 거부당하지 않겠다고 결심했죠.

그래서 3년 동안 집집마다 찾아다니며 사람들을 설득했어요. 이
전에는 우리와 함께하지 않았지만 다가갈 수 있는 사람들을 찾아
내고, 그들을 움직이는 방법을 알아냈어요.

그들은 직접 법안을 제시했고, 메인 주민들에게 3년 전에 취한 입장
을 바꿔서 동성 결혼 합법화에 찬성할 것인지 물었다. 이번에는 그들
이 이겼다. 이후 울프슨의 팀은 초점집단 조사를 시작했다. 2009년에
반대했다가 2012년에는 찬성한 사람들이 그 대상이었다. 조사 목적은
그들이 마음을 그토록 빨리 바꾼 이유를 파악하는 것이었다.

우리는 어디서 이 문제에 대한 이야기를 가장 많이 들었는지 물
었습니다. 다시 말해 어떤 경로로 이 문제에 대해 듣고 생각하게
되었냐고요. 큰 차이로 1위를 차지한 답은 '텔레비전'이었습니다.

〈윌 앤 그레이스〉를 시청한 오랜 시간의 무게가 쌓이기 시작한 것
이다.

릭 샌토럼Rick Santorum 공화당 상원 의원은 소란이 진정된 후 한 연설
에서 이렇게 말했다. "저는 16년간 정치계에 몸담았습니다. 그동안 특
히 도덕적, 문화적 사안에 대해 깨달은 바가 있습니다. (⋯) 정치는 이
런 사안들을 좌우하지 못합니다. 그 일을 하는 건 대중문화입니다. 특
히 (동성) 결혼 문제에 있어서 결혼의 정의를 바꾸는 문제에는 그동안
아무런 변화가 없었습니다. 30년 동안 전혀 없었죠. 그러다가 〈윌 앤

그레이스〉라는 TV 프로그램이 등장했습니다."

동성 결혼 문제는 **임계점을 넘었다**. 거기에 우리는 깜짝 놀랐다. 하지만 알고 보면 그건 전혀 놀랄 일이 아니었다.

REVENGE OF THE TIPPING POINT

제4부

결론

제9장

오버스토리, 슈퍼전파자 그리고 집단 비율

"옥시콘틴은 달나라로 가는 티켓입니다."

'진통제' 옥시콘틴의 등장

양귀비는 긴 줄기를 가진 아름다운 꽃이다. 개화 후 꽃잎이 떨어지면 작은 알 크기의 꼬투리가 드러난다. 그 안에는 진득한 노란색 유액이 가득하다. 수천 년 동안 이 유액은 인간을 매료시키는 화학적인 '풍요의 뿔'(큰 뿔 모양의 그릇에 과일과 꽃을 얹은 장식물. 풍요의 상징으로 쓰인다.—옮긴이)이었다. 한 역사학자의 말에 따르면 거기에는 "설탕, 단백질, 암모니아, 라텍스, 수지, 식물성 왁스, 지방, 황산 및 젖산, 물, 메콘산 그리고 폭넓은 알칼로이드가 담겨 있었다."

이 유액을 말린 다음 연기로 흡입하면 아편이 된다. 세계사 지식이 많지 않더라도 아편 때문에 여러 왕국이 흥망성쇠를 겪었다는 사실은 잘 알 것이다. 하지만 유액에 섞여 있는 여러 화합물에서 알칼로이드를 추출하면서 양귀비는 더욱 가치 있는 부산물을 낳았다. 19세기 초, 프리드리히 세르튀르너Friedrich Sertürner 라는 독일 약사는 양귀비에 든 알칼로이드를 최초로 분리했다. 그는 그것을 그리스 신화에 나오는 꿈의 신, 모르페우스Morpheus 의 이름을 따 '모르피움'morphium 또는 '모르핀'morphine 이라 불렀다. 모르핀은 통증을 완화했으며, 기분 좋은 희열을 선사했다. 또한 대단히 중독성이 강했다.

양귀비가 다음으로 안겨준 선물은 1832년에 피에르 장 로비케Pierre Jean Robiquet 라는 프랑스인이 분리한 코데인codeine 이었다. 그로부터 약 40년 후, 영국 화학자인 알더 라이트C. R. Alder Wright 는 모르핀과 아세트산 무수물acetic anhydride 을 섞어서 장시간 버너로 끓이는 실험을 했다. 실험 목적은 중독성 없는 오피오이드, 즉 아편유사제를 찾는 것이었다. 그가 만들어낸 물질은 나중에 헤로인heroin 으로 불리게 되었다. 헤로인은 한동안 모르핀의 안전한 대체제로 평가받았다.

그러다가 1916년, 두 명의 독일인 화학자가 코데인과 유사한 알칼로이드인 테바인thebaine 을 재합성하여 소위 '옥시코돈'oxycodone 이라는 물질을 만들어냈다. 옥시코돈은 사촌격인 헤로인과 모르핀처럼 악명을 얻은 적이 없었다. 처음 발견된 후 80년이 지나 퍼듀 파마Purdue Pharma 라는 회사가 재가공하기 전까지는 말이다. 퍼듀는 옥시코돈을 고용량, 서방형 알약(체내에서 천천히 효과가 방출되는 정제약—옮긴이)으로 만들었다. 그리고 전 세계를 상대로 전에 없던 열성적이고 대담한 홍보전을 펼쳤다. 그들은 이 진통제를 '옥시콘틴'OxyContin이라 불렀다. 당신도 그 이름을 들어본 적이 있을 것이다. 옥시콘틴은 역사상 가장 악명 높은 조제약이 되었다.

이 책은 익명의 기업을 이끄는 세 명의 경영자가 의회 청문회에서 한 증언으로 시작되었다. 지금쯤이면 그들이 누구인지 눈치챘을 것이다. 이 경영자들은 제약회사 퍼듀 파마를 만들고 옥시콘틴을 세상에 퍼트린 새클러Sackler 가문 사람들이다. 그리고 오피오이드(마약성 진통제) 사태에서 새클러 가문이 맡은 역할에 대한 질문을 받았을 때, 다음과 같이 말한 사람은 퍼듀를 창업한 삼형제 중 한 명의 딸인 캐시 새클러Kathe Sackler였다.

제가 파악하고자 했던 건, 지금이 아니라 그때 알고 있던 사실들을 감안할 때 과연 제가 할 수 있는 다른 행동이 있었을까, 하는 것입니다. 솔직히 말씀드리면, 그런 일을 찾지 못했습니다. (…) 제가 다르게 할 수 있는 일은 없었습니다.

청문회에 참석한 다른 사람은 삼형제 중 한 명의 손자인 데이비드 새클러David Sackler였다. 그는 캐시 새클러가 오피오이드 사태에 대한 책임을 부인한 후 어떻게 말했을까?

저는 큰 도덕적 책임을 인정합니다. 좋은 의도와 최선의 노력에도 불구하고 저희 제품이 남용과 중독에 연루되었기 때문입니다.

'연루되었'단다.

그는 수동태를 썼다.

지금까지 나는 이 책에서 이런 분리와 부정이 너무나 흔하다고 주장했다. 우리는 전염이 수수께끼와 같으며, 거기에 영향을 미치거나 그 경로에 책임을 질 능력이 없다는 입장으로 회피해버리곤 한다. 포플러 그로브의 부모들은 슬픔 속으로 도망친다. 마이애미를 보고 여느 도시와 다르지 않다고 자신을 설득하며, 동성 결혼 문제에 대한 미국 대중의 태도 변화를 놀라운 눈으로 바라본다. 하지만 알고 보면 모두 틀렸다.

그러면 우리가 출발점으로 삼았던 오피오이드 사태로 돌아가 보자. 그리고 포플러 그로브와 마이애미, 로렌스 트랙트, 하버드, 〈홀로코스트〉, 〈윌 앤 그레이스〉에서 얻은 교훈(슈퍼전파자, 집단 비율, 오버스토리에 대한 교훈)을 활용하여 옥시콘틴이 초래한 혼란을 분석해보자.

이제는 오피오이드 전염 사태로 이어진 결정과 환경을 이해할 수 있을까? 나는 이해할 수 있다고 생각한다.

미국이 유독 오피오이드에 취약했던 이유

학술지 《인구와 개발 리뷰》Population and Development Review 2019년 3월 호에는 제시카 호Jessica Y. Ho 라는 인구학자가 쓴 논문이 실려 있다. 논문 제목은 '국제적 관점에서 본 현대 미국 약물 과용 전염 사태'The Contemporary American Drug Overdose Epidemic in International Perspective 다. 이 논문의

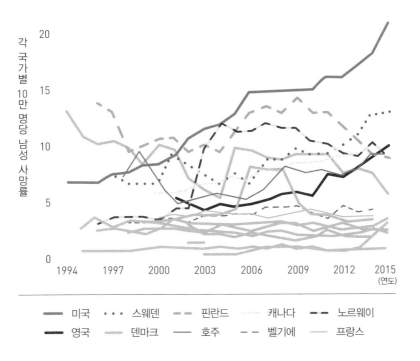

연령 표준화 약물 과용 사망률

25

20

15

10

5

0

각 국가별 10만 명당 남성 사망률

1994   1997   2000   2003   2006   2009   2012   2015
                                                        (연도)

──── 미국   ···· 스웨덴   ─ ─ 핀란드   ──── 캐나다   ─ ─ 노르웨이
──── 영국   ──── 덴마크   ──── 호주   ─ ─ 벨기에   ──── 프랑스

중간쯤에는 그래프가 하나 나온다. 1994년부터 2015년까지 고소득 국가에서 약물 과용으로 사망한 사람의 숫자를 보여준다. 이 그래프는 각 국가별 10만 명당 남성 사망자의 비율을 보여준다.

그래프를 보면 덴마크와 핀란드는 가장 문제가 심각한 상태에서 시작했지만 뒤이어 나아진다. 캐나다, 영국, 호주의 경우 꾸준히 사태가 악화된다. 그래도 전반적인 수치는 여전히 상위권 국가보다 낮다. 바닥에 깔려서 0 위로는 거의 올라가지 않는 회색 선들의 뭉치가 보이는

가? 이 선들은 오스트리아, 이탈리아, 독일, 일본, 네델란드, 포르투갈, 스페인, 스위스를 나타낸다. 이 국가들에서는 오피오이드 사태가 전혀 일어나지 않았다. 오피오이드 과용으로 실로 재난 수준의 문제를 겪은 유일한 나라, 다른 모든 나라들보다 훨씬 위로 올라가는 굵은 선에 해당하는 나라가 있다.

바로 미국이다.

이 그래프는 오피오이드 사태가 실로 국제적인 문제가 아님을 말해준다. 오피오이드 사태는 근본적으로 **미국의 문제**다. 이는 소지역 편차에 해당한다. 다만 이 경우에는 관련 지역이 그다지 작지 않다. 그래서 어쩌면 대지역 편차라 불러야 할지도 모른다.

하지만 잠깐만, 결국 이 문제가 소지역 편차가 아닌 게 확실할까?

이제 2019년 3월에 질병통제센터의 리나 시버Lyna Schieber가 이끄는 연구단이 오피오이드 사태를 분석한 내용을 살펴보자. 이 논문의 부록에는 2006년부터 2017년까지 미국의 모든 주에서 1년 동안 처방된 마약성 진통제의 양을 자세히 기록한 표가 실려 있다. 논의를 간단히 하기 위해 2006년 수치에 초점을 맞추도록 하자. 그해에 마약성 진통제 전염 사태가 처음 탄력을 받았기 때문이다. 해당 수치는 '1인당 모르핀 밀리그램 환산량'을 가리킨다. 이는 주어진 해에 환자 한 명당 얼마나 많은 모르핀을 소비했는지를 그럴듯하게 표현한 용어다. 아래는 표의 앞에 나오는 수치들이다.

- 앨라배마: 808.8

- 알래스카: 614.4

- 애리조나: 735.0

- 아칸소: 765.7

- 캘리포니아: 450.2

- 콜로라도: 495.4

- 코네티컷: 648.3

- 델라웨어: 881.5

주마다 편차가 크다. 앨라배마의 수치는 캘리포니아의 거의 두 배다. 델라웨어의 수치는 하늘 높이 치솟았다. 하지만 콜로라도는 그렇지 않다. 이런 양상은 소지역 편차의 아버지, 존 웬버그가 버몬트에서 발견한 현상 또는 마이애미가 메디케어 사기에 있어서 여타 주들과 달랐던 것과 매우 흡사하다. 리스트를 더 훑어 내려가면 편차가 더욱 두드러진다.

- 일리노이: 366
- 인디애나: 756.6

일리노이와 인디애나는 이웃이다. 빈곤율, 실업률, 소득 수준이 상당히 비슷하다. 그런데 왜 인디애나에서는 일리노이보다 문제가 두 배나 더 심할까?

오피오이드 전염 사태는 흔히 노동자층을 덮친 사회적, 경제적 위기의 결합에 따른 결과로 설명되곤 한다. 제조업 일자리는 사라졌고, 지역사회는 공동화되었다. 또한 가족은 붕괴되고 우울증과 정신질환, 절망감에 시달리는 사람이 급증했다. 이 모든 문제는 중요하다. 그러나 어느 요인도 국가별 차이를 설명하지 못한다. 이탈리아는 미국보다 훨씬 가난하며, 실업률이 훨씬 높다. 그래서 오피오이드 사태가 발생했는가? 영국도 나름대로 수많은 사회문제에 시달린다. 그런데 왜 그 선이 미국보다 훨씬 아래에 있는가? 그리고 이런 이론들은 인디애나가 오피오이드로 심각한 타격을 입은 반면, 이웃 지역인 일리노이는 그렇지 않은 이유를 확실히 설명하지 못한다.

우리가 지금까지 배운 사실은 이 같은 편차를 이해하려면 오버스토리를 살펴야 한다는 것이다. 마이애미는 독자적인 오버스토리를 갖고 있다. 우리가 홀로코스트에 대해 이야기하는 방식은 NBC에서 방영한 미니시리즈가 오버스토리를 바꿔놓았을 때 달라졌다. 그렇다면 오피오이드 사용과 관련된 이 기이한 편차의 패턴을 이해하는 데 도움이 될 그에 상응하는 오버스토리가 있을까? 결론을 말하자면, 있다. 그리고 거기에는 사실상 역사 속으로 잊힌 한 사람이 관련되어 있다. 그의 이름은 폴 매든이다.

단 두 장의 사본이 만들어낸 오버스토리

폴 매든은 샌프란시스코에서 활동하는 검찰 출신 변호사였다. 그는

1939년에 위험 약물의 사용을 통제하는 주정부 기관, 캘리포니아 마약단속국 국장으로 임명되었다.

당시 40대 초반이던 매든은 정의감이 넘쳤다. 그는 머리가 컸고, 이중 턱이었으며, 금발을 뒤로 넘기고 다녔다. 또한 도도하고, 신중하며, 금욕적이었다. 그는 야심과 도덕적 확신의 힘으로 정치판의 사다리를 올라갔다.

대마초에 취한 사람은 자신이 너무나 작다고 믿어서 도로의 연석을 넘는 것도 두려워한다. 또는 반대로 자신이 너무나 거대하고 초인적인 힘과 열정을 가졌다고 믿고 그런 상태에서 본성과 완전히 동떨어진 범죄를 저지른다.

이는 매든이 애호하는 주제, 즉 불법 마약의 폐해에 대해 쓴 글이다.

시간과 공간, 거리에 대한 감각이 사라진다. 그래서 시속 130킬로미터로 달리면서도 시속 30킬로미터로 달린다고 믿고, 적색등을 녹색등으로 보며, 자신에게 접근하거나 자신을 향해 다가오는 차가 멀리 있다고 착각한다. 이런 상태에서 운전하면 어떤 결과를 맞을지 쉽게 상상할 수 있다.

매든은 과장된 표현을 즐겨 썼다. 가령 마약은 나쁜 정도가 아니라 **사악하다**거나, 사용자를 손상시키는 정도가 아니라 **파괴한다**는 식으로 말이다. 그의 말에 따르면 아편 및 헤로인 중독자는 "모든 청결 의식을 잃으며 정신적으로는 옳고 그른 것을 구분하는 능력을 잃는다." 매든은 캘리포니아에서 유명한 동시대 인물인 에드거 후버J. Edgar Hoover FBI 국장과 같은 역할을 수행했다. 그는 법 집행을 대표하는 공적 얼굴이었다. 신문에서도 압수한 대량의 코카인 무더기 옆에서 자세를 취한 그의 사진을 볼 수 있었다. 또한 라디오에서는 멕시코나 중국, 일본에서 넘어온 불법 마약이 캘리포니아를 침공하고 있다고 경고하는 그의 목소리를 들을 수 있었다.

> 청취자 여러분, 안녕하십니까. 마약 조직을 깨부수는 것보다 더 힘든 일이 있을까요? 저는 그런 일을 본 적이 없습니다. 특히 어려운 점은 수뇌부를 포함하여 판매조직 전체를 소탕하는 것입니다.

매든은 거리에서 재판매할지 모른다는 이유로 모르핀 기반 동물용 의약품을 대량으로 사들인 사람들을 단속했다. 또한 샌프란시스코 항구에 정박한 일본 화물선을 급습하여 코카인을 압수한 후, 외교적 조치를 취하라고 워싱턴의 상사들에게 촉구했다. 그는 농부들이 씨앗을 수확하기 위해 양귀비를 재배한다는 소식을 들으면 "카이저 롤kaiser roll (표면에 양귀비 씨를 토핑해서 먹는 빵—옮긴이) 때문에 재배하는 게 아닐 수도 있지 않을까? 아편 생산용으로 전용하는 게 아닐까?"라고 의심했다. 그는 무아지경에 빠져 춤을 추는 데르비시dervish (이슬람 신비주의 종파에 속한 수도승—옮긴이)이자 최고 수준의 열성분자, 훗날 연극적인 성향을 지닌 미국 마약 퇴치 십자군의 기나긴 계보에서 가장 앞에 서게 될 사람 중 하나였다.

폴 매든이 진정으로 집착한 대상은 해외에서 들어오는 불법 마약이 아니라, 의사들이 처방하는 진통제였다. 그는 합법적인 약물이 불법적인 목적으로 전용되는 것을 크게 우려했다. 비도덕적인 의사들은 오피오이드를 마구잡이로 처방해주었다. 범죄자들은 처방전을 위조하여 구한 약물을 거리에서 재판매했다. 매든은 명쾌한 해결책을 떠올렸다. 그는 모르핀, 아편, 코데인 같은 모든 양귀비의 산물에 다른 몇 가지 약물을 추가하여 리스트를 만들었다. 그리고 1939년 6월 6일에 상원을 통과한 건강안전법Health and Safety Code, 소위 2606호 법에 수정안을 추가해달라고 캘리포니아 의회를 설득했다. 핵심 조항은 11166.06절에 담겨 있었다. 거기에 따르면 의사는 오피오이드 중 하나를 처방할 때마다 마약단속국에서 제공하는 특별 처방전을 사용해야 했다.

> 처방전 양식은 특수 용지에 인쇄해야 하고, 각 양식마다 해당 처방전 묶음의 일련번호가 보여야 하며, 각 양식에도 일련번호를 매겨야 한다. 또한 각 처방전 양식은 3겹으로 인쇄해야 한다. 그중 한 장은 쉽게 떼어낼 수 있도록 하고, 두 장은 구멍 뚫린 절취선을 넣어야 한다.

여기서 핵심 단어는 '3겹'이었다. 특별 처방전의 모든 페이지에는 두 장의 복사지가 붙어 있었다. 가장 바닥에 있는 사본은 처방하는 의사가 최소 2년 동안 보관해야 했다. 두 번째 사본은 약국 보관용이었다. 마지막 사본은 월말까지 마약단속국으로 직접 발송해야 했다.

이 조치가 법제화된 직후 첫 번째 주요 사건이 발생했다. 네이선 하우스먼Nathan Housman이라는 샌프란시스코 의사가 연루된 사건이었다. 하우스먼은 부유한 집안 출신의 바람둥이로서 마켓 스트리트에 있는 호화로운 플러드 빌딩에서 의원을 운영했다. 이 건물은 지금도 샌프란시스코 다운타운에서 가장 아름다운 오피스 빌딩 중 하나로 손꼽힌다. 하우스먼은 수상스런 인물이었다. 몇 달 전, 대규모 상속 신탁과 관련된 충격적인 사건에서 그의 이름이 언급되었다. 당시 한 부유한 미망인이 뺑소니를 당한 후 거리에 버려지는 일이 있었다. 하지만 매튼의 관심을 끈 것은 다른 사건이었다. 그 사건의 중심에는 알마 엘리자베스 블랙Alma Elizabeth Black이 있었다. 관련 기사에 따르면 그녀는 "하우스먼이 17년 동안 치료한 환자였지만 그의 요구로 실시된 검시에서는 해당 질환이 확인되지 않았다." 하우스먼이 블랙에게 준 '치료제'는 모르핀이었다. 게다가 블랙이 사망하면서 일부 보도에 따르면 현재 가치로 100만 달러가 넘는 전 재산을 물려준 사람은… 네이선 하우스먼이었다.

매튼의 요원들은 텐더로인 지구의 에디 스트리트에 있는 하우스먼의 동네 약국을 덮쳤다. 그들에게 발각될 당시 하우스먼은 약국이 보관하던 자신의 모르핀 처방 내역을 정신없이 적고 있었다. 매튼은 이렇게 발표했다. "저희 요원들은 하우스먼 씨가 200명의 환자에게 써준 345건의 처방전을 찾아냈습니다. 저희 기록을 확인한 결과, 이 중 오직 4건만 신고된 것이었습니다. 이는 용인할 수 없는 문제입니다." 하우스먼은 체포되어 기소되었다. 기소 내용은 살인이나 의료 과실이 아니라 블랙에 대한 모르핀 처방 내역 미보관이었다.

한 수사관은 재판에서 이렇게 증언했다. "하우스먼 씨에게 기록이 있는지 여러 번 물었습니다. 그때마다 하우스먼 씨는 아무 기록도 없으며, 보관해야 하는 줄 몰랐다고 말했습니다."

하우스먼은 결국 샌 쿠엔틴 교도소에 수감되었다. 그의 유죄 판결은 캘리포니아의 모든 의사에게 강력한 메시지를 보냈다. 그것은 폴 매든이 **진지하다**는 메시지였다. 그는 캘리포니아의 모든 의사가 네이선 하우스먼처럼 나쁘다고 생각지 않았다. 그래도 하우스먼처럼 '특이한' 의사가 충분히 많기 때문에 큰 피해가 발생할 수 있다고 생각했다. 그는 하우스먼을 이용하여 위험한 소수 의사들에게 메시지를 보내고 싶어 했다. 정부의 감시망을 피할 수 없다는 메시지 말이다. 그는 줄줄이 늘어선 본부의 서류함에 캘리포니아주에서 작성된 모든 오피오이드 처방전의 사본을 갖고 있었다. 그가 해야 할 일은 샌프란시스코 다운타운의 플러드 빌딩에서 의원을 운영하는 네이선 하우스먼의 파일을 확인하는 것뿐이었다. 파일이 두툼하게 불거져 나왔다면 하우스먼을 방문할 때였다. 또한 하우스먼의 환자 중 한 명이 모르핀 과용으로 사망했다는 사실을 알게 되었다면 'H' 항목을 살필 것이었다. 확인 결과 파일에 아예 아무것도 없다면 하우스먼은 더 큰 문제에 직면하게 될 것이었다.

지금까지 우리는 오버스토리가 형성되는 다양한 방식을 살폈다. 포플러 그로브의 오버스토리는 중상류층 학부모들이 오랫동안 자녀들을 몰아붙인 결과로 형성되었다. 마이애미는 1970년대 말에 발생한 사건들, 즉 쿠바 난민 유입과 코카인 밀매 증가 그리고 인종 폭동이 특이하게 결합한 결과로 지금의 마이애미가 되었다. 홀로코스트에 대한 우리의 이해에 있어서는 한 텔레비전 미니시리즈가 엄청난 역할을 했다.

폴 매든이 관리한 수많은 서류함은 언뜻 보면 같은 범주에 속하지 않는 것처럼 보인다. 그러나 그가 숱한 연설과 미디어 출연을 통해 새로운 계획에 대해 이야기하면서, 그의 단순한 아이디어는 더 커다란 뭔가로 변하기 시작했다. 과거 처방전 작성은 의사와 환자 사이의 사적인 행위였다. 하지만 이제는 실질적인 대가를 수반하는 공적인 행위가 되었다. 매든은 《캘리포니아 의사협회 저널》에 실은 한 서한에서 이렇게 썼다. "이 시스템에서 얻을 수 있는 큰 장점은 주 마약단속국이 30일마다 주에서 조제된 마약류에 대한 완전한 보고서를 얻게 된다는 것입니다." 매든은 두 장의 처방전 사본을 통해 의사들이 신중을 기하도록 만들었다.

1943년, 하와이는 매든식 3겹 처방전 규칙을 강제하는 법안을 통과시켰다. 18년 후에는 일리노이가 뒤를 이었다. 곧 아이다호, 뉴욕, 로드아일랜드, 텍사스, 미시건도 동참했다. 한 사람의 유별난 마약 퇴치 운동이 전국적 현상으로 확장된 것이다. 전국의 모든 주는 의사들의 처방전 보관함을 들여다보고 '이 약과 이 약 그리고 이 약은 당신이 알아서 하도록 맡겨둘 수 없다'고 말하기 시작했다. 그렇게 하나의 정책은 오버스토리가 되었다.

그로부터 50년이 지난 후, 두 번째 오버스토리가 형성되었다.

자연이 준 선물인가 중독성 강한 마약인가

러셀 포트노이Russell Portenoy는 뉴욕시 바로 외곽인 용커스에서 자랐다. 그의 부모는 노동계급이었다. 가족 중 최초로 대학에 들어간 그는 카리스마와 의욕이 넘쳤으며, 혁신적인 성향을 갖고 있었다. 그는 의대 졸업 직후 뉴욕시 알버트 아인슈타인 의대 병원Albert Einstein College of Medicine에서 수련의로 일했다. 당시 그의 스승 중 한 명은 론 캐너Ron Kanner라는 의사였다.

포트노이는 수년 후인 2003년, 국제통증연구회International Association for the Study of Pain의 구술 기록에서 이렇게 말했다. "그를 처음 만났을 때를 또렷이 기억합니다. 전문 분야가 뭔지 물으니까 통증이라고 말하더군요. 저는 웃으며 '엉뚱하네요. 통증은 증상이지 질환이 아니잖아요. 그걸 전문으로 다룰 수는 없어요'라고 말했습니다. 하지만 그는 증상을 전문으로 다룰 수 있다고 장담했습니다."

캐너의 말에 포트노이가 처음 보인 반응은 당시 의학계의 주류 입장이었다. 환자가 심한 요통을 겪는다면 허리를 고치려고 노력해야 했다. 암 환자가 통증에 시달리면 암을 치료하는 데 집중해야 했다. 통증은 이면에 있는 문제의 발현에 불과했다. 캐너는 이 접근법이 거꾸로 되었다고 믿는 집단의 일원이었다. 즉, 환자가 통증에 시달리면 요인이 무엇이든 간에 **통증을 치료해야 한다**는 입장이었다.

스승과의 첫 만남은 포트노이에게 깨달음을 안겼다. 그는 의료계가 통증을 그 자체의 문제가 아닌 증상으로 보기 때문에 환자가 쓸데없이 고통받고 있다고 확신하게 되었다. 의사들은 통증을 진지하게 받아들여야 했다. 포트노이는 따라서 오피오이드 처방을 두려워하지 말아야 한다고 믿었다.

포트노이는 인터뷰를 할 때면 심한 군발 두통(머리의 통증과 함께 눈물, 콧물, 결막충혈 등의 증상이 동반되는 질병─옮긴이)에 시달린 환자의 이야기를 들려주곤 했다.

그는 심한 통증 때문에 꼼짝도 못하는 상태로 8년을 보냈습니다. 응급실에 여러 번 실려갔고, 입원도 수차례 했습니다. 그러다가 저한테 왔죠. 저는 그에게 오피오이드를 처방했습니다. 그다음에 용량을 늘리니까 통증이 사라졌어요. 그는 지금까지 2년 동안 통증을 겪지 않았습니다. 지옥에서 살다가 돌아온 것처럼 보였어요. 그가 억누르지 못한 감정 중 하나는 분노였습니다. 그는 이전에 찾아간 신경과 전문의에 대한 이야기를 계속 했습니다. 그 의사는 사실 두통 전문가였고 아는 게 많았습니다. 하지만 오피오이드를 몰랐고, 그걸 쓸 수 있다는 사실도 몰랐습니다. 저는 그 의사를 압니다. 훌륭한 분이죠. 그는 절대 환자가 고통받기를 원하지 않았고, 무조건 견뎌내야 한다고 말하지도 않았습니다. 그냥 제한된 수단밖에 갖지 못했고, 다른 의사에게 보내면 된다는 사실을 몰랐던 것뿐입니다. 제 생각에는 이런 일들이 세상에서 실제로 일어나고 있습니다.

포트노이는 오피오이드를 **사랑**했다. "자연이 준 선물"이라고 부를 정도였다. 그는 1993년에 〈뉴욕 타임스〉와 가진 인터뷰에서 오피오이드는 "장기간 사용해도 부작용이 거의 없는 데다가 중독과 남용도 문제가 되지 않는다."고 말했다. 이후 그는 이런 열성적인 태도를 누그러뜨렸지만, 아주 조금만 그랬을 뿐이었다. 그의 근본적인 믿음은 인후염을 치료하는 방식으로 통증을 치료할 수 없다는 것이었다. 인후염 같은 경우에 교과서에서 표준 치료법을 찾을 수 있었다. 반면 통증은 모호하고, 주관적이며, 개별적이었다. 그의 말에 따르면 통증 치료는 "약간의 과학과 많은 직관 그리고 많은 기술"이 필요했다. 그는 고용량 오피오이드를 장기간 복용하면 중독될 위험이 있다고 생각했을까? 당연히 그랬다. 다만 그것은 **일부** 환자의 경우에만 해당되는 얘기였다. 그는 그런 환자는 전체 환자의 1퍼센트 미만으로 매우 적다고 확신했다. 세심한 의사는 오피오이드로 잘 치료될 환자와 그렇지 않은 환자를 구분할 수 있어야 했다.

포트노이의 국제통증연구회 구술 기록은 거의 3시간 30분에 달한다. 뒤이은 20년 동안 미국 사회에 형성될 관점으로 그 내용을 읽어보면 무척 흥미롭다.

> 가령 어떤 환자가 당신을 찾아왔다고 가정합시다. 나이는 22세이고, 1년 전에 무릎 수술을 받고 나서 외상 후 통증에 시달리고 있습니다.
>
> 당신은 몇 가지 질문을 합니다. 그 결과 환자가 대학 시절 대마초

에 중독된 적이 있고 지금도 주말마다 흡입한다는 사실을 알게 됩니다. 게다가 아버지와 형이 알코올 중독이었다는 가족력도 알게 되죠. 환자의 팔과 등에는 문신이 있습니다. 그는 심한 통증을 호소하고 있습니다. 이 통증에 대한 다른 치료법들과 비교할 때 오피오이드를 통해 치료하는 것을 어떻게 보십니까?

이와 대비되는 다른 환자가 있습니다. 75세 여성으로, 여러 관절에 심한 골관절염이 있고 출혈성 궤양을 앓았던 적이 있습니다. 환자는 지금 통증을 호소하고 있습니다. 기록을 보니 60년 동안 술을 입에 대지 않았고, 중독에 빠졌던 가족도 없습니다. 문제는 환자가 가급적 진통제를 복용하지 않으려 한다는 것입니다. 이런 경우 오피오이드를 통해 치료하는 것을 어떻게 보십니까?

"둘 다 처음부터 쓰거나 마지막에 쓰겠다"고 말하는 것은 매우 어리석습니다. 말이 되지 않아요.

이것이 포트노이의 오버스토리였다. 그는 과거의 오버스토리는 요점을 놓쳤다고 주장했다. 그의 생각에 매든 같은 사람은 네이선 하우스먼을 비롯한 소수의 삐뚤어진 의사들이 입힐 수 있는 피해를 너무 과하게 우려했다. 그 결과 다른 의사들이 통증이라는 매우 실질적인 문제에 거의 대처하지 못하게 만들었다. 포트노이는 "우리가 말하려는 바는 의사들이 합법적인 치료 목적으로 이 약물들을 자유롭게, 마음 편히 써도 된다고 느낄 수 있어야 한다는 겁니다."라고 주장했다. 매든이 위험한 소수를 걱정했다면, 포트노이는 선량한 다수에 초점을 맞추었다.

포트노이는 슈퍼스타가 되었다. 맨해튼의 베스 이스라엘 메디컬 센터Beth Israel Medical Center는 그를 영입하기 위해 통증 전문 센터를 만들었다. 그에게 진료받으려면 4개월은 족히 기다려야만 했다. 그는 자주 뉴스에 나오거나 강연을 했으며, 통증의 제왕이라 불렸다. 다른 한편, 매튼파는 걱정스런 얼굴로 그런 모습을 지켜보았다. '포트노이는 대체 무슨 생각을 하는 걸까?' 약사 모임, 의사협회 콘퍼런스, 싱크탱크 세미나에서 논쟁이 불붙었다. 워싱턴 D.C.의 정책결정자들은 입장문을 작성했다. 의원들은 진영을 선택했다.

1991년 봄, 국립약물남용연구소National Institute on Drug Abuse가 메릴랜드 교외에서 소규모 회동을 열었다. 한 백악관 인사가 3겹 처방전 규정을 전국으로 확대해야 할지 고심하다가 국립약물남용연구소에 조사를 의뢰했기 때문이었다. 이에 연구소는 해당 사안에 대해 뭔가를 알 만한 사람들을 모두 찾아서 본부 근처 호텔로 초빙했다. 당연히 포트노이도 그 자리에 있었다(당시 그를 빼놓고 진통제 관련 콘퍼런스를 열 수는 없었다). 그는 장시간 발언했다. 진통제를 과소 처방하는 위험이 걱정스럽다는 내용이었다. 다른 참석자들로는 제약산업 관계자, 주 의료위원회, 공공 의료단체 대표들이 있었다. 여러 논문이 제시되었고, 패널들은 말다툼을 벌였다. 마침내 뉴욕시의 험한 동네에서 일하는 제럴드 디스Gerald Deas라는 흑인 의사가 자리에서 일어났다. 그는 포트노이 쪽 사람들을 향해 주먹을 흔들며 이렇게 말했다. "누구든 3겹 처방전에 반대하는 사람은 나와 같이 현실이 어떤지 보러 갑시다. 그 규정이 사람을 살린다는 걸 보여주죠." 이 말에 논의는 더욱 달아올랐다.

결국 3겹 처방전 확대 계획은 아무런 진전을 이루지 못했다. 포트노이의 철학은 새로운 추종자들을 얻었다. 1990년대 중반이 되자 3겹 처방전 규정을 적용하는 주는 텍사스, 캘리포니아, 뉴욕, 일리노이, 아이다호 다섯 개로 줄었다. 이 주들의 인구수는 미국 인구의 3분의 1에도 못 미쳤다. 다른 모든 주는 포트노이의 주장을 따랐다.

그렇게 3겹 처방전 문제는 주들 사이의 여러 알려지지 않은 정책적 차이 중 하나로 정리되었다. 당시 일반인에게 그 사람이 사는 주가 어떤 정책을 따르고 있었는지 물어보면 아마 대답하지 못했을 것이다. 그것이 오버스토리의 속성이다. 대다수 사람은 숲의 임관층 위로 떠다니는 생각들을 구태여 올려다보려 하지 않는다.

다만 코네티컷에 있는 퍼듀 파마라는 알려지지 않은 제약회사는 달랐다.

그들은 왜 3겹 처방전 규정이 없는 주를 노렸나

퍼듀는 오랫동안 진통제 사업을 해왔다. 그들의 제품은 'MS 콘틴'MS Contin이라는 서방형 모르핀 알약이었다. 이 약은 주로 호스피스나 가정에서 말기 암 환자를 대상으로 사용되었다. 좋은 사업이었지만 규모가 작았다. 퍼듀를 운영하는 새클러 가문은 더 큰 야망을 품고 있었다. 그들은 옥시코돈으로 초점을 옮겼다. 대개 옥시코돈은 아세트아미노펜이나 아스피린과 조합되었다. 퍼코셋Percocet과 퍼코단Percodan이 각

각 그렇게 만든 제품이었다. 이런 조합은 옥시코돈을 남용하기 어렵게 만들었다. 아세트아미노펜을 너무 많이 복용하면 간이 심각한 손상을 입기 때문이었다. 일부 연구자는 이를 '조절 스위치'governor's switch라 불렀다(오피오이드로서 설사 치료에 흔히 사용하는 디페녹실레이트diphenox-ylate를 항상 고용량에서 독성을 지니는 아트로핀atropine과 조합하는 이유가 거기에 있다. 디페녹실레이트로 몽롱한 기분을 즐기려 들다가는 대가를 치르게 된다). 퍼듀가 최초로 이룬 혁신은 옥시코돈에서 조절 스위치 역할을 하는 아세트아미노펜을 제거한 것이었다.

뒤이어 퍼듀는 용량을 늘렸다. 퍼코셋과 퍼코단에는 각각 옥시코돈 5밀리그램이 들어 있었다. 퍼듀는 최저 용량 알약에 그 **두 배**를 넣기로 결정했다. 거기에 더하여 특수한 서방형 알약을 만들었다. 이제 환자는 두어 시간마다 알약을 삼키면서 오피오이드 복용에 따른 기복에 시달릴 필요가 없었다. 대신 하루 종일 일정하고 꾸준한 용량을 투여하여 고통을 완화할 수 있었다. 그들은 새로 포장한 이 진통제를 옥시콘틴이라 불렀다. 그다음 퍼듀는 강력한 진통제는 암 환자에게만 쓴다는 의료계의 오랜 규범을 깨트리는 일에 즉각 나섰다. 그들은 **모든 사람**에게 그것을 팔고 싶어 했다. 허리가 아픈가요? 옥시콘틴을 쓰세요. 방금 사랑니를 뺐나요? 옥시콘틴을 쓰세요.

퍼듀 본사에서 신약은 커다란 흥분을 자아냈다. 선대 새클러 형제 중 한 명은 "옥시콘틴은 달나라로 가는 티켓입니다."라고 말했다.

1995년 봄, 퍼듀는 그룹스 플러스Groups Plus라는 시장조사 기업을 고용했다. 옥시콘틴이 최종 식약청 승인을 받으려면 아직 몇 달이 더 필요했다. 퍼듀는 그동안 마케팅 전략을 수립하고 싶었다. 그룹스 플러스는 뉴저지주 포트리, 텍사스주 휴스턴, 코네티컷주 웨스트포트에서 의사들을 대상으로 다섯 차례에 걸쳐 초점집단 조사를 실시했다. 조사 대상에는 일반 내과의, 외과의, 류마티스 전문의가 섞여 있었다. 그들은 모두 꾸준히 진통제를 처방했다. 퍼듀는 고용량, 서방형 오피오이드에 대해 그들이 어떻게 생각하는지 알고 싶었다.

처음에는 좋은 소식이 들려왔다. 암과 무관한 통증, 즉 퍼듀가 개척하려는 거대하고 검증되지 않은 시장이 의사들의 치료 관행에서 큰 부분을 차지하는 것으로 드러났다. 의사들은 더 많은 치료 옵션을 원했다. 그룹스 플러스 보고서는 이런 내용으로 시작되었다. "'이상적인' 통증 완화 약물이라는 개념에 대한 토론을 진행했을 때 (초점집단에 속한 의사들 사이에서) 부작용이나 중독에 대한 우려 없이 마약류의 효능을 얻고 싶다는 보편적인 합의가 나왔다." 퍼듀는 부작용이나 중독에 대한 부분을 신경 쓰지 않았다. 영업사원에게 옥시콘틴은 그렇게 중독성이 심하지 않다고 거짓말을 시키면 그만이었다. 보고서는 "우리가 판단하기에 분명히 퍼듀는 옥시콘틴으로 상당한 규모의 사업을 구축할 기회가 있다."고 밝혔다.

그러나 뒤이어 나쁜 소식이 들려왔다. 휴스턴에서 진행된 초점집단 조사 결과는 재난 수준이었다. 왜 그랬을까? 휴스턴이 속한 텍사스주는 3겹 처방전 규정을 따랐기 때문이다. 휴스턴 의사들은 매든의 오버스토리 아래 살고 있었다.

3겹 처방전 규정은 의사들의 진통제 사용 방식에 상당한 영향을 미치는 것으로 보인다. 구체적으로 말하자면, 텍사스주 초점집단의 경우 암과 무관한 통증 치료에 2급 마약류를 쓰는 의사는 한 명도 없었다.

'2급'은 적절히 사용하지 않으면 문제를 일으킬 소지가 있는 약물을 가리키는 전문 용어다. 퍼코셋, 퍼코단, 코데인 같은 약물이 거기에 해당한다. 옥시콘틴도 2급 약물로 분류될 예정이었다. 보고서는 뒤이어 이렇게 밝혔다.

> 휴스턴 의사들은 2급 약물을 1년에 한 번도 처방하지 않거나 5회 미만으로 처방했다. (…) 그들은 통증 관리와 관련하여 주정부가 자신의 치료 절차를 문제 삼는 데 대해 조금의 여지조차 주고 싶어 하지 않았다. 초점집단에 속한 의사들은 주정부가 자신의 판단에 의문을 제기할지 모른다는 생각만으로도 상당한 불안을 드러냈다. (…) 3겹 처방전 규정은 다른 요소보다 더 문제가 된다. 양식이 세부적인 데다가 다양한 사람들에게 사본이 전달되기 때문이다. 그들은 이런 추가적인 노력을 피할 수 있다면 기꺼이 다른 절차를 따르려 할 것이다.

70페이지에 달하는 초점집단 조사 보고서는 이 문제를 거듭 지적했다. 3겹 처방전 규정이 있는 주와 없는 주는 극명하게 달랐다.

3겹 처방전 규정이 없는 주(뉴저지)의 주치의와 외과의는 암과 무관한 통증을 다스릴 선택적인 치료 수단으로 옥시콘틴을 사용할 가능성이 높았다. 또한 코네티컷주의 류마티스 전문의들도 옥시콘틴을 치료에 활용할 여지가 있다고 생각했다. 반면 3겹 처방전 규정이 있는 주의 의사들은 옥시콘틴에 대해 아무런 의욕을 보이지 않았다.

뒤이어 이런 내용이 나왔다.

조사 결과, 3겹 처방전 규정이 있는 주에서 암과 무관한 통증에 2급 마약류를 사용하는 의사들이 해마다 작성하는 처방전은 절대적인 수량이 아주 적다. 따라서 시장 규모가 별도의 마케팅 투자를 정당화하기에 충분치 않을지 모른다.

퍼듀 경영팀은 그룹스 플러스의 보고서를 진지하게 받아들였다. 그렇게 옥시콘틴은 그동안 의료계에서는 한 번도 본 적 없던 가장 정교하고 공격적인 마케팅 캠페인 속에서 출시되었다. 주된 표적은 3겹 처방전 규정이 없는 주들이었다. 뉴욕, 일리노이, 캘리포니아, 텍사스, 아이다호에서는 대규모 마케팅이 전개되지 않았다. 반면 웨스트버지니아, 인디애나, 네바다, 오클라호마, 테네시에서는 대규모 마케팅이 전개되었다. 그 결과 오피오이드 전염 사태는 미국 **전체**를 균등하게 덮치지 않았다. 대신 소지역 편차의 완벽한 사례가 되었다. 오피오이드는 규제 수단인 3겹 처방전 규정이나 매든식 오버스토리가 없는 주에서만 대량으로 처방되었다.

상위 다섯 개 오피오이드 소비 지역을 다시 살펴보자. 이 주들은 모두 3겹 처방전 규정이 없는 '포트노이 오버스토리를 가진 주'다.

- 네바다: 1,019.9
- 웨스트버지니아: 1,011.6
- 테네시: 938.3
- 오클라호마: 884.9
- 델라웨어: 881.5

다음은 같은 해에 '매든 오버스토리를 가진 주'의 1인당 오피오이드 소비량이다.

- 일리노이: 366
- 뉴욕: 441.6
- 캘리포니아: 450.2
- 텍사스: 453.1
- 아이다호: 561.1

일리노이의 오피오이드 소비량은 네바다와 웨스트버지니아의 3분의 1이다. 뉴욕의 소비량은 테네시의 절반이다. 3겹 처방전 규정이 있는 주 중에는 아이다호만 전국 평균에 근접해 있다.

　수치를 조금 더 깊이 파보면, 더욱 놀라운 차이가 드러난다. 다음은 정형외과 전문의가 환자에게 오피오이드를 처방하는 경향이 얼마나 강한지 보여준다. 조사 기간은 해당 약물이 매우 위험하다는 사실을 모두가 알게 된 지 한참 후인 2013년에서 2016년까지다. 상위 10퍼센트를 차지하는 의사들의 지역별 분포를 보면 아래와 같다.

- 서부: 741(8.7퍼센트)
- 북동부: 745(8.8퍼센트)
- 중서부: 1,854(21.8퍼센트)

　서부는 폴 매든의 주인 캘리포니아주가 장악하고 있다. 통계적으로 보면 이 지역에는 오피오이드를 대량으로 처방하는 정형외과 의사가 소수에 불과하다. 북동부는 뉴욕주가 장악하고 있다. 상황은 비슷하다. 반면 3겹 처방전 규정이 없는 포트노이 오버스토리의 땅, 남부를 보라.

- 남부: 5,170(60.8퍼센트)

　놀랍다.

　이게 얼마나 대단한 일인지 잠시 생각해보기 바란다. 제2차 대전 이전에 샌프란시스코의 요란하고 자기과시적인 마약 퇴치 전사 한 명이 아이디어를 떠올렸다. 캘리포니아 의사들이 두 장의 복사지가 붙은 특수한 진통제 처방전을 사용하게 만든다는 것이었다. 이 단순한 관료주의적 개입은 하나의 오버스토리로, 오피오이드는 다른 성격의 약물이라고 말하는 이야기로 진화했다. 이에 의사들은 오피오이드를 처방하기 전에 한 번 더 생각하게 되었다. 이 오버스토리는 대단히 강력하게 작용했다. 그래서 반세기 후에 퍼듀가 3겹 처방전 규정이 있는 주에서 새 진통제를 시험했을 때 벽에 부딪히고 말았다.

오버스토리는 이렇게나 중요하다. 우리는 오버스토리를 만들어낼 수 있다. 오버스토리는 전파된다. 또한 오버스토리는 강력하며, 수십 년 동안 지속될 수 있다.

현재 경제학계에는 3겹 처방전 규정이 있는 주가 여타 주와 어떻게 다른지 연구하는 전문 분야가 존재한다. 가령 매사추세츠와 뉴욕의 예를 보자. 경제학자인 애비 알퍼트Abby Alpert의 추정에 따르면, 2000년에서 2019년 사이에 뉴욕의 오피오이드 과용률이 매사추세츠와 같은 수준이었다면 2만 7,000명이 추가로 사망했을 것이다. 자그만치 **2만 7,000명**이다. 매사추세츠는 뉴욕보다 가난하지 않다. 실업률이 더 높은 것도 아니고, 범죄 단체나 조직 범죄 또는 마약 밀매 문제가 더 심각한 것도 아니다. 이 두 주는 매우 비슷하다. 의미 있는 **유일한** 차이점이라면 뉴욕은 의사들에게 처방 시 두 장의 복사본을 만들도록 반세기 전에 강제한 반면, 매사추세츠는 그렇게 하지 않았다는 것이다. 이 두 장의 복사본은 수만 명의 생명을 구했다.

또는 오래전에 옥시콘틴에서 펜타닐로 옮겨간 현재의 오피오이드 사태를 보라. 펜타닐은 실험실에서 합성할 수 있으며, 불법으로 쉽게 제조할 수 있다. 3겹 처방전 규정은 중국이나 멕시코 마약왕들과 그들의 미국 공범들에게는 적용되지 않는다. 그래서 3겹 처방전 규정이 있는 주와 없는 주의 차이는 지금쯤 희미해졌을 거라 생각할 수도 있다. 틀렸다! 퍼듀 영업사원이 1990년대 말과 2000년대 초에 특정 경로로 이끈 의사들은 그 영업사원이 사라진 지 오랜 시간이 지난 후에도 여전히 같은 경로를 따라갔다.

알퍼트는 "3겹 처방전 규정이 없는 주에서는 과용에 따른 사망자 수가 아주 빠르게 늘어나는 반면, 그 규정이 있는 주에서는 그 수가 훨씬 느리게 늘어났습니다. 이 추세는 출시 20년이 지난 후에도 그대로 이어지고 있습니다."라고 말했다.

오피오이드 사태가 벌어진 기간 동안 3겹 처방전 규정이 있는 주들의 경제성장률이 더 높았다. 또한 아기들의 건강 상태가 더 좋았고, 아동 방임 건수가 더 적었으며, 경제활동 참가율도 더 높았다. 약물에 중독되면 "옳고 그른 것을 구분하는 능력을 잃는다"던 폴 매든의 말을 기억하는가? 요즘 사람들은 이런 지나친 매든주의에 눈살을 찌푸린다. 하지만 경제학자인 심용보는 3겹 처방전 규정이 있는 주와 없는 주의 범죄율을 비교한 후 이런 결론을 내린다.

> 옥시콘틴이 나왔을 무렵 3겹 처방전 규정이 없던 주는 있던 주에 비해 재산 범죄(12%) 및 폭력 범죄(25%)가 상대적으로 더 많이 증가했다.

경제학자들은 대개 분석 과정에서 1퍼센트나 2퍼센트 정도의 차이를 확인하곤 한다. 25퍼센트는 유례가 없는 차이다. 심용보는 "이는 엄청난 파급력입니다. 솔직히 처음 이 결과를 접했을 때는 정말로 믿기 어려웠습니다."라고 말을 이었다.

지금 어디에 있든 폴 매든은 우리를 바라보며 이렇게 말할 것이다. "그러게 내가 이렇게 될 거라고 했잖아요."

처방 건수에서 발견된 80/20 법칙

이제 전염의 두 번째 요소인 슈퍼전파자로 초점을 바꿔보자.

2002년, 유명 컨설팅 회사 맥킨지앤드컴퍼니McKinsey Company가 내는 저널에 스타 컨설턴트 중 한 명인 마틴 엘링Martin Elling이 쓴 긴 논문이 실렸다. 제목은 '제약회사 영업 인력의 성과 향상'이었으며, 주제는 제약회사들이 제품을 의사들에게 판매하는 방식이었다. 오랫동안 제약회사들은 단순히 나라를 여러 지역으로 나누고, 영업팀이 담당 지역에 가서 의사들에게 제품을 파는 방식을 따랐다. 가령 두 가지 심장병 약을 만드는 제약회사는 전국 모든 병원의 심장 전문의를 담당하는 영업팀을 구축했다. 엘링이 논문을 쓸 당시, 미국에는 거의 9만 명에 달하는 제약회사 영업사원이 있었다. 이 수치는 이전 6년 동안 두 배로 불어난 것이었다. 제약업계는 의사들에게 영향을 미치기 위해 군대 규모의 영업조직을 꾸렸다. 그러나 엘링의 지적에 따르면 이 전략은 전혀 효과적이지 않았다.

그는 "미국 제약회사들은 수십 년 동안 '핀볼 게임식' 영업 모형에 의존했다. 그에 따라 영업사원은 몇 분 동안 의사를 만나 자기 회사의 약을 처방해주길 바라며 이 병원, 저 병원을 전전했다."라고 썼다.

그가 보기에 이는 너무 마구잡이식이었다. 의사들은 제약회사의 영업 활동을 부담스러워하고 있었다. 병원들은 규정을 내세워 영업사원들이 쉽게 의사를 만나지 못하도록 만들었다. 식사를 대접하고, 선물을 퍼붓고, 여행을 시켜주는 오랜 수법은 비판받고 있었다. 영업사원들은 그야말로 탈진 상태에 놓여 있었다. 엘링은 이렇게 지적했다.

> 이런 시스템은 많은 비용을 초래하고, 비효율적이며, 불만으로 가득하다. 의사들은 공략당하는 느낌을 받는다. 처방 건수가 많은 의사들은 현재 영업 전화가 10년 전보다 3~5배나 늘었다고 말한다. (…) 한 의사는 상황이 "견딜 수 없는 지경에 이르고" 있으며, 영업사원들이 "아는 것은 줄었는데 압박만 더 세게 한다." 고 불평했다. 우리가 조사한 바에 따르면 현재 거의 40퍼센트의 병원이 하루에 받아주는 영업사원의 수를 제한한다.

그렇다면 어떻게 해야 할까? 엘링이 제시한 해결책은 영업사원들이 모든 의사가 같지 않다는 사실을 이해해야 한다는 것이었다. 제약회사들은 의사들을 '세분화'하는 방법을 배워야 했다. 같은 병원의 나란히 붙은 진료실에서 일하는 두 명의 정형외과 전문의라 해도 처방하는 약의 수와 종류가 크게 다를 수 있다. 즉, 어떤 의사는 다른 의사들보다 더 큰 가치를 지닌다. 서른다섯 살 먹은 의사는 예순다섯 살의 의사보다 훨씬 가치가 크다. 설령 나이 많은 의사가 많은 약을 처방한다고 해도 말이다. 그는 어차피 처방 습관을 바꾸지 않을 것이고, 곧 은퇴할 것이다. 그러니 굳이 신경 쓸 필요가 있을까? 반면 서른다섯 살의 의사는 키울 여지가 있다.

엘링은 개별 의사의 처방 습관을 활용하여 '평생 가치'를 정교하게 추정해보자고 제안했다. 보다 중요한 점은 "여러 사안에 대한 (의사의) 태도를 분명히 파악하는 것"이었다. 그는 "여러 사안"이 무엇을 말하는지 명확하게 밝히지 않았다. 그러나 그가 설명하는 세계를 조금이라도 이해하는 사람은 그게 무슨 의미인지 알았다. 영업사원들은 대개 젊고 매우 매력적이었다. 일부 의사는 그런 영업사원들의 관심에 잘 반응했다. 이 '고반응자'high responders 들의 신원을 아는 제약회사는 큰 이점을 누릴 수 있었다. 이는 제약업계에서 수십 년 동안 따라왔던 관행을 무너트리는 획기적인 주장이었다. 그리고 한 회사가 다른 어느 회사보다 거기에 더 주목했다. 그 회사는 바로 퍼듀 파마였다.

퍼듀는 2013년 맥킨지에 연락했다.* 한 팀의 컨설턴트들이 뉴욕에서 코네티컷에 있는 퍼듀 본사까지 차를 몰고 갔다. 새클러 가문은 그들에게 회사가 위기에 빠졌다고 설명했다. 옥시콘틴의 매출은 출시 첫해에 기록한 4,900만 달러에서 2005년에는 10억 달러까지 치솟았다.

● 두 회사가 협력한 것은 이때가 처음이 아니었다. 퍼듀는 2004년에 처음 맥킨지에게 컨설팅을 의뢰했다.

그러나 이후 성장 엔진이 멈추고 말았다. 게다가 법무부는 퍼듀 파마가 옥시콘틴의 중독성에 대해 의사들을 오도했다며 제약산업 역사상 최고 수준의 벌금을 때렸다. 옥시콘틴의 평판이 위태로웠다. 특허권도 곧 만료될 예정이었다. 다른 제약회사들은 더 저렴한 복제약을 준비하고 있었다. 이제 퍼듀는 어떻게 해야 할까?

맥킨지는 바삐 움직였다. 그들은 젊고 똑똑한 컨설턴트에게 옥시콘틴 영업사원과 같이 매사추세츠주 우스터 지역을 돌도록 시켰다. 이 컨설턴트가 확인한 현실은 암울했다.

> 과거에는 병원에서 점심을 대접하고, 수련의를 만나고, 자유롭게 돌아다닐 수 있었습니다. 하지만 지금은 "자료를 두고 가시면 연락드릴게요."라는 말을 들을 뿐이었습니다.
>
> 영업사원은 보다 창의적인 접근법을 시도했습니다. 가령 만나고 싶은 유망한 의사들의 '사진첩'을 만들어서 인근 카페에서 죽치고 있거나, 병원 직원들과 알고 지내려고 노력했습니다. 하지만 돌아온 것은 부정적인 반응뿐이었습니다. 한 영업사원은 우스터 최대 병원의 사무직원과 얼굴을 트려고 긴 접수 줄을 기다린 끝에 만났지만 다시는 오지 말라는 편지를 받았습니다.

마틴 엘링이 경고한 모든 일이 그대로 일어난 셈이었다. 퍼듀는 핀볼 게임식 영업을 했고, 그런 영업은 더 이상 통하지 않았다. 이에 맥킨지는 새로운 계획을 수립했다. 그 이름은 '탁월성을 위한 진화'Evolve to

2013년 1~7월 처방 내역				
개인별 처방량 10분위	의사	의사 %	처방	의사별 월평균 처방 건수
10	358	0.2%	617,887	246.6
9	778	0.5%	617,624	113.4
8	1,300	0.8%	617,149	67.8
7	2,182	1.4%	617,248	40.4
6	3,613	2.3%	617,056	24.4
5	5,668	3.5%	617,075	15.6
4	8,668	5.4%	617,056	10.2
3	13,636	8.5%	617,048	6.5
2	24,399	15.2%	617,331	3.6
1	99,825	62.2%	620,667	0.9

Excellence, 줄여서 E2E였다. 퍼듀의 공동 회장인 리처드 새클러는 맥킨지의 프레젠테이션을 들은 후 사촌에게 "맥킨지가 놀라운 사실들을 발견했다."고 이메일을 보냈다. 이후 10년 동안 퍼듀는 옥시콘틴 매출에 "터보 엔진"을 달아준 대가로 맥킨지에 8,600만 달러를 지급했다.

맥킨지가 수립한 옥시콘틴 매출 회생 계획의 핵심에는 위의 표가 있었다.

이 표가 들려주는 이야기는 상당히 놀랍다. 조사 기간은 2013년 1월부터 7월까지이며, 이 기간에 옥시콘틴은 총 617만 회 처방되었다. 맥킨지는 해당 데이터를 10개의 균등한 집단(10분위)으로 나눈 다음, 최상위에서 최하위까지 순위를 매겼다. 맨 하단에 있는 1분위를 보라. 1분위는 9만 9,825명으로 가장 큰 집단을 이룬다. 여기에 속한 의사들은 6개월 동안 평균 1회 옥시콘틴을 처방했다. 이는 미미한 수치다.

2분위는 2만 4,399명으로 구성된다. 그들은 1월부터 7월까지 3.6회 처방했다. 3분위는 1만 3,500명이 조금 넘는다. 그들은 같은 기간 평균 6.5회 처방했다. 위로 갈수록 각 집단에 속한 의사의 수가 줄어드는 반면 처방 횟수는 늘어난다. 10분위를 보라. 인원은 겨우 358명인데 같은 6개월 동안 평균 247회나 처방했다. 옥시콘틴의 성공은 **대다수** 미국 의사, 심지어 **일부** 미국 의사의 덕을 본 게 아니었다. 그 요인은 8분위, 9분위, 10분위에 속한 극소수 의사들이 주도한 전염이었다. 이 약 2,500명의 의사들은 어마어마한 양의 처방전을 썼다. 맥킨지의 E2E 계획에 사용된 표현에 따르면 이 상위 세 개 집단에 속한 의사들은 "코어"Core 와 "슈퍼 코어"Super Core 였다.

맥킨지의 첫 번째 조언은 단도직입적이었다. 거기에 따르면 "옥시콘틴 영업을 위한 1차 방문 대상의 50퍼센트 이상은 저분위(0-4) 의사들이었다." 이는 비합리적이었다. 표의 맨 아래에 속한 이 대규모 집단은 6개월 동안 옥시콘틴을 1~2번밖에 처방하지 않았다. 그들은 매든식 규제책을 따르는 주에서 일하거나, 조절 스위치가 없더라도 고용량 오피오이드를 직관적으로 꺼렸다. 또는 늙고 퉁명스런 의사들로, 신약을 받아들이기에는 기존 방식에 너무 얽매여 있었다. 맥킨지는 그들을 무시하라고 말했다. 필요한 건 표의 맨 윗부분에 있는 슈퍼전파자들이었다. 퍼듀는 이 말에 귀를 기울였다.

"퍼듀는 전체 영업 활동 중에서 '슈퍼 코어'나 '코어' 의사들에게 훨씬 높은 비중을 둔 영업사원들에게 보너스와 보상을 제공하는 점수 시스템을 따랐다." 이는 마침내 퍼듀의 행태가 지적되었을 때 제기된 여러 형사 고소장에서 나온 내용이다. 퍼듀는 영업사원들에게 코어와 슈퍼 코어 의사들에게만 집중하라고 거듭 강조했다.

뒤이어 맥킨지는 이렇게 조언했다. "코어와 슈퍼 코어 집단을 더욱 세분화하여 영업사원의 설득에 잘 넘어가는 의사들을 파악해야 한다." 의료계에서 자리를 잡으려는 젊은 의사들이나, 너무 바빠서 옥시콘틴의 우려스러운 평판까지 세부적으로 신경 쓰지 못하는 의사들 또는 이런저런 이유로 영업사원과 시간 보내는 걸 좋아하는 의사들이 그 대상이었다.

다음 페이지에 나오는 그래프를 보라. 이 그래프는 퍼듀가 맥킨지의 조언을 따른 후 어떻게 전술을 바꾸었는지 보여준다. 그래프에 나오는 수치는 3겹 처방전 규정이 없어서 오랫동안 퍼듀에게 수지맞는 시장이었던 테네시주에서 이루어진 영업 활동 횟수다.

2007년과 2016년 사이에 영업사원이 옥시콘틴 영업을 위해 의사를 방문한 횟수는 거의 **다섯 배**나 늘어났다. 이런 영업 활동은 테네시주의 모든 의사를 대상으로 한 것이 아니었다. 다섯 배나 늘어난 영업 활동의 대상은 슈퍼전파자들이었다.

제6장에서 나는 슈퍼전파자가 여느 사람들과 근본적으로 다르다는 점을 설명했다. 그들은 체질적으로 다른 모든 사람보다 훨씬 많은 양

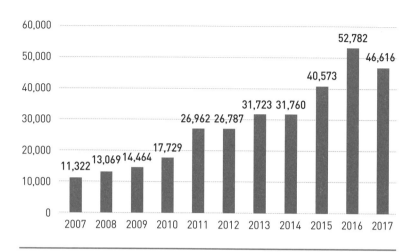

테네시주에서 이루어진 영업 활동 횟수

의 바이러스를 생성할 수 있다. 퍼듀는 자신들의 슈퍼전파자들도 마찬가지라는 사실을 알아냈다. 그들은 대다수 의사들과 성격이 달랐다. 영업사원들은 약물이 혈류로 오래, 천천히, 고르게 유입되기 때문에 의존성을 낳는 희열 상태를 초래하지 않는다는 터무니없는 주장을 했다. 슈퍼전파자들은 이처럼 중독의 위험성을 과소평가하는 말을 믿었다. 옥시콘틴이 남용된다는 사실이 명확해졌을 때도 그랬다. 사람들은 옥시콘틴 알약을 갈아서 코로 가루를 흡입했다. 그러면 12시간 동안 투여될 분량의 오피오이드를 단 한 번에 아찔하게 즐길 수 있었다. 슈퍼전파자들은 이런 사실에 무관심하거나 무지했다. 그들은 약물을 아무렇게나 내주는 게 **의사가 하는 일**이라고 생각했다.

퍼듀의 공략 대상 중에 마이클 로즈Michael Rhodes 라는 의사가 있었다. 내슈빌 북부에서 통증 클리닉을 운영하는 그는 2007년에 옥시콘 틴을 297회 처방했다. 이는 '코어' 등급에 오를 만한 횟수였다. 퍼듀 현지 영업사원은 그에게 전화를 걸고, 저녁식사를 대접하고, 선물을 퍼붓기 시작했다. 로즈는 결국 면허를 박탈당하기 전까지 퍼듀 영업사원을 126번이나 만났다. 이마저도 **밝혀진 횟수**에 불과하다. 테네시주 검찰의 공소장을 보면 "퍼듀 영업사원이 통화 기록에 나온 것보다 더 자주 연락했다는 정황이 있기" 때문이다.

로즈는 이런 관심을 받으며 한껏 잠재력을 발휘했다. 2008년에는 1,082회나 옥시콘틴을 처방했다. 이제 그는 더 이상 '코어' 등급이 아니라 '슈퍼 코어' 등급이었다. 이후에도 그의 처방 횟수는 2009년에 1,204회, 2010년에 1,307회로 꾸준히 상승곡선을 그렸다. 공소장에는 "퍼듀 영업사원은 심지어 테네시 의료심사위원회가 2013년 5월 22일에 제한적 근신 처분을 내린 후에도 31회나 로즈를 방문했다."고 뒤이어 나와 있다.

대다수 의사는 영업사원이 이 정도로 집착에 가까운 관심을 보이면 짜증을 낼 것이다. 의사들은 바쁘다. 진료해야 할 환자가 있고, 가족도 있다. 제약회사 영업사원과 점심이나 저녁을 먹으며 그 모든 시간을 보내고 싶어 할 이유가 있을까? **의대도 다닌 적 없으면서** 의사인 그들에게 치료를 어떻게 해야 하는지 말하려 드는 사람을? 하지만 로즈는 정반대의 반응을 보였다.

퍼듀는 코어 등급과 슈퍼 코어 등급에 속한 의사들이 영업 활동에 어떻게 반응하는지 분석한 적이 있다. 그 결과, 아예 방문하지 않는 경우 옥시콘틴 처방 횟수가 급감하는 것으로 드러났다. 대다수 의사와 달리 슈퍼 코어 등급 의사들은 영업사원으로부터 무시당하는 것을 좋아하지 않았다. 1년에 1~4회를 방문해도 처방 횟수는 여전히 감소했다. 1년에 8회, 12회, 16회를 방문해도 마찬가지였다. 슈퍼 코어 등급 의사들은 애정을 원했고, 그 정도 빈도로는 충분치 않았다.

반면 매달 두 번씩 방문하면 어떤 일이 생겼을까? **처방 횟수가 급증했다.** 1년에 24회 방문이 임계점이었다. 슈퍼 코어 등급 의사의 손을 잡고 같이 와인과 식사를 즐기면, 그들은 영원히 최고의 친구가 되어줄 것이었다.

그래서 영업사원들은 마이클 로즈를 계속 방문했다. 퍼듀의 영업 보고서를 보면 로즈의 병원이 엉망임을 분명히 알 수 있었다. 그는 보험 사기로 고발당했다. 환자가 약물 과용으로 사망한 사례도 보고되었다. 그는 궁핍하고 무기력한 상태였다. 한 영업사원은 보고서에 이렇게 썼다. "진료실에 앉아 있을 때 문밖에서 두 명의 환자가 칼을 들고 싸웠습니다. 로즈는 많은 환자들로부터 여기 오기 전에 찾아간 의사가 마약성 진통제를 처방해줄 수 없다며 자신을 소개했다는 말을 들었다고 했습니다. 그는 그 의사들은 왜 처방해주지 않는지 내게 물었습니다. 그날 오전에 찾아온 환자는 40명이었습니다…."

오전에만 40명이나 왔다고?

2015년 5월, 담당 영업사원과 지역 책임자는 "로즈를 찾아가 그의 반발에도 불구하고 처방을 더 늘리도록 계속 부추겼다." 이후 지역 책임자는 해당 영업사원을 칭찬하는 보고서를 올렸다.

'인사이트 16'을 잘 전달하고 건설적인 긴장감을 조성했습니다. 의사는 통증 관리를 그만두고 싶다는 의사를 밝혔습니다. 그가 여전히 통증 환자들을 보고 있었기 때문에, 옥시콘틴을 처방하기에 적절한 환자들에게 다시 집중하도록 잘 유도했습니다.

2006년부터 2015년까지, 로즈는 총 31만 9,560정의 옥시콘틴을 처방했다. 그는 테네시의 네이선 하우스먼이었다.

퍼듀는 이런 사람들을 중심으로 전체 전략을 수립했다. 코네티컷에 전국에서 옥시콘틴을 가장 많이 처방하는 의사가 있었다. 퍼듀는 그에게 연이은 유료 강연을 주선해주었다. 그는 강연이 끊기면 "애정을 잃을지도 모른다."고 말했다. '애정'이란다. 이렇듯 퍼듀와 주요 고객들의 관계는 단순한 거래 관계 이상이었다. 영업사원과 의사는 끈끈한 관계를 맺었다. 다른 사례를 보면, 퍼듀 영업사원은 한 약사와 슈퍼 코어 등급 의사에 대해 다음과 같은 이야기를 나눈다.

약사의 말의 따르면 그 의사는 '캔디맨'candyman으로 불렸다. (…) 모든 환자에게 바로 최대 용량을 처방했기 때문이다. (…) 약사가 참석한 지역 약사 모임에서 그 의사의 이름이 거론된 적이 있다. 약사들은 그 의사가 어떤 식으로 처방하는지 알았기 때문에 모두 진저리를 치며 불평했다. 약사는 그 의사가 투여 용량 및 강도와 관련하여 온갖 이상한 짓을 벌인다고 말했다.

2010년 1월부터 2018년 5월까지, 퍼듀 영업사원은 이 '캔디맨'을 300번 방문했다. 당신은 가장 가까운 친구라 해도 지난 8년 동안 300번을 만났는가?

오피오이드 전염 사태가 발생한 후 전염병학자인 매튜 키앙Mathew Kiang 이 계산한 바에 따르면, 상위 1퍼센트의 의사들이 "전체 오피오이드 처방 용량의 49퍼센트를 차지했다." 캔디맨과 마이클 로즈 같은 의사들은 평균적인 의사들보다 1,000배나 많은 용량의 오피오이드를 처방했다. 퍼듀는 소수의 주에 집중된 불과 수천 명의 의사들을 유혹함으로써, 결과적으로 수십만 명의 삶을 파괴시킨 전염을 부추겼다.

코로나19 팬데믹이 우리에게 준 큰 교훈은 바이러스가 공기로 전파되는 경우, 전염이 일어나는 데 많은 전파자가 필요하지 않다는 것이다. 단지 드문 체질을 지닌 단 한 명의 슈퍼전파자가 많은 사람 앞에 서기만 하면 된다. 오피오이드 사태가 주는 교훈도 같다. 이것이 우리를 얼마나 취약하게 만드는지 알겠는가? 대다수 의사들, **압도적 다수**의 의사들은 옥시콘틴 같은 오피오이드 진통제를 적절한 주의 하에 다루었다. 전반적인 의료계는 모범적으로 행동했다. 그들은 신중을 기했고, 증거를 확인했고, '무엇보다 환자에게 해를 끼치지 않는다'는 히포크라테스 선서의 지혜를 받들었다. **하지만 그것만으로는 역사상 최악의 과용 사태를 방지하기에 충분치 않았다.** 그 이유가 무엇이었을까? 극소수의 의사들은 그다지 신중하지 않았기 때문이다. 그리고 이 극소수는 전염 사태를 촉발하기에 충분했다. 이 사례는 다시 한 번 소수의 법칙을 훌쩍 넘어선다. 이는 매우, 매우 적은 극소수의 법칙이다.

집단 비율을 바꾼 최악의 결정

오피오이드 사태는 총 3막으로 전개되었다. 1막은 퍼듀가 매든 오 버스토리를 따르는 주들을 피하기로 결정한 것이었다. 2막은 맥킨지 가 소수의 법칙을 사악하게 재해석하면서 시작되었다. 하지만 가장 파 국적인 사태는 집단 비율이 바뀐 3막에서 벌어졌다.

오피오이드 사태의 마지막 장은 팡파르 없이 막을 올렸다. 2010년 여름, 퍼듀는 간략한 성명을 발표했다. 기존의 옥시콘틴을 단종시키고 '옥시콘틴 OP'라는 신제품으로 이를 대체한다는 내용이었다. 신제품 은 외양이 같았고, 성분도 같았다. 다만 이전 버전과 달리 가루로 갈아 서 코로 흡입할 수 없었다. [*] 약이 젤리처럼 끈끈했기 때문이다. 중독자 가 옥시콘틴을 갈아서 12시간 분량의 오피오이드를 단번에 흡입하던 시절은 지나갔다.

랜드RAND 싱크탱크의 경제학자인 데이비드 파웰David Powell 은 "다들 그게 도움이 될 거라 생각했습니다."라고 말했다. 일부 중독자는 다른 약으로 바꾸려 시도할지도 모르지만 다수는 그냥 흡입을 중단할 터였 다. 그러면 전염 사태를 확장시키는 새로운 환자의 꾸준한 유입은 지 체될 것이 분명했다. 그들이 달리 어디로 가겠는가? 옥시콘틴을 복용 하는 사람들은 자신을 흔히 말하는 '중독자'로 보지 않았다. 그들 중 어

● 퍼듀와 관련된 일들이 흔히 그렇듯이 여기에도 속셈이 있었다. 원래의 옥시콘틴에 대한 특허권이 곧 소멸할 예정이었다. 즉, 더 저렴한 복제약이 매출을 잠식할 예정이었다. 퍼듀 는 경쟁 제품과의 차별화를 위해 새로운 버전이 필요했다.

떤 사람들은 번듯한 직업과 집이 있었으며 지역사회에서 나름의 지위를 갖고 있었다. 단지 무모하게 옥시콘틴을 처방받았을 뿐이었다. 물론 헤로인은 옥시콘틴과 별반 다르지 않은 희열을 안길 수 있었다. 하지만 옥시콘틴 사용자들은 대개 불법 약물 시장에 발을 들일 만한 사람들이 아니었다.

파웰은 뒤이어 이렇게 말했다. "옥시콘틴을 어떻게 구하면 되는지는 쉽게 생각할 수 있어요. 그냥 의사를 찾아가서 어디가 아프다고 말을 꾸며내면 됩니다. 하지만 헤로인은 어떻게 구하는지 알 수 없어요. 그렇죠? 그 간극은 엄청납니다. 그래서 옥시콘틴을 오용하는 사람들이 '헤로인을 어떻게 구하는지 알아내야겠어'라고 생각하는 경우는 일반적이지 않을 거라 생각했습니다. 상당히 큰 간극이 있으니까요."

그러나 그 간극은 그렇게 크지 않았던 것으로 드러났다.

퍼듀의 제품 개량을 환영한 사람들은 약물 중독자들에게는 특정 약물만 쓰는 이유가 있을 거라 여겼다. 매일 오후, 동네 술집에서 조용히 술을 마시는 알코올 중독자는 주차장에서 헤로인 주사를 맞는 단계로 갑자기 넘어가지 않을 것이었다. 같은 오피오이드 중독자들 사이에도 차이가 있었다. 코로 흡입하는 사람이 있는가 하면, 주사로 맞는 사람도 있고, 그냥 알약을 삼키는 사람도 있었다. 즉, 오피오이드 사태와 관련된 집단 비율은 비교적 고정된 것으로 여겨졌다. 이는 특정 약물의 사용자를 단속하면 전반적인 문제의 규모가 줄어들 것이라는 의미였다.

하지만 이 가정은 완전히 틀린 것으로 드러났다. 집단 비율은 전혀 고정되어 있지 않았다. 우리가 로렌스 트랙트와 하버드의 오랜 역사 그리고 로자베스 캔터와 데이먼 센톨라 같은 학자들의 연구에서 배운 것은 무엇인가? 바로 전염은 집단 비율의 변화에 대단히 민감하다는 것이다.

다음 페이지에 나오는 표를 보라. 이 표는 세 가지 오피오이드 과용으로 인한 사망률을 보여준다. 첫 번째 줄은 옥시콘틴 같은 처방 오피오이드이며 두 번째 줄은 헤로인, 세 번째 줄은 펜타닐 같은 합성 오피오이드에 해당된다.

이는 옥시콘틴이 개량되기 이전의 오피오이드 사태에서 나타난 집단 비율이다. 보다시피, 옥시콘틴 같은 약물로 사망하는 사람이 헤로인 및 펜타닐로 사망하는 사람보다 다섯 배 이상 많았다. 이상하게 들리겠지만 오피오이드 전염 사태를 피할 수 없다면 이런 집단 비율이 치리리 낫다. 다시 말해, 대디수 시용지가 처방약에 의존하는 편이 더 낫다.

처방약 전염 사태를 추동하는 장본인은 법의 테두리 안에서 운영되는 기업이다. 기업은 주주에게 책임을 져야 하고, 정부기관의 규제를 받는다. 또한 처방하는 의사들은 의료 전문가다. 기업과 의사 사이의 모든 거래 그리고 의사와 환자 사이의 모든 거래는 기록된다. 공공 및 민간 보험사는 사용자에게 비용을 돌려준다. 즉, 일이 잘못되면 우리는 그 사실을 알 수 있다. 우리에게는 누를 수 있는 지렛대가 있다. 슈퍼 전파자에 해당하는 의사를 찾아내서 저지하고, 환자를 추적하여 도와줄 수 있는 것이다. 결국 퍼듀 파마는 민형사 소송의 부담 때문에 파산

종류별 오피오이드 과용 사망률, 미국, 1999~2010

(10만 명당 사망자 수)

연도	일반적인 처방 오피오이드 (천연 및 반합성 오피오이드 및 메타돈)	헤로인	메타돈 제외 합성 오피오이드 진통제
1999	1.3	0.7	0.3
2000	1.4	0.7	0.3
2001	1.7	0.6	0.3
2002	2.3	0.7	0.4
2003	2.7	0.7	0.5
2004	3.1	0.6	0.6
2005	3.4	0.7	0.6
2006	4.1	0.7	0.9
2007	4.5	0.8	0.7
2008	4.6	1.0	0.8
2009	4.6	1.1	1.0
2010	5	1.0	1.0

하고 말았다.

그러면 약물 개량은 어떤 일을 했을까? 집단 비율을 **바꿔놓았다**. 모든 기대와 달리 옥시콘틴 알약을 갈아서 흡입하지 못하게 된 처방약 사용자들은 그냥 헤로인과 펜타닐로 옮겨가 버렸다. 옥시콘틴 개량 이

종류별 오피오이드 과용 사망률, 미국, 2011~2020

(10만 명당 사망자 수)

연도	일반적인 처방 오피오이드 (천연 및 반합성 오피오이드 및 메타돈)	헤로인	메타돈 제외 합성 오피오이드 진통제
2011	5.1	1.4	0.8
2012	4.7	1.9	0.8
2013	4.6	2.7	1.0
2014	4.9	3.4	1.8
2015	4.9	4.1	3.1
2016	5.4	4.9	6.2
2017	5.4	4.9	9.0
2018	4.7	4.7	9.9
2019	4.4	4.4	11.4
2020	5.1	4.1	17.8

후 2011년부터 2020년까지의 같은 통계를 살펴보자.

세 가지 해악 중에 가장 덜 나쁜 처방약 과용으로 인한 사망률은 이후 10년 동안 아주 조금 올랐다. 반면 헤로인 과용으로 인한 사망자 수는 2017년까지 350퍼센트 증가했다. 그리고 펜타닐 때문에 사망한 사람의 수는 **22배**나 늘어났다. 사실상 무시할 만한 비중을 차지하던 문제가 역사상 과거의 모든 오피오이드 사태를 압도하는 문제로 커진 것이다.

　이제 중독자들은 범죄자들의 고객이 되었다. 보험사는 더 이상 약값을 지불하지 않았다. 사용자는 중독에 빠지는 데 필요한 돈을 찾아야 했다. 그들은 어딘가의 수상한 공장에서 제조하여 어떤 성분이 들어갔는지도 알 수 없는 제품을 샀다. 또한 더 이상 코로 흡입하지 않고 주사로 약물을 투여했다. 이는 100배는 더 위험한 방식이다. 더러운 주삿바늘은 HIV, 간염, 농양, 감염병을 옮긴다. 초기에는 헤로인이 더 싸다. 하지만 결국에는 돈이 더 들어간다. 훨씬 더 많은 양을 쓰게 되고, 품질이 너무나 고르지 않은 데다가, 찾고 구매하는 데 시간이 훨씬 더 들어가기 때문이다. 헤로인을 끊고자 해도 옥시콘틴을 끊을 때보다 금단 증상이 훨씬 지독해서 심한 설사, 구토, 격렬한 통증에 시달린다. 또한 많은 오피오이드 중독자의 경우 어린 자녀가 있다. 헤로인에 중독되면 옥시콘틴에 중독될 때보다 훨씬 나쁜 부모가 된다. 그 결과 아동 폭행 및 방임 건수가 함께 급증했다. 시간이 지나면서 헤로인은 펜타닐에게 자리를 내주었다. 펜타닐은 헤로인보다 더 치명적이고, 더 중독성이 강했다.

　지역 마약왕을 고소하거나, 규제하거나, 그들의 펜타닐 제조공장을 검사할 수 있는가? 전염 문제가 펜타닐로 옮겨갔을 무렵, 많은 사용자들은 간단하게 온라인으로 펜타닐을 주문하여 우편으로 배달시켰다. 이걸 어떻게 막을 수 있을까? 이제 오피오이드 사태는 너무나 악화되어서 옥시콘틴만 문제가 되던 초기는 오히려 평온해 보일 지경이다. 차라리 2010년에 퍼듀가 옥시콘틴을 개량하지 못하도록 막고 그대로

두는 게 더 나았을 것이다.

하지만 어떻게 그럴 수 있을까? 지금까지 우리는 전염이 제기하는 어려운 선택들에 대해 이야기했다. 로렌스 트랙트는 백인 탈주 문제와 싸우고자 했다. 하지만 그러기 위해서는 흑인 가족에게 주거지를 내주지 말아야 했다. 슈퍼전파자는 코로나19 같은 질병의 경로에 압도적인 영향을 미친다. 하지만 이 사실을 토대로 조치를 취하려면 소수의 사람들을 가려내야 한다. 오피오이드 딜레마는 그보다 더 어렵다. 누군가는 2010년에 앞으로 나서서 이렇게 말해야 했다. "여기 두 가지 버전의 중독성 심한 약물이 있어요. 원래 버전은 남용하기 쉬운 반면 새로운 개량 버전은 그렇지 않아요. 하지만 새로운 개량 버전을 쓰면 안 됩니다. 중독자들이 지난 15년 동안 그랬던 것처럼 계속 옥시콘틴을 갈아서 코로 흡입하게 놔둬야 해요." 보건당국자가 이런 입장을 취했을 때 사람들이 어떤 반응을 보일지 상상할 수 있겠는가? 파월은 이렇게 말했다. "정말 말도 안 되는 정책 아닌가요? 정신 나간 생각이죠. 하지만 지금 우리가 아는 사실들을 고려하면 그게 올바른 정책이었던 것 같아요. 맞아요. 논의의 여지도 없어요."

파월과 그의 동료인 로살리 파쿨라Rosalie Pacula는 퍼듀가 원래의 옥시콘틴 제조법을 그대로 가져갔더라면 어떤 일이 생겼을지 추정했다. 다음은 그들이 내린 결론이다. 뒷장의 그래프에는 두 개의 선이 있다. 실선은 미국에서 실제로 벌어진 일을 나타낸다. 옥시콘틴이 개량된 2010년 직후부터 과용률이 급증하는 양상을 보라. 점선은 만약 상황이 그대로 유지되었더라면 이렇게 되었을 것이라고 추정한 양상이다.

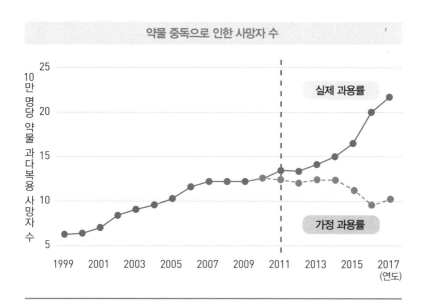

약물 중독으로 인한 사망자 수

두 사람은 이렇게 썼다.

우리의 추정에 따르면 옥시콘틴의 개량으로 2017년까지 과다복
용률이 10만 명당 11.6명 넘게 증가했다. 이는 우리의 가정과 비
교하면 100퍼센트 이상 증가한 수치다.

100퍼센트나 증가했다!

두 사람의 가정을 나타낸 선은 시간이 지날수록 **하락**한다는 점에 주
목하라. 즉, 구형 옥시콘틴을 그대로 놔뒀다면 오피오이드 사태는 장
기적으로 완화되었을 것이다. 두 사람은 이에 대해 이렇게 이야기했다.

정책이 주도하는 처방 패턴의 개선 및 변화로 불법 오피오이드 시장의 성장이 멈춘 가운데, 오피오이드 사태의 경로가 반전되기 시작했을 것이다. 우리가 추정하는 사망자 수의 감소는 이러한 변화와 궤를 같이 한다.

다시 말해서 우리는 오피오이드와의 전쟁에서 서서히 이겨가는 중이었다. 그러나 우리는 전염이 일어나는 양상에 대해 솔직한 대화를 나눈 적이 실로 한 번도 없었다. 그래서 옥시콘틴 OP가 나오게 되었고, 모든 일이 틀어져버린 것이었다.

우리는 과연 전염에 아무런 책임이 없는가

이 책의 서두에서 나는 오피오이드 사태를 감식하듯 분석하겠다고 약속했다. 지금부터 그걸 해보겠다.

코네티컷에 퍼듀라는 작은 제약회사가 있었다. 그들은 아편이 인류에게 준 오래된 선물 중 하나에 다시 활력을 불어넣기로 결정했다. 하지만 여전히 매든의 오버스토리에 속한 주들이 많아서 실로 전국적인 전염 사태는 일어나지 않았다. 대신 옥시콘틴 영업 부대가 3겹 처방전 규정이 없는 주들에 침투했고, 그에 따라 소지역 편차가 발생했다.

뒤이어 맥킨지가 끼어들어서 슈퍼전파자들에게 집중적인 마케팅을 하도록 만들었다. 퍼듀 영업사원들은 코어 등급 및 슈퍼 코어 등급 의사들에게 옥시콘틴은 중독이 거의 발생하지 않으며, 환자들이 수주에 걸쳐 고용량을 견뎌낼 수 있다고 말했다. 물론 이는 사실이 아니었다. 하지만 코어 등급 및 슈퍼 코어 등급 의사들은 1분위부터 7분위에 속한 의사들을 설득하는 데 필요한 만큼의 엄격한 증거를 요구하지 않았다. 마이클 로즈 같은 의사들은《미국 의사협회 저널》Journal of the American Medical Association을 참고하여 자신이 좋아하는 영업사원의 주장을 검증하지 않았다.

그렇게 해서 옥시콘틴은 10년 동안 수명을 연장했고, 더 많은 환자들이 중독되었다. 거리에서 옥시콘틴은 오피오이드 분야의 '롤스로이스'라 불렸다. 너무나 안정적인 희열감을 안겨주었기 때문이다. 퍼듀는 영업에 박차를 가했다. 코어 등급 및 슈퍼 코어 등급 의사들은 거기에 호응했다. 옥시콘틴은 연간 30억 달러의 매출을 기록했다.

그러다가 개량이 이루어지면서 사용자들이 10년 동안 그랬던 것처럼 가루로 갈아서 흡입하지 못하게 되었다. 결국 옥시콘틴에 중독된 사람들은 헤로인으로 옮겨갔다. 그다음에는 헤로인에서 펜타닐로 옮겨갔다. 그리고 마지막에는 펜타닐에서 위에 나온 모든 것을 진정제와 동물약 그리고 무엇이든 손에 들어온 다른 것과 혼합한 약물로 옮겨갔다. 2020년대 초반이 되자, 옥시콘틴 출시와 함께 1996년에 시작된 오피오이드 전염 사태가 해마다 거의 8만 명의 목숨을 앗아갔다.

전염 사태가 발생한 지 20년이 지난 지금, 다음 그래프에 나오는 선은 상승하는 것이 아니라 하락해야 마땅하다.

캐시 새클러는 "제가 파악하고자 했던 건, 지금이 아니라 그때 알고

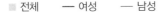

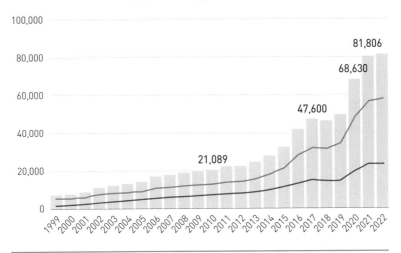

있던 사실들을 감안할 때 과연 제가 할 수 있는 다른 행동이 있었을까, 하는 것입니다."라고 말했다. 이 책의 서두에 나온 이 말을 기억하는 가? 그녀는 뒤이어 "솔직히 말씀드리면, 그런 일을 찾지 못했습니다." 라고 말했다.

이 말을 받아들이기는 매우 어렵다. 하지만 우리가 우리 자신에게 들려주는 이야기도 그렇기는 마찬가지다. 우리는 주위에서 일어나는 전염에 아무런 책임이 없고, 전염은 난데없이 발생하며, 언제나 우리 를 놀라게 만들 수밖에 없다는 이야기 말이다.

전염에는 분명한 규칙과 경계가 있다. 또한 전염은 오버스토리의 영 향을 받는다. 그리고 오버스토리를 만드는 것은 언제나 **우리**다. 오버스토리는 임계점에 이르렀을 때 크기와 형태가 바뀐다. 그 임계점이 언제, 어디서 나타나는지 우리는 충분히 파악 가능하다. 수많은 사람이 오버스토리를 주도하며, 그들이 누구인지 파악할 수도 있다. 그리고 전염을 통제하는 데 필요한 도구는 테이블 위에, 바로 우리 앞에 놓여 있다. 우리는 부도덕한 사람들이 그 도구를 갖고 휘두르도록 놔둘 수도 있고, 우리 자신이 그걸 들고 더 나은 세상을 만드는 데 활용할 수도 있다.

뛰어난 경제학자인 앨버트 허시먼Albert Hirshman 은 이런 글을 쓴 적이
있다.

창의성은 언제나 갑작스럽게 우리를 찾아온다. 그래서 우리는 결
코 거기에 의존할 수 없고, 그 일이 생길 때까지는 감히 믿을 수
도 없다. 다시 말해서, 우리는 성공하는 데 창의성이 필요한 과업
에 자의적으로 뛰어들려 하지 않는다. 따라서 우리가 창의적 자
원을 십분 활용하는 유일한 길은 과업의 성격을 오판하는 것, 그
과업이 실제보다 더 통상적이며 진정한 창의력이 요구되지 않는
다고 인식하는 것이다.

나는 이 책을 쓰는 동안 허시먼의 말에 대해 많이 생각했다. 처음에는 《티핑 포인트》 출간 25주년을 맞아 간략하고 단순하게 그 내용을 복기해볼 작정이었다. 그래서 쉬울 거라고 생각했다. 하지만 절반 정도 작업을 진행했을 때 완전히 새로운 책을 쓰고 싶어졌다. 내가 "창의적 자원을 십분 활용하게 된" 이유는 오로지 과업의 성격을 오판했기 때문이다. 그래서 (언제나 그렇듯) 일이 실제로 이루어지는 양상을 설명해준 앨버트 허시먼에게 감사드린다.

《티핑 포인트》로 다시 돌아가보라고 제안한 사람은 내 친구 제이콥 와이스버그Jacob Weisberg 다. 고마워, 제이콥.

이 책을 집필하는 과정에서 관대하고 통찰력 있는 여러 동료들의 도움을 받았다. 탈리 엠렌Tali Emlen 은 수많은 자료를 찾아주었다. 나는 자료 조사를 요청하는 모든 이메일의 제목란에 '마법의 힘'이라고만 간략하게 쓴다. 탈리에게는 마법의 힘이 있다. 니나 로렌스Nina Lawrence 는 수많은 인터뷰를 보조했다(스튜디오 밖에서 니나가 행복한 표정으로 고개를 끄덕이면, 인터뷰가 잘되고 있다는 걸 알았다). 애덤 그랜트Adam Grant, 벤 나다프 하프리Ben Naddaf-Hafrey, 엘로이즈 린턴Eloise Lynton, 데이브 위트샤프터Dave Wirtshafter, 말라 가온카르Mala Gaonkar, 메러디스 칸Meredith Kahn, 찰스 랜돌프Charles Randolph 는 모두 초기 원고를 읽고 엄청나게 도움되는 논평을 해주었다. 정말 훌륭해서 꼭 들어봐야 하는 이 책의 오디오북은 루이스 미첼Louis Mitchell, 알렉산드라 게어톤Alexandra Gareton, 케리 콜런Kerri Kolen 이 만들었다.

리틀 브라운Little, Brown 에서 나를 담당하는 편집자인 아샤 머치닉Asya

Muchnick은 원고를 너무 많이 읽어서 제정신인지 두려워질 정도였다. 하지만 그때마다 이 책은 더 나아졌다. 고마워요, 아샤. 자엘 골드파인Jael Goldfine은 모든 내용에 대한 팩트 체크를 잘 해주었다. 이 책의 원고는 그다음으로 리틀 브라운에서 일하는 유능한 마법사들의 손으로 넘어갔다. 그들은 벤 앨런Ben Allen, 팻 잘버트-르바인Pat Jalbert-Levine, 멜리사 매슬린Melissa Mathlin, 앨런 펠로우Allan Fallow, 캐서린 아이작스Katherine Isaacs, 데보라 제이콥스Deborah Jacobs, 케이 배닝Kay Banning이다.

《티핑 포인트》를 쓸 때부터 지금까지 나의 에이전트는 변함없이 티나 베넷Tina Bennett이다. 당신은 최고예요, 티나. 이 책을 쓰는 동안 숱하게 자리를 비웠는데도 참아준 푸시킨 인더스트리스의 모든 동료들에게 감사드린다.

그리고 무엇보다 우리 가족, 케이트, 에디, 데이지에게 감사하다. 너희들은 내가 매일 아침에 일어나고, 아무리 어두운 날에도 햇살을 느끼는 이유야.

주석

머리글 티핑 포인트가 우리의 뒤통수를 칠 때

- 데이비드 새클러와 캐시 새클러 그리고 퍼듀 파마 CEO인 크레이그 랜도 Criag Landau 가 2020년 12월 17일에 열린 하원 감시개혁위원회 Committee on Oversight and Reform 청문회에서 발언한 내용은 온라인에서 읽을 수 있다. 또한 민주당 감시위원회 위원 유튜브 페이지에서 전체 영상도 볼 수 있다.
- 청문회 회의록은 https://www.govinfo.gov/content/pkg/CHRG-116hhrg 43010/html/CHRG-116hhrg43010.htm에서, 영상은 https://www.youtube. com/watch?v=p3NgsWWzrH0에서 볼 수 있다.

제1장 캐스퍼와 C-도그

- 양키 강도의 여섯 개 은행털이 행각은 윌리엄 레더 William Rehder 와 고든 딜로우 Gordon Dillow 의 《돈이 있는 곳: 세계의 은행 강도 수도에서 있었던 실화》 Where the Money Is: True Tales from the Bank Robbery Capital of the World (W. W. Norton Company, 2004) 2장, 특히 67~69쪽에 자세히 묘사되어 있다. 레더와 딜로우는 1970년대와 80년대, 90년대에 로스앤젤레스에서 급증한 은행 강도와 관련된 다른 대다수 일화도 들려준다. 거기에는 웨스트 힐스 강도(121~124), 캐스퍼와 C-도그 (3장 전체, 특히 113~121쪽과 124~157쪽), 에이트 트레이 갱스터 크립스(155), 내스티 보이스(144~147)의 이야기도 포함되어 있다. 캐스퍼가 은행털이의 경제학적 측면을 설명한 말은 115쪽에 나온다.
- 나는 또한 다음 신문 기사들을 통해 캐스퍼와 C-도그에 대해 알게 되었다. 제시

캐츠Jesse Katz의 '청소년을 이용하여 은행을 턴 2인조에게 판결이 내려지다'Pair Sentenced for Bank Holdups Using Youngsters(《로스앤젤레스 타임스》, 1993. 11. 2), 로버트 라인홀드Robert Reinhold의 '로스앤젤레스의 은행털이 사주범들이 일련의 은행 강도를 벌였다고 인정하다' Los Angeles 'Fagins' Admit to Series of Bank Robberies(《뉴욕 타임스》, 1993. 10. 31)). 내스티 보이스가 저지른 은행 강도의 횟수는 존 그린왈드John Greenwald의 '살벌한 형제, 살벌한 시대' Nasty Boys, Nasty Time(《타임》, 1993. 12. 21: https://time.com/archive/6721956/nasty-boys-nasty-time/)에서 언급되었다.

- 캐스퍼와 C-도그가 체포된 후 로스앤젤레스에서 은행 강도 건수가 줄어든 것은 라인홀드의 '로스앤젤레스의 은행털이 사주범들' 기사에서 보도되었다. 브리트니 메지아Brittny Mejia의 '1990년대에 은행을 털던 LA 은행 강도들은 어떻게 되었을까' What Happened to L.A bank robbers who did heists in the 90s?(《로스앤젤레스 타임스》, 2024. 3. 14: https://www.nytimes.com/1993/10/31/us/los-angeles-fagins-admit-to-series-of-bank-robberies.html 및 https://www.latimes.com/california/story/2024-03-14/los-angeles-bank-robbers-la-heists-out-of-prison)에는 1983년부터 1995년까지 LA에서 발생한 은행 강도에 대한 유용한 차트가 나온다.

- 1967년부터 1980년까지 전국 은행 강도 통계는 제임스 프랜시스 해런James Francis Haran의 1982년 포덤 대학교 박사 논문, '패자의 게임: 500명 무장 은행 강도의 사회학적 프로필' The Losers' Game: A Sociological Profile of 500 Armed Bank Robbers(https://research.library.fordham.edu/dissertations/AAI8219245/)을 보라.

- '잃을 게 없다: 미국의 은행 강도에 대한 연구' Nothing to Lose: A Study of Bank Robbery in American는 조지 캠프George Camp가 1968년에 쓴 예일 대학교 미출간 박사 논문이다. https://ojp.gov/ncjrs/virtual-library/abstracts/nothing-lose-study-bank-robbery-america.

- 미국 내 은행지점 수에 대한 네이터는 연방예금보험공사Federal Deposit Insurance Corporation의 '은행 찾기'BankFind Suite에 들어가 찾을 수 있다. 전국의 은행지점 수는 1970년에는 2만 1,839개였다가 1999년에는 6만 3,631개로 급증했다.

- 윌리 서튼이 매뉴팩처러스 트러스트 컴퍼니의 퀸스 지점을 "방문"한 이야기와 그의 삶에 대한 다른 세부적인 내용은 2004년에 그가 에드워드 린Edward Linn과 공동으로 펴낸 《돈이 있었던 곳: 한 은행 강도의 회고록》Where the Money Was: The

Memoirs of a Bank Robber, 그중에서도 1~11쪽에서 읽을 수 있다. 범행 일시는 그가 1952년에 체포되던 날 나온 〈뉴욕 데일리 뉴스〉 기사에 자세히 나와 있다. 〈뉴욕 데일리 뉴스〉 홈페이지에 해당 기사가 저장되어 있다. https://www.nydaily news.com/2016/02/18/the-day-willie-the-actor-sutton-prolific-bank-robber-was-arrested-in-brooklyn-in-1952/.

- 서튼은 1953년에 쓴 회고록 《나, 윌리 서튼: 우리 시대 가장 대담한 은행 강도이자 탈옥범의 개인적 이야기》I, Willie Sutton: The Personal Story of the Most Daring Bank Robber and Jail Breaker of Our Time (쿠엔틴 레이놀즈Quentin Reynolds 와 공저)에서 은행 강도로 200만 달러, 현재 가치로 약 2,000만 달러를 털었다고 주장했다.

- 린든 존슨 행정부의 지역의료 프로그램은 존 웬버그가 소지역 편차에 대한 선구적인 연구를 시작하게 된 계기였다. 이 프로그램에 대한 탁월한 개요는 국립의학도서관의 해당 프로그램 관련 '과학계 프로필'Profiles in Science 콜렉션에 나와 있다. https://profiles.nlm.nih.gov/spotlight/rm.

- 웬버그가 버몬트의 의료 상황과 관련하여 쓴 원 소지역 편차 연구 논문을 읽고 싶다면 '의료 서비스 제공에 있어서의 소지역 편차'Small Area Variations in Health Care Delivery (《사이언스》 182, 1973. 12. 14: 1102-08)를 보라. 이 논문은 다트머스 디지털 커먼스Dartmouth Digital Commons 에서도 읽을 수 있다. https://digital commons.dartmouth.edu/cgi/viewcontent.cgi?article=3596& context= facoa. 전체 논문을 읽고 싶지 않다면 〈다트머스 메디신〉Dartmouth Medicine 에 실린 두 논문에도 연구 내용(및 웬버그의 경력)이 잘 정리되어 있다. 하나는 매기 마하르Maggie Mahar 가 2007년 겨울호에 실었고, 다른 하나는 섀넌 브라운리Shannon Brownlee가 2013년 가을호에 실었다. 두 논문 다 온라인에 올라와 있다. https:// dartmed.dartmouth.edu/winter07/pdf/braveheart.pdf, https://dartmed. dartmouth.edu/fall13/pdf/from_pariah_to_pioneer.pdf.

- 스토와 워터베리에 대한 웬버그의 말은 2004년에 〈헬스 어페어스〉Health Affairs 와 가진 인터뷰, '편차와의 씨름'Wrestling with Variation 에서 가져왔다. Academia.edu 에서 그 내용을 읽을 수 있다. https://www.academia.edu/18579681/Wrestling_ With_Variation_An_Interview_With_Jack_Wennberg.

- 버몬트 미들베리와 뉴햄프셔 랜돌프를 비교한 데이터는 웬버그가 1977년에 발표한 논문, '의료 서비스 제공에 있어서의 소지역 편차에 대한 소비자 기여도 검증'A Test of Consumer Contributions to Small Area Variations in Health Care Delivery (《메인 의

사협회 저널》Journal of the Maine Medical Association 68, 8호: 75-79)에서 수집했다. 이 데이터는 이후 웬버그가 2010년 발표한 《의료 활동 추적: 의료 서비스를 이해하기 위한 연구자의 탐구》Tracking Medicine: A Researcher's Quest to Understand Health Care에서 분석되었다. 제1장에 소개된 도시 간 비교 표가 여기서 나왔다. 논문은 다음 사이트에서 볼 수 있다. https://core.ac.uk/download/pdf/231133032.pdf.

- 웬버그는 의료비 지출의 "편차를 설명하는 데 있어서 환자의 수요는 비교적 덜 중요하다"는 사실을 다른 연구자들과 함께 밝혀냈다. 그들이 2019년에 작성한 논문은 《전미 경제저널: 경제정책》American Economic Journal: Economic Policy 11, 1호 (192-221)에 실렸다. 이 논문은 국립의학도서관 사이트에서 볼 수 있다. https://www.ncbi.nlm.nih.gov/pmc/articles/PMC7444804/.

- 환자의 생애 마지막 2년 동안의 의사 방문 횟수는 다트머스 아틀라스Dartmouth Atlas의 '만성질환 치료 III'Care for Chronically Ill 데이터세트에서 가져왔다. 해당 수치는 2008년부터 2019년까지의 HRR(병원연계지역hospital referral region) 기준 데이터에 대한 종단적 도표에서 찾을 수 있다. 구체적으로 말하자면, 나는 2019년 도표의 J열('생애 마지막 2년 동안의 1인당 의사 방문 횟수')에서 미국(HRR 999), 로스앤젤레스(HRR 56), 미니애폴리스(HRR 251)의 수치를 찾았다. https://data.dartmouthatlas.org/eol-chronic/longitudinal.

- 캘리포니아 지역 중학교의 백신 접종률은 캘리포니아 공공의료부 웹사이트에서 확인할 수 있다. 나는 2012-2013년 중학교 1학년 백신 접종률 데이터를 참고했다. https://eziz.org/assets/docs/shotsforschool/2012-13CA7thGradeData.pdf. 다른 연도 및 학년에 대한 데이터는 여기서 확인할 수 있다. https://www.cdph.ca.gov/Programs/CID/DCDC/Pages/Immunization/School/tk-12-reports.aspx.

- 디즈니랜드 홍역 집단발병과 2014년에 캘리포니아에서 발생한 이전의 집단발병에 대한 질병관리청의 보고서는 해당 기관 웹사이트에서 볼 수 있다. https://www.cdc.gov/mmwr/preview/mmwrhtml/mm6406a5.htm, https://www.cdc.gov/mmwr/preview/mmwrhtml/mm6316a6.htm.

- 위키피디아를 보면 2015년에 제정된 '반反 발도르프' 법에 대한 좋은 개요가 나와 있다. 이 법은 개인적 신념을 근거로 학교의 백신 접종 요건을 면제해주는 조항을 삭제했다. https://en.wikipedia.org/wiki/California_Senate_Bill_277.

- 안타깝게도 필립 에스포메스 재판 속기록의 상당 부분은 무료로 볼 수 없다. 나는 속기록을 구매했다(비싸다). 그 내용을 여기에 다시 풀어놓기에는 너무 방대하다. 다만 〈뉴욕 타임스〉는 복수의 발췌본을 실었다. 거기에는 2019년 9월 12일에 있었던 양형 심리 부분도 포함되어 있다. 이 자리에서 에스포메스는 이 장의 서두에 실린 눈물 어린 증언을 했다. 랍비 립스카르와 에스포메스의 변호사인 하워드 스레브닉도 이 자리에서 에스포메스에 대한 생각을 밝혔다. https://int.nyt.com/data/documenttools/2019-04-transcript-sentencing-show-temp/5f1878a90b593c85/full.pdf.
- 일부 다른 세부 내용은 〈뉴욕 타임스〉에 실린 다른 발췌본에서 가져왔다. 이 발췌본은 2019년 3월 29일에 열린 심리의 속기록을 토대로 한 것이다. https://int.nyt.com/data/documenttools/2019-03-29-transcript-discuss-closet-and-payment/ca95687269783a73/full.pdf.
- 에스포메스 그리고 그의 사업 및 재판에 관한 다른 많은 구절도 재판 속기록에서, 그중에서도 주로 기예르모 '윌리' 델가도, 가브리엘 '가비' 델가도, 넬슨 살라자르의 증언에서 가져왔다.
- 다음 링크에서 필립 에스포메스의 아들이 농구를 하고 달리기 훈련을 하는 모습을 담은 영상을 볼 수 있다. https://www.youtube.com/watch?v=4JXFrWd1TCA.
- 모리스 에스포메스의 특이한 자동차 그리고 그가 레이커스 유니폼을 입고 기자들과 나눈 격한 대화에 대한 내용은 〈마더 존스〉Mother Jones 에 보도되었다. https://www.motherjones.com/politics/2023/11/philip-esformes-trial-morris-medicare-fraud-prosecution-donald-trump-clemency/.
- 발도르프 학부모들에 대한 엘리사 소보Elisa Sobo 의 연구는 다음 자료에서 볼 수 있다. '발도르프 (슈타이너) 학교 학부모들 사이에서 드러나는 백신 거부 및 지연의 사회적 형성'Social Cultivation of Vaccine Refusal and Delay Among Waldorf (Steiner) School Parents, 《계간 의료인류학》Medical Anthropology Quarterly 29, 3호(2015. 9): 279-436.
- 이 장에서 인용한 발도르프 홍보 영상은 시카고 발도르프 스쿨이 제작했다. https://www.youtube.com/watch?v=wLPrHJ8Ve_I.

- '백신: 나의 여정'Vaccines: My Journey 이라는 제목이 붙은 발도르프 학부모의 블로그 포스트는 여기서 읽을 수 있다. https://waldorfmom.net/natural-health/vaccinations/.
- 데이비드 몰리터는 '치료 스타일의 진화: 심장 전문의 이주에 따른 증거'The Evolution of Physician Practice Styles: Evidence from Cardiologist Migration 에서 심장마비 치료에 있어서의 소지역 편차에 대해 자세히 설명한다. 이 논문은 2018년 2월에 발간된《전미 경제저널: 경제 정책》10, 1호(326-56)에 실렸다. 버팔로와 볼더의 심장 카테터 삽입률에 관한 수치는 부록에 있는 21쪽의 '표 C.2: HRR 카테터 순위'에서 가져왔다. https://www.ncbi.nlm.nih.gov/pmc/articles/PMC5876705/SD1.
- 미국의 2022년 GDP 대비 의료비 지출 비율은 메디케어 및 메디케이드 서비스 센터 Centers for Medicare and Medicaid Services 웹사이트에서 가져왔다. https://www.cms.gov/data-research/statistics-trends-and-reports/national-health-expenditure-data/historical.
- 캐나다에 해당하는 수치는 캐나다 건강정보연구소 Canadian Institute for Health Information 에서 가져왔다. https://www.cihi.ca/en/national-health-expenditure-trends-2022-snapshot.
- 메디케어 가입자 수와 지출 관련 수치도 메디케어 및 메디케이드 서비스 센터 웹사이트에서 가져왔다. 가입자 수는 https://data.cms.gov/summary-statistics-on-beneficiary-enrollment/medicare-and-medicaid-reports/medicare-monthly-enrollment, 지출은 https://www.cms.gov/data-research/statistics-trends-and-reports/national-health-expenditure-data/nhe-fact-sheet를 참고하라.
- 메디케어 사기에 따른 연간 비용 추정치는 다음을 참고하라. https://www.cnbc.com/2023/03/09/how-medicare-and-medicaid-fraud-became-a-100b-problem-for-the-us.html?msockid=23982ba3cf11600a37473f3ace31619f
- 플로리다의 메디케어 내구성 의료 장비 지출 데이터는 〈다트머스 아틀라스〉에서 가져왔다. HRR 기준 메디케어 환급액에 대한 2003-2010 데이터세트에는 여기에 나열된 플로리다 지역들이 포함되어 있다. https://data.dartmouthatlas.org/medicare-reimbursements/custom-state.
- 인구 및 범죄 데이터 그리고 아이작 카탄 카신에 대한 이야기를 비롯한 1980년대

마이애미의 역사는 니콜라스 그리핀이 쓴 《위험한 나날들의 해》(Simon Schuster, 2021)에서 가져왔다. 마이애미의 지하경제에 관한 추가적인 세부 내용은 레베카 웨이크필드Rebecca Wakefield 가 2005년에 〈마이애미 뉴 타임스〉Miami New Times 에 실은 '돈더미에 파묻히다'Awash in a Sea of Money 에서 가져왔다.

- 쿠바 난민의 대량 유입에 대한 모리스 페레 마이애미 시장의 발언은 찰스 휘테드Charles Whited 가 〈마이애미 헤럴드〉에 실은 칼럼, '백악관이 마침내 난민 지원에 대한 메시지를 받다'Oval Office Finally Gets Message on Refuge Help (1980. 5. 8)에 나온다. 이 발언은 그리핀의 《위험한 나날들의 해》에서도 인용된다. https://www.newspapers.com/image/628982264/?match=1&terms=Oval%20Office%20Finally%20Gets%20Message%20on%20Refugee%20Help.

- 폰테인블루 파크 오피스 플라자(및 평면도)에 대한 세부 내용은 공공투자 발표 자료에서 찾을 수 있다. https://www.thezylberglaitgroup.com/wp-content/uploads/2020/01/Fontainebleau-Park-Office-Plaza-OM-1.pdf. (다만 책에 실린 평면도는 내가 현장을 방문했을 때 찍은 사진이어서 약간 다르다.)

- 1997년에 대배심 출석 명령을 받은 컬럼비아/HCA 경영진 명단은 (오클라호마 시) 〈저널 레코드〉Journal Record 에 보도되었다. https://journalrecord.com/1997/08/allegations-lead-to-lessons-in-legal-lingo/. 법무부가 컬럼비아/HCA를 상대로 제기한 사기 혐의에 대한 보다 자세한 내용은 상세한 합의 내역을 담은 보도자료에서 읽을 수 있다. 법무부는 이 보도자료에서 해당 사건을 '미국 역사상 최대 의료보험 사기 사건'이라 불렀다. https://www.justice.gov/archive/opa/pr/2003/June/03_civ_386.htm. 또한 〈폴리티팩트〉PolitiFact 가 2010년에 민주당이 낸 공격성 광고에 대해 팩트체크를 한 내용도 좋은 기초 자료다. 이 광고는 2010년 주지사 선거 때 스콧이 의료보험 사기를 저질렀다고 고발했다. https://www.politifact.com/article/2010/jun/11/rick-scott-and-fraud-case-columbiahca/.

- 에스포메스의 소송 과정에 대한 내용은 케네스 보겔Kenneth Vogel, 에릭 립턴Eric Lipton, 제시 드러커Jesse Drucker 가 2020년 12월 24일자 〈뉴욕 타임스〉에 실은 '트럼프 사면의 이면, 특혜 사례'Behind Trump Clemency, a Case in Special Access 에서 읽을 수 있다. https://www.nytimes.com/2020/12/24/us/politics/trump-pardon-clemency-access.html.

- CNBC는 대법원이 재심 진행을 멈춰달라는 에스포메스의 청구를 기각했으며, 결

국 그가 재심을 피하려고 유죄를 인정했다는 사실을 보도했다. https://www.cnbc.com/2023/12/15/trump-clemency-recipient-philip-esformes-loses-supreme-court-bid.html.

제3장 포플러 그로브

- 나는 애너 뮬러와 세스 아브루틴이 쓴 《압박받는 삶》을 통해 포플러 그로브에 대해 알게 되었다. 포플러 그로브 주민들의 발언(그리고 자살 사태에 대한 대다수 정보)은 이 책 그리고 내가 두 사람과 나눈 대화에서 나왔다.

- 동물원 운영 및 교배 프로그램의 역사 그리고 치타와 플로리다 흑표범 교배 사태의 이야기는 스티븐 오브라이언이 쓴 《치타의 눈물》, 특히 제2장('치타의 눈물')과 제4장('살아남기 위한 질주-플로리다 흑표범'A Run for Its Life- The Florida Panther)에서 가져왔다.

- '모노컬처'라는 용어에 대한 개요는 《옥스퍼드 영어사전》의 해당 항목을 참고하라. https://www.oed.com/dictionary/monoculture_n?tl=true:~:text=The%20earliest%20known%20use%20of,Etymons%3A%20mono%2D%20comb.

- 중서부 고등학교 학생들을 대상으로 학교 구성원(운동선수, 약쟁이, 예비 대학생 등)에 대한 인식을 조사한 내용은 B. 브래드퍼드 브라운B. Bradford Brown, 메리 제인 로어Mary Jane Lohr, 카를라 트루히요Carla Trujillo 의 논문, '복수의 집단과 라이프스타일: 동료집단 고정관념에 대한 청소년의 인식Multiple Crowds and Multiple Life Styles: Adolescents' Perceptions of Peer-Group Stereotypes'에서 가져왔다. 이 논문은 《청소년의 행동과 사회: 자료집》Adolescent Behavior and Society: A Book of Readings (맥그로힐McGraw-Hill, 4판, 1990)에 실렸다.

- 다양한 사회집단 사이의 사회적 거리에 대한 학생들의 인식을 보여주는 그래프는 브라운이 1996년 2월에 발표한 논문, '가시성, 취약성, 발달 그리고 맥락: 청소년의 급우 배척을 보다 충실히 이해하기 위한 요소들'Visibility, Vulnerability, Development, and Context: Ingredients for a Fuller Understanding of Peer Rejection in Adolescence (《초기 청소년기 저널》Journal of Early Adolescene 16, 1호)에서 볼 수 있다.

- "격분한" 개인 브리더의 발언은 흑표범 생존 프로젝트Panther Survival Project 의 돈 쇼Don Shaw 가 전한 것이다. 이 발언은 1993년 8월 2일자 (포트 마이어스) 〈뉴스

프레스〉News-Press 28쪽에 나오며, Newspapers.com에서 볼 수 있다.

제4장 매직 서드

- 로렌스 트랙트 지도는 나노시 루카스의 웹사이트에서 볼 수 있다. 이 웹사이트는 해당 프로젝트에 관한 대다수 공공 연구 결과 및 저작물을 수집한다. https://www.lawrencetract.com/.
- 1957년에 흑인 가족에게 집을 판 필라델피아 저먼타운 백인 주민의 이야기와 이웃들의 발언은 체스터 랩킨Chester Rapkin과 윌리엄 그릭스비William Grigsby의 '인종 혼합 지역의 주택 수요: 주거지 변화의 성격에 관한 연구'The Demand for Housing in Racially Mixed Areas: A Study of the Nature of Neighborhood Change (University of California Press, 1960)', 특히 140–41쪽에서 가져왔다. 이는 인종 및 주택 위원회Commission on Race and Housing와 필라델피아 재개발청Philadelphia Redevelopment Authority을 위해 작성한 연구 보고서다.
- 디트로이트 러셀 우즈 지역의 인종 구성에 관한 데이터는 펜실베이니아 대학교 디자인 스쿨 대학원생들이 만든 보고서, '러셀 우즈–나딘 파크: 전술적 보존 계획'Russell Woods-Nardin Park: A Tactical Preservation Plan에서 가져왔다. 이 보고서는 온라인으로 볼 수 있다. https://www.design.upenn.edu/sites/default/files/uploads/Detroit_Book_June2019–compressed–min_compressed%20%281%29.pdf.
- 1960년대와 70년대 애틀랜타 백인 인구 변화 수치(그리고 '미워할 시간도 없을 만큼 바쁜 도시'라는 별칭)는 케빈 크루즈Kevin Kruse가 쓴 《백인 탈주: 애틀랜타와 현대 보수주의의 형성》White Flight: Atlanta and the Making of Modern Conservatism (Princeton University Press, 2005), 5쪽에서 찾았다.
- 솔 앨린스키가 1959년 5월 5일에 시카고에서 열린 미국 민권위원회US Civil Rights Commission 청문회에서 한 주택 문제 관련 발언은 이 장에서 여러 번 인용된다. 주민 대표의 발언("똑똑히 들으세요. 시카고의 백인 동네는 어디도 흑인을 원하지 않아요.")은 앨린스키에게 한 것으로, 미국 정부 인쇄국United States Government Printing Office이 낸 '미국 민권위원회 주택 문제 청문회'Hearings Before the United Stated Commission on Civil Rights: Housing라는 발행물의 771쪽에 나온다.

- 백인 탈주와 '넘기는 지점'에 관한 모든 그로진스의 논평은 《사이언티픽 아메리칸》Scientific American 197, 4호(1957. 10. 1)에 실린 '대도시에서의 인종 분리 현상'Metropolitan Segregation 에서 찾을 수 있다. https://www.scientificamerican.com/article/metropolitan-segregation/.
- 집단 비율에 관한 로자베스 캔터의 선구적인 연구 논문, '비율이 집단 생활에 미치는 몇 가지 영향: 편중된 성비와 견본 여성에 대한 반응'은 《전미 사회학저널》American Journal of Sociology 82, 5호(1977. 3): 965-90에 실렸다. 특정한 세부 내용은 내가 그녀와 가진 인터뷰에서 나왔다. https://www.jstor.org/stable/2777808?seq=5.
- 어설라 번스의 삶에 관한 대다수 세부 내용은 내가 그녀와 나눈 대화에서 나왔다. 다른 내용은 그녀의 회고록 《당신이 있는 곳은 당신이 누구인지 말해주지 않는다》Where You Are Is Not Who You Are (Amistad/HarperCollins, 2021)에서 나왔다.
- 인드라 누이가 쓴 회고록은 《충만한 나의 삶: 일과 가족 그리고 우리의 미래》My Life in Full: Work, Family and Our Future (Portfolio, 2021)다. 그녀가 펩시의 CEO가 된 것에 대한 언론의 반응은 192쪽에 나온다.
- 인도계 포춘 500대 기업 CEO 집계 수치는 CNBCTV-18이라는 인도 경제 방송에서 가져왔다. https://www.cnbctv18.com/business/companies/what-makes-indian-origin-ceos-rise-to-the-top-of-fortune-500-companies-14446172.htm.
- 히서 해든Heather Haddon 이 〈월스트리트 저널〉에 실은 스타벅스 CEO 랙스먼 내러시먼에 대한 소개를 보면 그의 인도 혈통이 언급되지 않는다. 이 기사는 '하워드 슐츠가 떠난 지금, 신임 스타벅스 CEO가 재정비를 모색하다'With Howard Schultz Gone, New Starbucks CEO Looks to Reset 라는 제목으로 2023년 9월 27일자에 실렸다. https://www.wsj.com/business/hospitality/starbucks-ceo-seeks-to-improve-servicefor-baristas-a4a0bf77.
- 메리엄 웹스터 웹사이트에 인용된 바에 따르면, 오너 비거트Homer Bigart 는 "일부 백인 학부모는 10퍼센트에서 15퍼센트 수준의 통합은 마지못해 받아들일지 모른다"고 썼다(〈뉴욕 타임스〉, 1959. 4. 19). https://www.merriam-webster.com/wordplay/origin-of-the-phrase-tipping-point.
- 민권위원회가 시카고에서 인터뷰한 부동산 기업 임원은 드레이퍼 앤드 크레이머Draper and Kramer 의 부사장인 로버트 피즈Robert Pease 였다. 그의 발언은 미국

정부 인쇄국이 펴낸 청문회 속기록 761쪽에 나온다. 발언이 인용된 D.C. 학구 책임자는 1958년부터 1967년까지 해당 지역 교육감을 지낸 칼 한센Carl Hansen 이다. 관련 정보는 그의 회고록 《워싱턴에 생긴 위험: 미국 수도의 공립학교에서 보낸 20년의 이야기》Danger in Washington: The Story of My Twenty Years in the Public Schools in the Nation's Capital (Parker Publishing Company, 1968) 67–68쪽에 나온다.

- 앨빈 로즈Alvin Rose 는 위에 언급된 1959년 민권위원회 청문회에서 증언했다.

- 비키 크레이머Vicki Kramer, 앨리슨 콘래드Alison Konrad, 샴루 에쿠트Samru Erkut 가 50명의 여성 임원을 연구한 결과에 따르면, 기업 이사회에서 여성 이사의 수가 임계점에 이르면 보다 "개방적이고 협력적인" 역학이 발생하며 "경청의 비중"이 늘어났다. 웰즐리 여성 센터Wellesley Centers for Women 가 2006년에 발표한 '기업 이사회의 임계량: 왜 세 명 이상의 여성이 지배구조를 개선하는가'Critical Mass on Corporate Boards: Why Three or More Women Enhance Governance 를 참고하라. https://www.wcwonline.org/pdf/CriticalMassExecSummary.pdf.

- 《하버드 비즈니스 리뷰》Harvard Business Review 가 2023년에 남성 임원과 여성 임원을 비교한 결과 여성 임원은 "심도 있는 질문을 던지고, 문제를 공개적으로 다루려는 의지가 더 강했다." https://hbr.org/2023/11/research-how-women-improve-decision-making-on-boards.

- 수킨더 싱 캐시디의 더보드리스트 프로젝트에 관한 내용은 여기서 읽을 수 있다. https://www.theboardlist.com/about.

- 임계점에 관한 데이먼 센톨라의 연구는 두 부분으로 구성된다. 그는 2015년 논문, '관습의 자생적 발생: 문화적 진화에 관한 실험적 연구'The spontaneous emergence of conventions: An experimental study of cultural evolution (《PNAS》 112, 7호, 2015. 2) 에서 이름 추정 게임을 개발했다. 뒤이어 2018년의 후속 연구('사회적 관습의 임계점에 대한 실험적 증거'Experimental evidence for tipping points in social convention 《사이언스 360》, 6393호: 1116–19)에서는 게임에 청개구리 역할을 도입하여 약 25퍼센트의 수용률에 이르면 해당 집단이 새로운 이름으로 넘어간다는 사실을 발견했다. 2015년 연구는 https://www.pnas.org/doi/full/10.1073/pnas.1418838112abstract, 2018년 연구는 https://www.researchgate.net/publication/325639714_Experimental_evidence_for_tipping_points_in_social_convention을 참고하라.

- 인종 통합이 흑인 학생의 수학 성취도에 미치는 영향에 대한 분석은 타라 요소, 윌리엄 스미스William Smith, 대니얼 솔로자노Daniel Solórzano, 만 홍Man Hung이 발표한 'W.E.B. 두 보이스의 가설에 대한 비판적 인종 이론 검증: 흑인 학생에게 별도의 학교가 필요한가'A critical race theory test of W.E.B. DuBois' hyphthesis: Do Black students need separate schools?《인종 민족 그리고 교육》Race Ethnicity and Education 25, 4호, 2012. 10: 1–19)를 참고하라. https://www.tandfonline.com/doi/full/10.1080/13613324.2021.1984099. 그들의 연구는 1998~99년 유치원 졸업반(ECLS–K)에 대한 초기 아동 종단 연구 데이터를 활용했다. https://nces.ed.gov/ecls/Kindergarten.asp. 〈펜 투데이〉Penn Today에 모든 내용을 간략하게 정리한 글이 있다. https://penntoday.upenn.edu/news/damon-centola-tipping-point-large-scale-social-change.
- 라모나 스트리트라는 흑인 동네(그리고 팰로앨토의 주거지 분리)에 대한 내용은 PaloAltoHistory.org에서 읽을 수 있다. https://www.paloaltohistory.org/discrimination-n-alo-alto.php.
- 로렌스 트랙트 개발에 대한 많은 세부 내용은 팰로앨토 페어플레이 위원회(때로 페어플레이 평의회로 불림) 설립자 중 한 명인 게르다 아이젠버그의 구술 기록, 특히 66–71쪽에서 나왔다. 캘리포니아 원예학 구술 기록 시리즈California Horticulture Oral History Series의 일환으로 1990년과 1991년에 채록된 내용은 1991년에 캘리포니아 대학교 이사회가 발간했으며, 온라인으로 볼 수 있다. https://digitalassets.lib.berkeley.edu/rohoia/ucb/text/nativeplantsnurse 00isenrich.pdf.
- 주민 발언 중 다수는 로레타 그린Loretta Green이 〈페닌슐라 타임스–트리뷴〉Peninsula Times-Tribune에 실은 '30년 동안 많은 일들이 일어났다'A Lot has happended in thrity years (1980. 3. 31)에서 나왔다. https://static1.squarespace.com/static/6110410394c5a42a59b83b98/t/63040fcbe009a224275e9da1/1661210572767/loretta_green.pdf.
- 인종 비율을 무너트린 매각에 대한 이야기는 리처드 마이스터Richard Meister가 쓴 '평등을 위한 실험실: 팰로앨토의 인종 혼합 주거 실험'Laboratory for Equality: Palo Alto's Interracial Housing Experiment (Frontier, 1957)과 도로시 스트로우저가 학부(어느 대학인지는 모른다) 사회학 수업을 위해 1955년 11월에 낸 리포트, '로렌스 트랙트: 인종 혼합 주거의 실험실'The Lawrence Tract: Laboratory of Interracial Living에서 나왔다.

제5장 하버드 여자 럭비팀의 미스터리

- 이 장의 서두에 묘사한 프린스턴 대 하버드 여자 럭비팀 경기는 2023년 10월 14일에 열렸다. 내가 인용한 해설과 함께 진행된 생중계 영상은 유튜브에서 볼 수 있다. https://www.youtube.com/watch?v=EbIkDEn1eXE.

- 하버드 여자 럭비팀의 2023−2024 시즌 성적은 여기서 볼 수 있다. https://gocrimson.com/sports/womens−rugby/schedule/2023−24.

- 2023년 기준으로 운동부가 많은 대학의 목록은 여기서 볼 수 있다. https://sportsbrief.com/other−sports/35102−which−college−sports−teams−united−states−america/.

- 〈UCLA 로 리뷰〉UCLA Law Review 기사, '인종과 특혜에 대한 오해: 대법원 소수인종 우대정책 소송에서 다룬(그리고 그 이후의) 체육특기자 및 선별 대학 입학'Race and Privilege Misunderstood: Athletics and Selective College Admissions in (and Beyond) the Supreme Court Affirmative Action Cases(2023. 6. 6)은 명문 공립대 및 사립대의 체육특기자 비율을 나타내는 막대 차트를 담고 있다. 이 차트를 보면 하버드가 미시건을 압도한다.

- 2012년, 〈하버드 크림슨〉은 여자 럭비팀을 창설한다는 사만다 린Samantha Lin과 저스틴 웡Justin Wong의 발표를 담은 '하버드 여자 럭비팀이 대표팀으로 명명되다'Harvard Women's Rugby Named Varsity Sport를 실었다. 2019년에 실린 또 다른 기사는 팀을 구성하기 위한 선발 과정을 담았다. https://www.thecrimson.com/article/2012/11/8/harvard−womens−rugby−varsity−sport/와 https://www.thecrimson.com/article/2019/1/23/rugby−2018−feature/를 참고하라.

- ALDC가 하버드 학생의 30퍼센트를 구성한다는 통계치는 오랫동안 여러 SFFA(공정한 입학을 위한 학생들) 문서에서 거듭 제시되었다. 소니아 소토마요르Sonia Sotomayor 판사는 'SFFA 대 하버드 총장 및 이사회' 소송에 대한 대법원 판결문 44쪽에 제시한 소수의견에서 이를 언급한다. https://www.supremecourt.gov/opinions/22pdf/20−1199_hgdj.pdf.

- 애덤 모타라와 윌리엄 피츠시몬스는 대법원 소송 전에 보스턴 지역 법원에서 2018년에 벌어진 비배심 심리에서 증언했다. 모타라는 1일차에 모두 진술을 한 반면, 피츠시몬스는 3일차에 하버드의 체육특기자 제도를 변호했다. 속기록은 공개되어 있지 않지만 〈하버드 크림슨〉이 전체 재판 내용을 정리해두었다. 1일차는

https://www.thecrimson.com/article/2018/10/16/admissions-trial-day-one, 3일차는 https://www.thecrimson.com/article/2018/10/18/day-three-harvard-admissions-trial/에 나와 있다.

- 하버드가 뉴질랜드에 가서 스쿼시 선수를 영입했다는 발언은 체육특례 입학에 대해 델라노 프랭클린Delano Franklin과 데빈 스리바스타바Devin Srivastava가 〈하버드 크림슨〉에 실은 기사, '체육특기자의 이점'The Athlete Advantage (2019. 5)에 나온다. https://www.thecrimson.com/article/2019/5/28/athlete-advantage-commencement-2019/.

- 컬럼비아와 하버드의 유대인 입학 할당제 및 애벗 로렌스 로웰의 역사는 제롬 카라벨이 쓴 《선택받은 학생들: 하버드, 예일, 프린스턴의 입학 및 배제에 관한 숨겨진 역사》The Chosen: The Hidden History of Admission and Exclusion, 특히 제3장 '하버드 그리고 입학 제한을 둘러싼 투쟁'Harvard and the Battle over Restriction 에서 가져왔다. 남학생 사교 클럽의 노래는 87쪽에 나온다.

- 칼텍과 하버드에 입학한 아시아계 미국인 수치는 SFFA가 하버드를 상대로 제기한 고소장에서 가져왔다(54쪽, 표 B). 인종별 하버드 입학 수치도 같은 고소장에서 가져왔다(67쪽, 표 C). https://studentsforfairadmissions.org/wp-content/uploads/2014/11/SFFA-v.-Harvard-Complaint.pdf.

- 나이지리아 이민자들의 높은 대학원 학위 취득률에 관한 사회학적 연구 자료는 레슬리 카시미르Leslie Casimir가 〈휴스턴 크로니클〉Houston Chronicle에 실은 '데이터에 따르면 나이지리아 이민자들이 미국에서 가장 교육 수준이 높다'Data show Nigerians the most educated in the US (2018. 1. 12)라는 기사에서 가져왔다. https://www.chron.com/default/article/Data-show-Nigerians-the-most-educated-in-the-U-S-1600808.php.

- "제인", 멕 리시, 티머시 도너번의 증언을 포함하여 '미국 정부 대 코우리' 재판에 관한 여러 발언과 세부 내용은 속기록(공개되지 않음)에서 가져왔다.

- 메리앤 워델이 분석한 주니어 테니스 비용에 관한 내용은 두 개의 블로그 포스트, '주니어 테니스 비용을 분석해봅시다' 1부와 2부에 나온다. 웨이백 머신Wayback Machine을 통해 그 내용을 볼 수 있다. https://web.archive.org/web/20190321205917/https://mariannewerdel.com/2018/03/20/1471/ 그리고 https://web.archive.org/web/20180814123310/ https://marianne werdel.com/2018/03/21/lets-break-down-the-cost-of-junior-tennis-part-2/.

- 티머시 도너번의 테니스 컨설팅 웹사이트 주소는 다음과 같다. https://donovan tennis.com/consulting/.
- 클럽 출신 학생들이 진학한 학교의 목록을 나열한 새크라멘토의 럭비 클럽은 랜드 파크 할리퀸스Land Park Harlequins 다. https://www.goharlequins.com/index. cfm/alumni-colleges-elite-tournaments/.
- '피셔 대 텍사스 대학교' 대법원 재판의 속기록은 온라인으로 볼 수 있다. 참고로 애비게일 피셔의 소송은 2013년과 2016년, 두 번 대법원에 올라갔다. 재판에서 나온 모든 발언은 2013년 재판 과정에서 나왔다. https://www.supremecourt. gov/oral_arguments/argument_transcripts/ 2012/11-345.pdf.
- 애비게일 피셔가 텍사스 대학교를 상대로 소송을 제기할 당시의 학생 구성은 다음 링크에서 확인할 수 있다. https://news.utexas.edu/2008/09/18/fall-enrollment-at-the-university-of-texas-at-austin-reflects-continuing-trend-toward-more-diverse-student-population/.
- SFFA 소송 대법원 판결에 대한 하버드 성명서는 다음 링크에 나온다. https:// www.harvard.edu/admissionscase/2023/06/29/supreme-court-decision/.

제6장 미스터 인덱스와 메리어트 집단 감염 사태

- 바이오젠 콘퍼런스에 관한 내용은 마크 아스노Mark Arsenault 가 〈보스턴 글로브〉Boston Globe 에 실은 기사('보스턴에서 열린 바이오젠 리더십 콘퍼런스에서 코로나바이러스는 어떻게 확산되었나'How the Biogen Leadership Conference in Boston Spread the Coronavirus. 3. 10)와 파라 스톡먼Farah Stockman 과 킴 바커Kim Barker 가 〈뉴욕 타임스〉에 실은 기사('어떻게 미국 유력 제약회사가 바이러스 "슈퍼전파자"가 되었나'How a Premier U.S. Drug Company Became a Virus "Super Spreader", 2020. 4. 12)에서 가져왔다. https://www.bostonglobe.com/2020/ 03/11/nation/how-biogen-leadership-conference-boston-spread-coronavirus/ 그리고 https://www.nytimes.com/2020/04/12/us/corona virus-biogen-boston-superspreader.html.
- 노스캐롤라이나 리서치 트라이앵글 지사에서 발생한 집단 감염 사태에 대한 추가적인 세부 내용은 〈뉴스 앤드 옵저버〉News Observer 의 '바이오젠이 코로나 양성 반

응을 보인 RTP 직원들을 집으로 돌려보내다'Biogen sends RTP workers home after employees test positive for coronavirus(재커리 이인스Zachery Eanes, 2020. 3. 9)와 〈트라이앵글 비즈니스 저널〉Triangle Business Journal 의 '노스캐롤라이나주 당국자들이 바이오젠 콘퍼런스 슈퍼전파자 사태와 씨름하는 가운데, 관련 이메일들이 사태의 긴급성을 드러내다'Emails show urgency as NC officials grappled with cases from Biogen superspreader conference(로렌 오네소지Lauren Ohnesorge, 2021. 6. 1)에서 가져왔다. https://www.newsobserver.com/news/business/article241025271.html 그리고 https://www.bizjournals.com/triangle/news/2021/06/01/nc-biogen-covid-cases-how-state-officials-reacted.html.

- 보스턴의 첫 코로나19 감염 건에 대한 이야기는 리사 카신스키Lisa Kashinsky 가 쓴 '매사추세츠 대학교 보스턴 캠퍼스 학생이 코로나바이러스에 걸렸다. 이는 매사추세츠주 최초 감염건이다'UMass Boston student has coronavirus; first case in Massachusetts(〈보스턴 헤럴드〉Boston Herald, 2020. 2. 1)와 보스턴시 당국 보도자료에서 가져왔다. https://www.nbcnews.com/news/us-news/coronavirus-case-boston-1st-massachusetts-8th-u-s-n1123096 그리고 https://www.boston.gov/news/first-case-2019-novel-coronavirus-confirmed-boston.

- 브로드 연구소가 대규모 비상 진단 시험소를 만든 과정에 대해서는 해당 연구소 웹사이트에 실린 글을 참고하라. https://www.broadinstitute.org/news/how-broad-institute-converted-clinical-processing-lab-large-scale-covid-19-testing-facility.

- 제이콥 레미유와 동료들이 바이오젠 집단 감염 사태를 초래한 C2416T 변종과 보스턴을 통해 코로나19가 전파된 경로를 조사한 내용은 그들이 쓴 논문, '보스턴에서 발견된 SARS-CoV-2에 대한 계통 분석은 슈퍼전파 사건의 파급력을 부각한다'Phylogenetic analysis of SARS-CoV-2 in Boston highlights the impact of superspreading events(《사이언스》 371, 6529호, 2020. 12. 10)에서 확인할 수 있다. https://www.science.org/doi/10.1126/science.abe3261.

- 내가 도널드 스테드먼과 같이 덴버로 간 이야기에 대한 추가적인 세부 내용은 《뉴요커》The New Yorker 에 실린 '밀리언 달러 머레이'Million-Dollar Murray(2006. 2. 5)에 나온다. https://www.newyorker.com/magazine/2006/02/13/million-dollar-murray.

- 스테드먼은 1997년에 유나이티드 프레스 인터내셔널United Press International 의 앤

드류 바우저Andrew Bowser에게 이렇게 말한다. "1983년 이후 연식으로 엔진이 잘 조정된 차는 1마일당 1그램의 이산화탄소를 배출합니다. 반면 그보다 오래된 차는 1마일당 10그램에서 20그램을 배출합니다. 그리고 대량으로 배출하는 차는 1마일당 100그램 정도를 배출합니다." https://www.upi.com/Archives/1996/03/27/Donald-H-Stedman-can-monitor-how-much-exhaust-is/4961827902800/.

- 로스앤젤레스의 운전자 10분위당 배출량 차트는 도널드 스테드먼과 게리 비숍Gary Bishop이 ARPA-E 연결형 및 자동화 차량의 동력계통 혁신 워크숍ARPA-E Powertrain Innovations in Connected and Autonomous Vehicles Workshop에서 발표한 '현실적인 차량 배기가스 배출 측정'Real-World Vehicle Emissions Measurement에서 가져왔다. https://arpa-e.energy.gov/sites/default/files/06_Bishop.pdf.

- 전기차가 배기가스 배출량에 미치는 영향에 관한 연구 자료는 마테오 봄Matteo Böhm, 미르코 나니Mirco Nanni, 루카 파파라르도Luca Pappalardo의 '대규모 대기오염 차량과 차량 배기가스 감축'Gross polluters and vehicle emissions reduction, 《네이처 서스테이너빌리티》Nature Sustainability 5(2022. 6. 9): 699-707을 참고하라. https://www.nature.com/articles/s41893-022-00903-x.

- 덴버는 1970년대와 80년대에 대기질이 너무 나빠서 도시 위로 '갈색 구름'이 떠 있는 것으로 악명이 높았다. 그래서 2000년대에 대기 정화에 나섰지만 2010년대 중반부터 다시 대기질이 나빠지고 있다(인근에서 발생하는 산불도 상황을 악화시켰다). 2022년에 환경청은 덴버 지역을 '심각한' 대기질 악화 지역으로 공식 격하시켰다. 알레이나 알바레즈Alayna Alvarez, 알렉스 피츠패트릭Alex Fitzpatrick, 카비야 베헤라즈Kavya Beheraj가 쓴 '악화되는 덴버의 대기질'Air Quality Is Getting Worse in Denver(《악시오스》Axios, 2023. 5. 5)을 참고하라. https://www.axios.com/local/denver/2023/05/05/denver-air-quality-ozone-pollution.

- 코로나19의 공기 전파 속성에 대한 윌리엄 리스텐파트의 연구 내용은 시마 아사디Sima Asadi, 니콜 보비어Nicole Bouvier, 앤서니 웩슬러Anthony Wexler와 같이 《에어로졸 사이언스 앤드 테크놀로지》54, 6호(2020. 4): 535-38에 실은 '코로나바이러스 팬데믹과 연무질: 코로나19는 호기 입자로 전파되는가'The coronavirus pandemic and aerosols: Does COVID-19 transmit via expiratory particles?를 참고하라. https://www.ncbi.nlm.nih.gov/pmc/articles/PMC7157964/.

- 코로나19가 공기로 전파되지 않는다는 세계보건기구의 소셜미디어 포스트 중 일

부는 다음 링크에 나온다. https://x.com/WHO/status/1243972193169616898?lang=en, https://www.facebook.com/WHO/posts/fact-covid-19-is-not-airborne-the-coronavirus-is-mainly-transmitted-through-drop/3019704278074935/ 그리고 https://www.instagram.com/p/B-UieTUD42A/?igshid=177u2acyfs7oy.

- 알파 변이로 인한 연무질 생성의 빠른 증가에 대한 연구 내용은 《임상 감염 질환》Clinical Infectious Diseases 75, 1호(2022. 7): e241-e248에 실린 '배출된 연무질에 들어 있는 감염성 급성호흡기증후군 코로나바이러스 2(SARS-CoV-2)와 초기 경증 감염 상태에서 마스크 착용의 효력'Infectious Severe Acute Respiratory Syndrome Coronavirus 2 (SARS-CoV-2) in Exhaled Aerosols and Efficacy of Masks During Early Mild Infection 을 참고하라. https://www.ncbi.nlm.nih.gov/pmc/articles/PMC8522431/:~:text=The%20alpha%20variant%20was%20associated,swabs%2C%20and%20other%20potential%20confounders.

- 세계보건기구는 결국 코로나19가 공기로 전파된다는 사실을 인정했다. 관련 내용은 질의응답 페이지의 '코로나바이러스 질환(코로나19): 어떻게 전파되는가?'Coronavirus disease(COVID-19): How is it transmitted 에 나온다. 해당 내용은 2021년 12월 23일에 최종 갱신된 것으로 표시되어 있다. https://www.who.int/news-room/questions-and-answers/item/coronavirus-disease-covid-19-how-is-it-transmitted.

- 높은 감염력을 지닌 홍역에 걸린 로체스터 소녀에 관한 1970년대의 연구 내용은 《전미 전염병학 저널》American Journal of Epidemiology 107, 5호에 실린 E. C. 라일리E. C. Riley와 G. 머피G. Murphy, R. L. 라일리R. L. Riley 의 '교외 초등학교에서 발생한 홍역의 공기 전파'Airborne Spread of Measles in a Suburnan Elementary School 에서 가져왔다. 이를 돌아보는 유용한 논의는 아미르 테이처Amir Teicher 가 슈퍼전파자를 연구한 탁월한 논문, '슈퍼전파자들: 역사적 고찰'Super-spreaders: a historical review 《랜싯》The Lacet 2023. 6)에서 볼 수 있다. 나는 이 논문에서 해당 용어의 역사에 대한 내용을 빌려왔다. https://www.thelancet.com/journals/laninf/article/PIIS1473-3099(23)00183-4/fulltext.

- 내가 논의하는 리스텐파트 연구실의 연무질 배출 및 성량에 대한 연구 논문은 《사이언티픽 리포트》Scientific Reports 9, 논문 2348호(2019. 2)에 실린 '발화 시 연무질 배출 및 초배출은 성량과 함께 증가한다'Aerosol emission and superemission during human speech increase with voice loudness 다. 이 논문은 시마 아사디, 앤서니 웩슬러, 크리스토퍼 카파Christopher Cappa, 산티아고 바레다Santiago Barreda, 니콜 보비어가 같이 썼다. https://www.ncbi.nlm.nih.gov/pmc/articles/PMC 6382806/.

- 연무질 대량 배출로 이어지는 요소들에 대한 데이비드 에드워즈의 입자 산정 연구는 《바이오로지컬 사이언스》Biological Sciences 118, 8호(2021. 2)에 실린 '코로나 19 감염, 연령, 비만에 따라 연무질 배출량이 증가한다'Exhaled aerosol increases with COVID-19 infection, age, and obesity를 참고하라. 그림 1과 그에 대한 분석이 특히 유의미하다. https://www.pnas.org/doi/10.1073/pnas.2021830118.

- 영국의 코로나19에 대한 인간 챌린지 연구는 여러 논문과 언론 보도로 이어졌다. 나는 '청년 대상 SARS-Cov-2 인간 챌린지 연구의 안전, 내약성, 바이러스 역학'Safety, tolerability and viral kinetics during SARS-Cov-2 human challenge in young adults(《네이처 메디신》 28, 2022. 3: 1031–41)과 'SARS-Cov-2 인간 챌린지 연구 이후 공기 및 주변 환경으로의 바이러스 배출: 1차 인간 대상 첫 투여 공개 임상 시험'Viral emissions into the air and environment after SARS-CoV-2 human challenge: a phase 1, open label, first-in-human study(《랜싯 마이크로브》The Lancet Microbe 4, 8호, 2023. 8. 8: E579–E590)에서 관련 내용을 처음 읽었다. https://www.nature.com/articles/s41591-022-01780-9data-availability 그리고 https://www.thelancet.com/journals/lanmic/article/PIIS2666-5247(23)00101-5/fulltext.

- 물을 마시는 것이 타당한 이유에 대한 추가적인 내용은 《가정의학연보》Annals of Family Medicine 14, 4호(2016. 7): 320–24에 실린 '미국 성인들의 부적절한 수분 섭취와 체질량지수, 비만율: NHANES 2009-2012Inadequate Hydration, BMI, and Obesity Among US Adutls: NHANES 2009-2012을 보라. https://www.ncbi.nlm.nih.gov/pmc/articles/PMC4940461/b24-0140320.

- 애덤 쿠차르스키의 《수학자가 알려주는 전염의 원리: 바이러스, 투자 버블, 가짜 뉴스 왜 퍼져 나가고 언제 멈출까?》(Basic Books, 2020)에서 인용한 발언은 70쪽에서 찾을 수 있다. 공교롭게도 쿠차르스키는 이 책에서 HIV 및 성병 전염 사태를 초래하는 슈퍼전파자의 역할에 대한 나의 설명에 문제를 제기한다. 나는 그의 말이 맞을 수도 있다고 생각한다. 다만 쿠차르스키는 코로나19 팬데믹 이전에 이 책을 썼다. 또한 나는 코로나19 팬데믹이 준 교훈은 슈퍼전파자가 호흡기 바이러스 전파에 막대한 역할을 한다는 것이라고 생각한다.

제7장 LA 생존자 모임

- 프레드 디아멘트의 전기와 발언은 두 개의 구술 기록에서 가져왔다. 하나는 1983년에 캘리포니아 대학교 로스앤젤레스 캠퍼스의 홀로코스트 문서 보관소Holocaust Documentation Archive가 의뢰한 것이고, 다른 하나는 시몬 비젠탈 센터Simon Wiesenthal Center가 한 것이다. 두 기록 다 미국 홀로코스트 기념 박물관의 온라인 아카이브에 있다. https://collections.ushmm.org/search/catalog/irn503585 그리고 https://collections.ushmm.org/search/catalog/irn513291

- 프레드 디아멘트의 생애는 일레인 우Elaine Woo가 〈로스앤젤레스 타임스〉에 실은 부고, '프레드 디아멘트, 81: 홀로코스트에 대해 많은 것을 가르쳐준 생존자'Fred Diament, 81: Survivor of Holocaust Taught Many About It(2004. 11. 28)에 잘 정리되어 있다. 이 부고는 그가 작센하우젠에서 지그 할브라이히를 만난 이야기도 언급한다. https://www.latimes.com/archives/la-xpm-2004-nov-28-me-diament28-story.html.

- 지그 할브라이히에 대한 추가적인 내용은 1992년에 미국 홀로코스트 기념 박물관 의뢰로 실시된 구술 기록과 일레인 우가 〈로스앤젤레스 타임스〉에 실은 부고, '지그프리드 할브라이히, 98세로 사망: 홀로코스트 경험에 대해 가르쳐준 생존자'Siegfried Halbreich dies at 98: Holocaust survivor lectured on his experience(2008. 9. 21)에서 읽을 수 있다. 할브라이히의 구술 기록은 https://collections.ushmm.org/search/catalog/irn505567, 부고는 https://www.latimes.com/local/obituaries/la-me-halbreich21-2008sep21-story.html?utm_source=pocket_reader를 참고하라.

- 마샤 로엔에 대한 평가와 정보는 미국 홀로코스트 기념 박물관 구술 기록과 레이첼 리스고우가 《유대인 저널》Jewish Journal에 실은 부고, '로스앤젤레스 홀로코스트 박물관 설립자들 중 마지막으로 살아 있던 마샤 로엔이 사망하다'Masha Loen, the last living founder of the Los Angeles Museum of the Holocaust, dies(2016. 9. 8)에서 가져왔다. 구술 기록은 https://collections.ushmm.org/search/catalog/irn504632, 부고는 https://jewishjournal.com/los_angeles/189643/을 참고하라.

- 내가 'LA 생존자 모임'이라 부른 모임의 역사에 대한 내용은 주로 전미 유대인역사학회American Jewish Historical Society 회장이자 전 로스앤젤레스 홀로코스트 박물관장인 레이첼 리스고우와 나눈 대화에서 나왔다.

- 히르쉬 글릭의 '파르티잔 송'('조그 니트 케인 몰')에 대한 번역은 위키피디아에서 가져왔다. https://en.wikipedia.org/wiki/Zog_nit_keyn_mol.
- 홀로코스트 박물관 및 기념관 목록을 만드는 일은 간단치 않았다. 우리는 다음 요건을 따랐다. 첫째, 오프라인 박물관이어야 한다. 둘째, 홀로코스트에 초점을 맞춰야 한다. 홀로코스트 별관이 있어도 유대인 박물관을 겸하는 박물관은 포함시키지 않았다. 또한 종합 대학이나 단과 대학의 일부여서는 안 되며, 홀로코스트와 무관한 조직의 일부여서도 안 된다.
- 피터 노빅이 쓴 《미국인의 삶에 투영된 홀로코스트》(Houghton Mifflin, 1991)는 이 장 전체에 걸쳐 여러 번 인용된다. 홀로코스트의 역사와 기억이 지닌 "이상한 리듬"에 대한 구절은 이 책의 1쪽에 나온다. 누구도 홀로코스트를 언급하지 않은 《뉴 리더》에세이집에 대한 그의 말은 105-106쪽에 나온다. 또한 미국 유대인 위원회 수뇌부에 대한 말은 121-123쪽에, 독일 저널리스트의 논평은 213쪽에 나온다.
- 1965년에 나온 H. 스튜어트 휴즈의 《현대 유럽사》 6판(첫 출간은 1961년에 프렌티스 홀Prentice-Hall에서 이루어졌다) 색인을 보면 "유대인" 항목에서 이 구절과 더불어 아놀드 쇤베르크에 대해 언급한 내용을 찾을 수 있다.
- 나는 새뮤얼 모리슨과 헨리 코매저가 쓴 《미국 공화국의 성장》 1962년판 2권을 검토했다. 안네 프랭크의 이름을 잘못 쓴 구절은 839쪽에 나온다.
- 게르드 코르만은 1970년에 쓴 '미국 교과서의 침묵'Silence in America Textbooks에서 전후 역사 교과서에 홀로코스트가 언급되었는지 살폈다. 이 논문은 코넬 대학교 ILR 스쿨의 디지털 커먼스에서 온라인으로 볼 수 있다. https://core.ac.uk/download/pdf/5122084.pdf.
- 르네 파이어스톤의 발언과 전기는 구술 기록 영상에서 가져왔다. USC의 쇼아 재단 홈페이지에서 해당 영상을 볼 수 있다. https://sfi.usc.edu/playlist/renee-firestones-playlist.
- 리디아 부드고르의 발언은 USC 쇼아 재단의 구술 기록에서 가져왔다 안타깝게도 그 내용은 공개되어 있지 않다.
- 소문자 'h'로 시작하는 홀로코스트보다 대문자 'H'로 시작하는 홀로코스트의 사용이 늘어난 것을 보여주는 차트는 스티브 프라이스Steve Freiss가 〈뉴 리퍼블릭〉The New Republic에 쓴 "'홀로코스트'는 언제 고유명사가 되었나: 어원학적 미스터리'When 'Holocaust' Became 'The Holocaust': An etymological mystery(2015. 5. 17)에서 가져왔다. https://newrepublic.com/article/121807/when-holocaust-

became-holocaust. 프라이스의 차트는 공개된 인쇄 매체 데이터베이스에 대한 단어 검색을 토대로 삼았다.

- 폴 클라인과 어윈 세겔스타인이 길을 걷다가 서점 진열대에서 제2차 대전에 대한 책들을 보고 〈홀로코스트〉에 대한 영감을 얻었다는 이야기는 케이 가델라Kay Gardella가 〈뉴욕 데일리 뉴스〉New York Daily News (1978. 4. 30)에 실은 기사에서 나왔다. Newspapers.com에서 해당 기사를 볼 수 있다. https://www.newspapers.com/image/483140056/?match=1&terms=irwin%20segelstein%2C%20paul%20klein%20holocaust.

- 나는 〈뉴욕 타임스〉의 'TV: 실버먼, 어윈 세겔스타인을 영입하며 일을 시작하다'TV: Silverman Starts by Hiring Irwin Segelstein (1978. 6. 10), 〈보스턴 글로브〉의 '살아남은 임원'An Executive Who Survived (1978. 6. 19) 같은 기사에서 세겔스타인에 대해 알게 되었다. https://www.nytimes.com/1978/06/10/archives/tv-silverman-starts-by-hiring-irwin-segelstein-mourning-becomes.html 그리고 https://www.newspapers.com/image/436701993/?match=1&terms=paul%20klein%2C%20irwin%20segelstein%20holocaust.

- 나는 또한 〈워싱턴 포스트〉Washington Post의 방송 평론가인 톰 셰일스Tom Shales가 쓴 칼럼으로서 1981년 5월 6일에 〈네바다 스테이트 저널〉Nevada State Journal에 실린 '빠르게 제작된 시험용 영화'Trial movie made quickly 등을 읽고 클라인에 대해 알게 되었다. https://www.newspapers.com/image/1012369783/?match=1&terms=irwin%20segelstein%20paul%20klein%20mercedes. 위에 나온 〈보스턴 글로브〉의 '살아남은 임원'도 클라인의 "멍청이" 발언을 언급한다.

- 세스 시젤Seth Schiesel이 쓴 클라인의 부고, '폴 클라인, 69세, 유료 시청 TV 채널의 개발자'Paul L. Klein, 69, a Developer of Pay-Per-View TV Channels (〈뉴욕 타임스〉, 1998. 7. 13)에서 "반감 최소화 프로그램"에 대해 읽을 수 있다. 방송 평론가인 톰 셰일스도 클라인에 대해 '편성 책임자의 금언'A Programmer's Maxims (〈워싱턴 포스트〉, 1977. 12. 6)이라는 기사를 썼다. https://www.nytimes.com/1998/07/13/business/paul-l-klein-69-a-developer-of-pay-per-view-tv-channels.html 그리고 https://www.washingtonpost.com/archive/lifestyle/1977/12/07/a-programmers-maxims/fecbd2f7-7ca6-4d57-870f-416a3b6e8b8a/.

- 위키피디아는 클라인이 말한 '외설 방송'에 전체 페이지를 할애한다. https://

en.wikipedia.org/wiki/Jiggle_television.
- 론 마이클스가 그만두겠다고 협박했을 때 세겔스타인이 열변을 토한 일화는 빌 카터Bill Carter가 쓴 《심야 방송 전쟁: 레노의 프로그램이 방송 시간을 앞당기자 방송업계에 난리가 났던 때》The War for Late Night: When Leno Went Early and Television Went Crazy (Viking, Penguin Random House, 2011), 513쪽에 나온다.

나는 세겔스타인의 열변 중 일부만 인용했다. 첫 부분도 인용한 부분만큼 좋다. 세겔스타인은 이렇게 말문을 열었다.

> "자네가 그만두면 어떤 일이 생기는지 말해주지. 자네가 그만두면 프로그램이 더 나빠질 거야. 다만 갑자기 나빠지는 게 아니라 서서히 나빠지겠지. 시청자가 그 사실을 알아채려면 시간이 걸려. 어쩌면 2~3년이 걸릴 수도 있어. 그러다가 프로그램이 형편없어지고, 시청자들이 떠나면 우리는 접어버릴 거야. 프로그램은 사라지겠지. 그래도 우리는 이 자리에 계속 있을 거야. 우리는 방송국이고, 방송은 영원히 존재할 테니까."

안타깝게도 어윈 세겔스타인은 오래전에 사망했다. 그를 인터뷰할 수 있었다면 좋았을 것이다.
- 클라인이 출근길에 세겔스타인을 모셔갔다는 이야기는 샐리 베델Sally Bedell이 쓴 프레드 실버먼Fred Silverman의 전기 《TV 들여다보기: 황금시간대 방송과 실버먼의 시대》Up the Tube: Prime-Time TV and the Silverman Years (Viking, Penguin Random House, 1981) 196쪽에 나온다.
- 〈홀로코스트〉 촬영에 대한 메릴 스트립의 말은 마이클 슐먼Michael Schulman이 쓴 스트립의 전기 《다시 그녀》Her Again (HarperCollins, 2017) 182쪽에 나온다.
- 〈홀로코스트〉 제작비 및 제작 기간에 대한 세부 내용은 프랭크 리치Frank Rich가 《타임》에 실은 '텔레비전: 나치 시대의 악몽 체험하기'Television: Reliving the Nazi Nightmare (1978. 4. 17)에서 가져왔다. https://content.time.com/time/subscriber/article/0,33009,916079-3,00.html.
- 〈홀로코스트〉 감독 마빈 촘스키의 발언은 미국감독협회Directors Guild of America의 구술 기록에서 가져왔다. https://www.dga.org/Craft/VisualHistory/Interviews/Marvin-Chomsky.aspx?Filter=Full%20Interview.
- 여기에 묘사된 〈홀로코스트〉의 장면은 2회 마지막 장면이다. 유튜브에서 볼 수 있

으며, 약 1분 22초 지점에서 시작된다. https://www.youtube.com/watch?v=7sBBtTXa4U8&t=1s.

- 〈홀로코스트〉에 대한 엘리 비젤의 논평은 〈뉴욕 타임스〉에 실은 '홀로코스트를 사소하게 다루다'The Trivializing of the Holocaust (1978. 4. 16)라는 기사에서 나왔다. https://www.nytimes.com/1978/04/16/archives/tv-view-trivializing-the-holocaust-semifact-and-semifiction-tv-view.html.

- 〈빅뱅이론〉과 다른 프로그램 최종회의 시청자 수에 관한 데이터는 윌리엄 베누아William Benoit와 앤드류 빌링스Andrew Billings가 쓴 《매스컴의 부상과 몰락》The Rise and Fall of Mass Communication 머리글(1, 2쪽)에서 가져왔다. 온라인으로 볼 수 있다. https://api.pageplace.de/preview/DT0400.9781433164231_A45242566/preview-9781433164231_A45242566.pdf.

- 텔레비전 시청이 정치적 의견을 균질화하는 양상에 대한 래리 그로스의 연구 내용과 '자기 정체성에 따른 텔레비전 시청과 흑인에 대한 태도'Television viewing and attitudes about blacks, by self-designation 라는 제목의 차트는 그가 조지 거브너George Gerbner, 마이클 모건Michael Morgan, 낸시 시그노리엘리Nancy Signorielli와 같이 쓴 '주류 동향 분석: 텔레비전이 정치적 의견 형성에 미치는 영향'Charting the Mainstream: Television's Contributions to Political Orientations, 《매스 커뮤니케이션 저널》Journal of Mass Communication 32, 2호(1982. 6): 100-27에서 가져왔다. https://web.asc.upenn.edu/gerbner/Asset.aspx?assetID=376.

- 비징엔 강제 수용소에 대한 정보와 묘지 표지판을 둘러싼 딜레마에 대한 이야기는 비징엔 박물관 웹사이트에서 가져왔다. https://museum-bisingen.de/en/history/commemoratory-history/.

- 잭슨 바닉 개정안에 대한 발언이 인용된 유대인 역사학자는 하다스 비냐미니Hadas Binyamini다. 그녀의 발언은 《주이시 커런츠》Jewish Currents에 쓴 '헨리 "스쿱" 잭슨과 유대인 냉전 전사들'Henry 'Scoop' Jackson and the Jewish Cold Warriors (2022. 5. 24)에 나온다. https://jewishcurrents.org/henry-scoop-jackson-and-the-jewish-cold-warriors.

- 제프 바이스에 대한 평가와 정보는 '추모'In Memoriam 헌정 영상과 노스웨스턴 대학교 홀로코스트 교육 재단Holocaust Education Foundation 웹사이트에 있는 부고에서 가져왔다. https://hef.northwestern.edu/about/news/in-memoriam-theodore-z.-weiss1.html 그리고 https://www.youtube.com/watch?v=

jDbRTL9QRzA.

- 〈홀로코스트〉 시청자 수는 'NBC-TV가 1억 2,000만 명이 〈홀로코스트〉를 시청했다고 밝히다'NBC-TV Says 'Holocaust' Drew 120 Million(《뉴욕 타임스》, 1978. 4. 21)를 참고했다. https://www.nytimes.com/1978/04/21/archives/nbctv-says-holocaust-drew-120-million.html.
- 〈홀로코스트〉에 대한 서독인의 반응과 파급력에 관련된 세부 내용은 베르너 졸로스Werner Sollors가 《매사추세츠 리뷰》The Massachusetts Review 20, 2호(1979, 여름): 377-86에 실은 '서독에서 방송된 "홀로코스트": 애도의 (불)가능성?'"Holocaust" on West Television: The (In)Ability to Mourn?에서 가져왔다. https://www.jstor.org/stable/25088965.
- NBC의 허버트 슐로서는 텔레비전 아카데미 재단Television Academy Foundation과의 구술 기록(7부)에서 〈홀로코스트〉에 새 제목을 제안한 이야기를 들려주었다. https://interviews.televisionacademy.com/interviews/herbert-s-schlosser?clip=96441interview-clips.

제8장 메이플 드라이브에서의 감옥 생활

- 원래 《전미 사회학저널》 100, 6호(1995. 5: 1528-51)에 실린 티무르 쿠란의 '미래에 일어날 갑작스런 혁명적 변화의 불가피성'은 전자 도서관 'JSTOR'에서 전문을 읽을 수 있다. https://www.jstor.org/stable/2782680.
- 바츨라프 하벨이 1978년에 쓴 에세이, 〈힘 없는 자들의 힘〉은 국제비폭력분쟁센터International Center on Nonviolent Conflict 덕분에 온라인으로 전문을 읽을 수 있다. 이 책은 존 킨John Keane이 영문으로 번역했으며, 《힘 없는 자들의 힘: 중동부 유럽에서 정부에 맞선 시민들》The Power of the Powerless: Citizens Against the State in Central Eastern Europe(Routledge, 1985)이라는 제목으로 출간되었다. https://www.nonviolent-conflict.org/wp-content/uploads/1979/01/the-power-of-the-powerless.pdf.
- 하벨은 1987년에 쓴 에세이 〈고르바초프와의 만남〉Meeting Gorbachev에서 미하일 고르바초프 소련 대통령을 환영한 국민들을 꾸짖었다. 이에 대해서는 윌리엄 브린튼William Brinton과 앨런 린즐러Alan Rinzler가 쓴 《무력도, 거짓도 없이: 1989-

1990년에 중부 유럽에서 일어난 혁명의 목소리》Without Force or Lies: Voices from the Revolution of Central Europe in 1989-90 (Mercury House, 1990), 266쪽을 보라.

- 데이비드 루벤이 쓴《당신이 성에 관해 항상 알고 싶었던(하지만 물어보기를 주저하던) 모든 것》은 1969년에 맥케이 컴퍼니McKay Company에서 출간되었다. 인용구는 제8장, '남성 동성애'Male Homosexuality(129-51)에 나온다. 인터넷 아카이브에서 볼 수 있다. https://archive.org/details/in.ernet.dli.2015.38746/page/n141/mode/1up.

- 루벤의 공적에 대한 이야기는 두 개의 기사에서 인용되었다. 하나는〈시카고 트리뷴〉Chicago Tribune에 실린 '당신이 데이비드 루벤에 관해 항상 알고 싶었던 모든 것'Everything You Always Wanted to Know About Dr. David Reuben(1999. 2. 23)이고, 다른 하나는 S. J. 다이아먼드S. J. Diamond가〈로스앤젤레스 타임스〉에 실은 '단발성 센세이션을 일으킨 사람들: 리처드 바크, 마라벨 모건 그리고 데이비드 루벤은 각자 한 편의 베스트셀러를 썼다. 그리고 뒤이은 노력에도 불구하고 각자 관심 밖으로 사라졌다'Singular Sensations: Richard Bach, Marabel Morgan and David R. Reuben each wrote one bestseller. Then, despite subsequent efforts, each slipped from the limelight(1993. 2. 1)이다. https://www.chicagotribune.com/1999/02/23/everything-you-always-wanted-to-know-about-dr-david-reuben/ 그리고 https://www.latimes.com/archives/la-xpm-1993-02-01-vw-992-story.html?utm_source=pocket_shared.

- 조지 부시 대통령이 동성 결혼을 금지하는 헌법 수정안을 지지한다고 밝힌 2004년 2월 연설 내용은 CNN 홈페이지에서 읽을 수 있다. https://www.cnn.com/2004/ALLPOLITICS/02/24/elec04.prez.bush.transcript/.

- 위키피디아에는 결국 통과되지 못한 해당 수정안과 관련된 내용이 잘 정리되어 있다. https://en.wikipedia.org/wiki/Federal_Marriage_Amendment.

- "모든 사안이 너무 과하게, 너무 빨리, 너무 이르게 제기되었다"는 다이앤 파인스타인의 발언은 딘 머피Dean E. Murphy가〈뉴욕 타임스〉에 실은 '일부 민주당 의원이 자기 진영을 비난하다'Some Democrats Blame One of Their Own(2005. 11. 5)에 나온다. https://www.nytimes.com/2004/11/05/politics/campaign/some-democrats-blame-one-of-their-own.html.

- 보니 다우가〈메리 타일러 무어 쇼〉,〈필리스〉,〈모드〉,〈로다〉를 비롯한 프로그램에서 여성과 페미니즘을 나타내는 방식을 분석한 내용은《황금시간대 방송에서 그

려지는 페미니즘: 1970년 이후의 텔레비전, 미디어 문화 그리고 여성운동》Prime-Time Feminism: Television, Media Culture, and the Women's Movement Since 1970(University of Pennsylvania Press, 1996)에서 가져왔다. 방송에 나오는 게이 캐릭터에 대해 그녀가 제시한 규칙은 2010년 논문, '〈엘런〉, 텔레비전 그리고 게이 및 레즈비언 가시성의 정치학'Ellen, Television, and the Politics of Gay and Lesbian Visibility(《미디어 커뮤니케이션의 비판적 연구》Critical Studies in Media Communication 18, 2호: 123-40)에서 확인할 수 있다. http://ereserve.library.utah.edu/Annual/COMM/7460/Shugart/ellen.pdf.

- 동성애자 캐릭터의 사망 방식에 대한 비토 루소의 집계는 풍부한 이미지가 담긴 책 《셀룰로이드 벽장》The Celluloid Closet (Harper Row, 1981)에서 가져왔다. 해당 내용은 347-49쪽의 '사망자 명부'Necrology 부분에서 볼 수 있다. 온라인에 무료 버전이 올라와 있다. https://backend.ecstaticstatic.com/wp-content/uploads/2021/05/The-Celluloid-Closet.pdf.

- 지미 버로우즈는 텔레비전 아카데미 재단과의 인터뷰에서 윌과 그레이스가 결국 연인이 될지에 대해 미국 시청자들이 계속 추측하게 만들겠다는 계획을 밝혔다. 인용된 부분은 약 27분 30초 지점에서 시작된다. https://interviews.television academy.com/interviews/james-burrows?clip=82224inter view-clips.

- 〈윌 앤 그레이스〉가 동성 결혼에 대한 여론을 바꾸었다는 릭 샌토럼의 발언은 2013년에 열린 중서부 공화당 리더십 콘퍼런스Midwest Republican Leadership Conference 연설에서 나왔다. https://www.youtube.com/watch?v=yGT4Z Mv_OMc.

- 동성 결혼 운동을 다룬 사샤 아이젠버그의 책은 《교전: 동성 결혼을 둘러싼 미국의 25년에 걸친 싸움》Engagement: America's Quarter-Century Struggle Over Same-Sex Marriage (Pantheon, 2021)이다.

제9장 오버스토리, 슈퍼전파자 그리고 집단 비율

- 아편의 역사를 다룬 마틴 부스Martin Booth 의 책은 《아편의 역사》Opium: A History (St. Martin's Griffin, 1999)다. 양귀비의 성분에 대한 그의 말은 3쪽에 나온다. 이 책은 또한 오랫동안 양귀비에서 추출된 다양한 화합물의 역사를 담은 최고

의 자료이기도 한다.

- 마약단속국 박물관 홈페이지는 아편의 역사와 화학적 속성에 대한 좋은 개요를 제공한다. https://museum.dea.gov/exhibits/online-exhibits/cannabis-coca-and-poppy-natures-addictive-plants/opium-poppy.

- 《인구와 개발 리뷰》Population and Development Review 45, 1호(2019. 3): 1-268에서 제시카 호가 쓴 '국제적 관점에서 본 현대 미국 약물 과용 전염 사태'를 읽을 수 있다. 약물 과용에 따른 국가별 사망자 수를 보여주는 차트는 13쪽에 있다.

- 주별 오피오이드 처방률에 관한 리나 시버의 조사 내용은 《자마 네트워크》JAMA Network 2, 3호(2019. 3): e190665에 실린 '미국 주별 오피오이드 처방 관행에 존재하는 지리적 편차의 추세와 패턴Trends and Patterns of Geographic Variantion in Opioid Prescribing Practices by State, United States, 2006-2017'을 참고하라. 주별 1인당 처방 용량 수치는 '추가 자료'Supplemental Content 'eTable 1'에 나온다. https://pubmed.ncbi.nlm.nih.gov/30874783/.

- 내가 알기로는 폴 매든에 대해 포괄적인 전기를 쓴 사람이 없다. 그에 대한 내용은 신문 기사와 역사학자인 데이비드 코트라이트David Courtwright 와의 대화를 엮은 것이다. 대마초와 기타 마약의 폐해에 대한 매든의 말은 그가 1940년에 펴낸 소책자, '대마초: 우리를 새롭게 위협하는 마약'Marihuana: Our Newest Narcotic Menace 에서 가져왔다. 대마초 반대 선전물을 기록하는 '리퍼 광풍 박물관'the Reefer Madness Museum 웹사이트에서 그 내용을 볼 수 있다. 이 사이트는 매든에게 전체 페이지를 할애한다. 거기에는 그가 1939년에 출연한 라디오 방송, '전체 차량 호출'Calling All Cars 의 오디오 클립도 있다. http://www.reefermadnessmuseum.org/otr/Madden.htm.

- 매든이 압수한 코카인 자루를 전시하는 모습은 산타 로사Santa Rosa 가 〈프레스 데모크라트〉Press Democrat 에 실은 '미국 요원들이 샌프란시스코에서 일본 선박을 단속하여 30만 달러어치의 밀수 마약을 압수하다'U.S. Agents Seize $300,000 in Smuggled Narcotics as Jap Vessel Raided at S.F. (1940. 7. 21)에서 볼 수 있다(또한 그가 일본 마약 밀수업자들을 단속한 내용도 읽을 수 있다). https://www.newspapers.com/image/276629364/?match=1&terms=paul%20e.%20madden%2C%20cocaine%2C%20associated%20press.

- 매든이 씨앗 수확을 위한 양귀비 재배를 감시했다는 이야기는 〈프레즈노 비〉Fresno Bee 에 실린 기사, '마약단속국이 주내 아편 재배를 조기 차단하다'Narcotic Men Nip

Start of Opium Growing in State(1941. 8. 27)에 나온다. https://www.newspapers.com/image/701482802/?match=1&terms=paul%20e.%20madden%2C%20japan.

- 말에게 쓰는 모르핀 함유 기침약을 불법으로 판매했다는 이야기는 〈로스앤젤레스 타임스〉에 실린 '마약단속 책임자가 단속에 나서다'Narcotics Head Steps In(1941. 6. 17)에 나온다. https://www.newspapers.com/image/380700019/?match=1&terms=paul%20madden%20horse%20pharmacies.
- 3겹 처방전 법, 즉 캘리포니아의 2606호 의회법은 11166.06절에 핵심 조항을 포함하도록 보건안전법을 개정한 것이다. 법의 내용은 1939년 입법 활동에 대한 공식 기록인 〈의회 법, 원안 및 수정안 15권〉에 포함되어 있다.
- 네이선 하우스먼 재판(및 하우스먼이 연루된 프랭크 이건Frank Egan의 제시 스콧 휴즈Jessie Scott Hughes 살해 사건)을 기록한 신문 기사는 많다. 나는 그중에서 〈샌프란시스코 이그재미너〉San Francisco Examiner에 실린 '법의학자들도 해당 의사에 대한 수사에 참여하다'Medical Examiners Also Take Hand in Probe of Doctor(1939. 9. 1)와 '하우스먼 재판에서 변호사가 질책받다'Defense Censured at Housman's Trial(1940. 1. 16)를 인용했다. https://www.newspapers.com/image/959916290/?match=1&terms=nathan%20housman%2C%20paul%20madden 그리고 https://www.newspapers.com/image/457420381/?match=1&terms=I%20asked%20Doctor%20Housman%20several%20times%20for%20the%20records%2C%20and%20each%20time%20Doctor%20Housman%20said%20he%20had%20none.
- 3겹 처방전에 관한 매든의 서한은 《캘리포니아 의사협회 저널》 1939년 4월호(50권, 4호: 313)에 실렸다. 국립의학도서관 홈페이지에서 그 내용을 볼 수 있다. 해당 페이지의 제목은 '주제: 마약 단속에 관한 법안 제안'Subject: Proposed legislation on narcotic enforcement이다. https://www.ncbi.nlm.nih.gov/pmc/issues/137313/.
- 초기에 캘리포니아의 뒤를 이은 주들의 역사에 관해서는 브랜다이스 대학교의 처방약 모니터링 프로그램에서 2018년 3월에 펴낸 '처방약 모니터링 프로그램의 역사'History of Prescription Drug Monitoring Programs의 도움을 받았다. https://www.ojp.gov/ncjrs/virtual-library/abstracts/history-prescription-drug-monitoring-programs.
- 러셀 포트노이의 개인사는 흥미로운 그의 구술 기록을 참고했다. 그 내용은 국제

통증연구회의 '통증의 역사 기록'History of Pain Transcripts 웹사이트에서 내려받을 수 있다. 나는 7쪽, 19쪽, 29쪽을 인용했다. https://www.iasp-pain.org/50th-anniversary/history-of-pain-transcripts/.

- 통증 치료가 "약간의 과학과 많은 직관 그리고 많은 기술"이 필요하다는 포트노이의 발언은 배리 마이어Barry Meier가 쓴 《진통제: 기만의 제국과 미국 오피오이드 전염 사태의 기원》Pain Killer: An Empire of Deceit and the Origin of America's Opioid Epidemic (Random House, 2018) 22쪽에 나온다. 또한 "자연이 준 선물"이라는 발언은 패트릭 래든 키프Patrick Radden Keefe가 《뉴요커》에 실은 '통증의 제국을 세운 가문'The Family That Built an Empire of Pain (2017. 10. 23)에 나온다. 포트노이는 엘리자베스 로젠탈Elisabeth Rosenthal이 〈뉴욕 타임스〉에 실은 '통증에 시달리는 환자들은 마약성 진통제에서 중독이 아니라 통증 완화를 얻는다'Patients in Pain Find Relief, Not Addiction, in Narcotics (1993. 3. 28)에서 오피오이드의 '부작용이 거의 없다'는 의견을 말한다. https://www.newyorker.com/magazine/2017/10/30/the-family-that-built-an-empire-of-pain 그리고 https://www.nytimes.com/1993/03/28/us/patients-in-pain-find-relief-not-addiction-in-narcotics.html.

- 국립약물남용연구소NIDA는 1991년에 메릴랜드에서 열린 3겹 처방전 프로그램 관련 정상 회의 내용을 '처방약 유용 통제 시스템이 의료 관행 및 환자 진료에 미치는 파급력'Impact of Prescription Drug Diversion Control Systems on Medical Practice and Patient Care이라는 제목의 논문으로 펴냈다. 거기에는 포트노이와 제럴드 디스가 발언한 부분도 포함되어 있다. https://archives.nida.nih.gov/sites/default/files/monograph131.pdf.

- "3겹 처방전 규정을 적용하는 주가 다섯 개로 줄었다"는 내용에 대해서는 애비 알퍼트, 윌리엄 에번스William Evans, 이선 리버Ethan M. J. Lieber, 데이비드 파월이 《계간 경제학 저널》The Quarterly Journal of Economics 137, 2호(2022. 5): 1139-79에 실은 '오피오이드 사태의 기원과 장기적인 영향'Origins of the Opioid Crisis and Its Enduring Impacts을 참고하라. https://www.ncbi.nlm.nih.gov/pmc/articles/PMC9272388/FN14.

- '조절 스위치'에 관한 설명은 메리 에번스Mary Evans, 매튜 해리스Matthew Harris, 로렌스 케슬러Lawrence Kessler가 《미국 경제정책 저널》American Economic Policy Journal 14, 4호(2022. 11): 192-231에 실은 '오피오이드 전염 사태 해결 과정의

위험: 아동 학대 및 방임에 미치는 영향'The Hazards of Unwinding the Opioid Epidemic: Implications for Child Abuse and Neglect 에서 가져왔다. https://www. aeaweb.org/articles?id=10.1257/pol.20200301:~:text=Our%20results%20 suggest%20counties%20with,to%20must%2Daccess%20PDMP%20 implementation.

- 퍼듀 파마가 1995년에 그룹스 플러스에 의뢰하여 실시한 초점집단 연구 결과는 2001년에 진행된 '매컬리McCaulley 대 퍼듀 파마' 민사 소송에서 공개되었다. 스크라이브드Scribd 에서 그 내용을 볼 수 있다. https://www.scribd.com/document/440306799/Purdue-focus-group-documents?secret_password=0jVgiWk1VXSR2dnIVqb4.

- 오피오이드 대량 처방 의사들의 지역 분포는 벤카트 보다파티Venkat Boddapati 등이 《미국 정형외과학회 저널》Journal of the American Academy of Orthopaedic Surgeons (2020. 8)에 실은 '메디케어 대상자에 대한 정형외과의의 오피오이드 처방: 최근 추세와 잠재적 문제 그리고 대량 처방자들의 특성'Opioid Prescriptions by Orthopaedic Surgeons in a Medicare Population: Recent Trends, Potential Complications, and Characteristics of High Prescirbers 에서 가져왔다. https://www.researchgate. net/publication/343651712_Opioid_Prescriptions_by_Orthopaedic_ Surgeons_in_a_Medicare_Population_Recent_Trends_Potential_ Complications_and_Characteristics_of_High_Prescribers.

- 3겹 처방전 규정이 있는 주와 없는 주의 범죄율에 대한 심용보의 분석은 《국제 법학 및 경제학 리뷰》International Reviw of Law and Economics 7, (2023 6)에 실린 '오피오이드가 범죄에 미치는 영향: 옥시콘틴 출시에 따른 증거'The effect of opioids on crime: Evidence from the introduction of OxyContin 에 나온다. https://www. sciencedirect.com/science/article/abs/pii/S0144818823000145.

- 엔지 지단Engy Ziedan 과 로버트 캐스트너Robert Kaestner 는 국립경제연구국National Bureau of Economic Research 연구보고서, '처방 오피오이드와 처방 오피오이드 통제 정책이 유아 건강에 미치는 영향'Effect of Prescription Opioids and Prescription Opioid Control Policies on Infant Health 에서 오피오이드가 아동 건강에 미치는 영향에 대해 논한다. https://www.nber.org/papers/w26749.

- 아동 방임에 대해서는 김현일, 송은지, 릴리언 윈저Liliane Windsor 가 《미국 교정정신의학 저널》American Journal of Orthopsychiatry 93, 5호(2023. 5): 375-88에 실은

'미국 군 단위 오피오이드 처방과 아동 학대 신고에서 드러나는 관계에서의 종단적 변화'Longitudinal Changes in the County-Level Relationship Between Opioid Prescriptions and Child Maltreatment Reports, 2009~2018를 참고하라. https://www.ncbi.nlm.nih.gov/pmc/articles/PMC10527856/.

- 마틴 엘링은 2002년에 《맥킨지 쿼털리》McKinsey Quarterly에 '제약회사 영업인력의 성과 향상: 제약회사들은 의사들에 대한 초점을 잃었다. 매출을 늘리는 비결은 초점을 다시 맞추는 데 있다'Making more of pharma's sales force: pharmaceutical companies have lost their focus on doctors. The key to higher sales is regaining it 라는 제목의 글을 실었다. 게일 아카데믹 원파일Gale Academic OneFile의 간행물 데이터베이스에서 개요를 읽을 수 있다. https://go.gale.com/ps/i.do?id=GALE%7CA90192565&sid=googleScholar&v=2.1&it=r&linkaccess=abs&issn=00475394&p=AONE&sw=w&userGroupName=anon%7E988676df&aty=open-web-entry.

- 2008년부터 2014년까지 퍼듀 파마의 매출은 2020년 12월 17일에 열린 하원 감시개혁위원회 청문회에서 언급되었다. https://www.govinfo.gov/content/pkg/CHRG-116hhrg43010/html/CHRG-116hhrg43010.htm.

- 맥킨지가 퍼듀 파마를 위해 진행한 작업 과정과 퍼듀 파마에 청구한 컨설팅 비용 총액에 대한 정보는 2022년 4월 22일에 하원 감시개혁위원회 청문회 내용을 기록한 '오피오이드 전염 사태의 핵심에 있는 맥킨지 앤드 컴퍼니의 행위와 이해충돌'McKinsey Company's Conduct and Conflicts at the Heart of the Opioid Epidemic을 참고하라. https://www.congress.gov/117/meeting/house/114669/documents/HHRG-117-GO00-Transcript-20220427.pdf.

- 옥시콘틴 영업사원과 함께 매사추세츠주 우스터 지역을 돌아다닌 지넷 박Jeanette Park의 이메일은 캘리포니아 대학교 샌프란시스코 캠퍼스와 존스홉킨스 대학교가 관리하는 오피오이드 산업 문서 아카이브Opioid Industry Documents Archive에서 볼 수 있다. https://www.industrydocuments.ucsf.edu/opioids/docs/id=htvn0255.

- 맥킨지가 발견한 사실들을 "놀랍다"고 말한 리처드 새클러의 이메일은 뉴욕시와 21개 뉴욕주 군들이 맥킨지를 상대로 제기한 소송의 속기록 12쪽에 나온다. https://www.nyc.gov/assets/law/downloads/pdf/McKinsey%20Complaint.pdf.

- 10분위로 나눈 의사당 평균 옥시콘틴 처방량 차트는 2020년 10월 21일에 발표된

합의 계획에 포함된 퍼듀의 2013년 연간 마케팅 계획에서 가져왔다. 그 내용은 법무부 보도자료에서 내려받을 수 있다. 해당 차트는 부록 A 9쪽에 나온다. https://www.justice.gov/opa/pr/justice-department-announces-global-resolution-criminal-and-civil-investigations-opioid.

- "옥시콘틴 영업을 위한 1차 방문 대상의 50퍼센트 이상은 저분위(0-4) 의사들이었다"는 내용은 맥킨지가 2013년 9월에 퍼듀에게 한 프레젠테이션의 45쪽에 나온다. 오피오이드 산업 문서 아카이브에서 해당 자료를 볼 수 있다. https://www.industrydocuments.ucsf.edu/opioids/docs/id=tfhf0257.

- 퍼듀가 코어 등급과 슈퍼 코어 등급 의사들을 많이 방문한 영업사원에게 보너스를 주기 위해 점수 시스템을 활용했다는 내용은 2018년에 버지니아주가 퍼듀 파마를 상대로 낸 소송문에서 볼 수 있다. https://www.oag.state.va.us/consumer-protection/files/Lawsuits/Purdue-Complaint-Unredacted-2018-08-13.pdf.

- 테네시주에서 이루어진 퍼듀 영업사원들의 연간 방문 횟수를 나타내는 막대 차트는 2018년에 테네시주가 퍼듀 파마를 상대로 낸 소송문 17쪽에서 볼 수 있다. 슈퍼 코어 등급 의사인 마이클 로즈에 대한 내용도 같은 소송문의 139쪽부터 나온다. https://www.tn.gov/content/dam/tn/attorneygeneral/documents/foi/purdue/purduecomplaint-5-15-2018.pdf.

- 미국의 다른 모든 의사보다 옥시콘틴을 더 많이 처방한 코네티컷주 의사에 대한 이야기는 퍼듀와 법무부가 작성한 합의문 부록 A의 36쪽에 나온다. "캔디맨" 이야기는 28쪽에 나온다. https://www.justice.gov/opa/pr/justice-department-announces-global-resolution-criminal-and-civil-investigations-opioid.

- 1퍼센트의 의사가 49퍼센트의 옥시콘틴을 처방한다는 매튜 키앙의 계산에 대해서는 《BMJ》 2020:368(2020. 1. 29)에 실린 '미국 의료 서비스 제공자들의 오피오이드 처방 패턴 2003-17: 소급적, 관찰적 연구' Opioid prescribing patterns among medical providers in the United States, 2003-17: retropspective, obser vational study를 참고하라. https://www.bmj.com/content/368/bmj.l6968.

- 이와 관련된 세부 내용은 월트 보그다노비치 Walt Bogdanovich 와 마이클 포사이스 Michael Forsythe 가 〈뉴욕 타임스〉에 실은 '맥킨지가 옥시콘틴 과다 처방에 대해 약국 운영업체들에게 리베이트를 지불하는 방안을 제안했다' McKinsey Proposed Paying Pharmacy Companies Rebates for OxyContin Overdoses (2020. 11. 27)에서도 논의된다.

- 1999년부터 2020년까지 종류별 오피오이드로 인한 미국의 사망자 수에 대한 차트는 국립보건통계센터National Center for Health Statistics에서 제공한 데이터를 참고했다. 이 데이터는 홀리 헤데고르Holly Hedegaard, 아리알디 미니뇨Arialdi Miniño, 메리앤 로즈 스펜서Merianne Rose Spencer, 마가렛 워너Margaret Warner가 만든 NCHS 데이터 브리프NCHS Data Brief 428호, '미국의 약물 과용 사망자 수Drug Overdose Deaths in the United State, 1999–2020,'(2021. 12)에서 찾을 수 있으며, 표 4와 일치한다. 데이터 테이블은 차트 바로 아래에 있는 '각주' 부분에서 찾을 수 있다. https://www.cdc.gov/nchs/data/databriefs/db428.pdf.
- 옥시콘틴 개량의 영향과 개량되지 않은 경우를 가정한 과용률에 대한 데이비드 파웰의 연구는 로살리 파쿨라와 같이 《미국 보건경제학 저널》American Journal of Health Economics 7, 1호(2021. 겨울): 41–67에 실은 '옥시콘틴 개량이 약물 과용에 미친 점진적 영향'The Evolving Consequences of OxyContin Reformulation on Drug Overdoses의 그림 6을 참고하라. https://www.ncbi.nlm.nih.gov/pmc/articles/PMC8460090/.
- (1999년부터 2022년까지) 미국의 오피오이드 과용 사망자 수를 나타내는 차트는 국립약물남용연구소의 '약물 과용 사망자 수'Drug Overdose Death Rates 페이지에 나온다. https://nida.nih.gov/research-topics/trends-statistics/overdose-death-rates.

REVENGE OF THE TIPPING POINT